Inhalt

Blitz-Vorwort 13

Vorwort 14

Der Mondkalender – Eine kurze
Gebrauchsanweisung für das einzige Werkzeug,
das Sie brauchen werden 18

1. GESUNDSEIN UND GESUNDBLEIBEN IM RHYTHMUS DES MONDES 29

Abnehmen mit der Mondkur 36

Fasten als Gesundheitsvorsorge 40

Obst- und Safttage 42

Vitamine, Mineralien und Eisenpräparate 46

Abstillen/Entwöhnen 48

Eigenbluttherapie 52

Impfungen 56

Warzen entfernen 60

Operationen 66

    Grundregeln 67

    Kopf, Augen, Ohren, Oberkiefer 72

    Unterkiefer, Hals, Mandeln und Nacken 74

    Schulter, Arme und Hände 76

Lunge und Brustbereich 78

Herz 80

Verdauungsorgane 82

Hüfte, Nieren und Blase 84

Geschlechtsorgane und Leiste 86

Oberschenkel 88

Knochen, Wirbelsäule, Knie und Haut 90

Unterschenkel 92

Füße und Zehen 94

Zahnarztbesuche 96

Plomben, Kronen, Brücken und Implantate 97

Mundhygiene und Zahnreinigung 98

Zahnziehen und Kieferoperationen 99

Zahnspangen 100

II. NATÜRLICHE KÖRPERPFLEGE IM RHYTHMUS DES MONDES 103

Tiefenreinigung der Haut 110

Reinigende Gesichtsmaske 112

Aufbauende Gesichtsmaske 114

Bindegewebsmassage 116

Lymphdrainage 118

Haare schneiden 120

Dauerwelle legen 124

Nagelpflege – Maniküre und Pediküre 128
Eingewachsene Nägel korrigieren 130
Hornhautentfernung 132
Peeling 134
Enthaarung/Epilieren 136

III. DER MOND IM GARTEN 139

Pflanzen, Setzen und Säen 144

   von oberirdisch wachsenden Pflanzen und
Gemüsesorten (mit Ausnahme von Kopfsalat
und anderen schießenden Pflanzen) 145

   von unterirdisch wachsendem Gemüse 148

   von fruchttragenden Bäumen und Sträuchern 150

   von Blattgemüse (mit Ausnahme von Kopfsalat
und anderen schießenden Pflanzen) 151

   von kopfenden Pflanzen
(Kopfsalat, Weiß- und Rotkohl etc.) 152

   von Blumen und Blütensträuchern 153

Umtopfen und Umsetzen 154
Rasen anlegen und einsäen 158
Rasen mähen für kräftiges Wachstum 164
Pflanzenernährung und Düngen 168

   Grundregeln 169

   Düngen zur Blattentwicklung 172

   Düngen für die Fruchtentwicklung 173

Inhalt

    Düngen für die Wurzelentwicklung 174

    Düngen für die Blütenentwicklung 175

Jäten und Unkrautregulierung 176

Komposthaufen ansetzen 178

Obstbäume schneiden 182

Baumspitzen schneiden 184

Hecken schneiden 186

Veredeln und Pfropfen 188

Mulchen und Laub rechen 190

Häckseln 192

Ernten zur Lagerung 194

Konservieren, einmachen und lagern –
Marmelade, Konfitüre, Chutneys & Co. 196

Umgang mit Kräutern 200

    Kräuter sammeln I: Samen und Früchte/
    Wurzeln/Blüten/Blätter 201

    Kräuter sammeln II: alle Teile 202

    Kräuter abfüllen und lagern 203

Schädlingsbekämpfung 206

    Oberirdische Schädlinge 207

    Unterirdische Schädlinge 208

Bienenzucht 210

    Bienen ansiedeln und umsiedeln/Bienenstock reinigen/
    Bienenvolk aufpäppeln 211

IV. DER MOND ALS HELFER IM HAUSHALT UND ALLTAG 213

Großer Hausputz und Frühjahrsputz 220
Große Wäsche und Problemwäsche 222
Fenster und Glas reinigen 224
Maschinen, Autos, Fahrräder und Geräte reinigen ... 228
Tastatur und Bildschirm reinigen 230
Reinigung und Pflege von Holz- und Parkettböden 232
Chemische Reinigung von Stoffen, Polstern,
Teppichen und Kleidung 236
Beseitigung von Feuchtigkeit und Schimmel 238
Beseitigung von Geruch 242
Zimmer- und Balkonpflanzen gießen 246
Entrümpeln 250
Saisonkleidung verstauen 254
Umzug von Menschen 256
Umzug von Tieren 257

V. DER MOND BEIM HAUSBAU, BEI DER RENOVIERUNG UND HOLZVERARBEITUNG 259

Drainagieren 264
Beton und Estrich gießen 266
Verputzen und Ausbessern 268
Fertigung und Einbau von Dachstühlen,
Holztreppen und Wintergärten 270

Verglasen und Einsetzen von Fenstern 272

Verlegen von Bodenbelägen aller Art
und von Holzdecken 274

Malerarbeiten, Lackieren, Imprägnieren
und Tapezieren 278

Abbeizen 280

Zäune setzen 282

Wegebau, Feldstraßen und Laufplatten 284

Brunnensuche, Quellenfassen und Wasserbau 286

VI. DER MOND IN DER LAND- UND FORSTWIRTSCHAFT 288

Getreideanbau 296

    Aussaat 297

    Ernten und Einlagern 298

Stallpflege 300

Erster Viehaustrieb auf die Weide 302

Trächtigkeit 304

Entwöhnung von Kälbern 306

Bäume fällen – Holz ernten 308

    Grundregeln 310

    Nicht faulendes, hartes Holz 311

    Nicht entflammbares Holz 312

    Schwundfestes Holz 313

    Werkzeug- und Möbelholz 314

Inhalt

    Bretter-, Säge- und Bauholz 315

    Boden- und Werkzeugholz 316

    Brennholz 317

Christbaum fällen 318

VII. VOM RICHTIGEN ZEITPUNKT – SPEZIAL 321

Vom Aufgeben schlechter Gewohnheiten, vom
Neuanfang und vom Beginn wichtiger Vorhaben . . . 324

Die Mondgymnastik 330

Die Kraft im Aderlass 334

Das Tiroler Zahlenrad 341

Neumond und Kontaktprobleme 345

Alpha und Omega – Ihr persönlicher Ernährungstyp . . 349

Der Biorhythmus – Lernen zum richtigen Zeitpunkt 360

ANHANG 367

Was uns noch am Herzen liegt 368

Ihr Biorhythmus – Ihr Ernährungstyp 371

Die Paungger-Poppe-Bücher 372

Das Paungger-Poppe-Mondkalenderprogramm 374

Register 376

Mondkalender: Jahresübersichten 2018–2021 382

Blitz-Vorwort

Und wüsste ich,
dass morgen die Welt untergeht,
würde ich heute noch
ein Apfelbäumchen pflanzen.
LUTHER ZUGESCHRIEBEN

Dieses Buch wird Ihr Leben erleichtern – auf allen Gebieten, die Ihnen am Herzen liegen. Das geht am besten so: Sie blättern durch das Inhaltsverzeichnis und picken sich eine oder zwei Tätigkeiten heraus, die Ihnen ins Auge fallen. Dann schauen Sie bei den jeweiligen Kapiteln nach, setzen die einfachen Tipps und Regeln um, die Sie dort finden werden, und sammeln Erfahrungen mit den Ergebnissen Ihres Abenteuers. Das wird Sie so sehr inspirieren, dass Sie sich nach und nach auch dem Rest des Buches und seinen vielen Hilfestellungen zuwenden werden. Sie werden auch entdecken, warum die Sucht nach schnellen Ergebnissen die Wurzel der meisten Probleme unserer Zeit ist. Sie werden sehen, welche echte Freude damit verbunden ist, aus eigener Kraft und mit ein wenig Geduld echte, dauerhafte Lösungen zu finden, die man uns über Jahrhunderte vorenthalten hat. Wir wünschen Ihnen viel Freude dabei – und auch Ihrer Umgebung, denn sie wird sich gemeinsam mit Ihnen freuen!

Vorwort

Ein Knopfdruck, ein Klick mit der Maus – und die ganze Welt druckbaren Wissens steht uns zur Verfügung, in Sekundenschnelle. Werfen wir jetzt einen unvoreingenommenen Blick auf die Welt von heute und fragen uns, was dieser Tsunami an Informationen dem Menschen wirklich bringt.

Welche Art von »Fortschritt« ist es, den wir in den letzten Jahrzehnten bewerkstelligt haben? Durch die Medien erfährt ein Kind heute fast vom ersten Tag an enorm viel »Wissenswertes«, dort wird von Verbesserungen, von Neuheiten und von Entdeckungen berichtet, die das Alte überflüssig, ja manchmal von einer Woche auf die andere sogar wertlos machen. Glücklich derjenige, der in dieser unaufhörlichen Lawine die Fähigkeit gewonnen oder bewahrt hat, das Echte und Brauchbare vom Falschen zu trennen, das Authentische vom Künstlichen, das Aufrichtige von der Lüge, das Bruchstückhafte vom Runden und Vollständigen. Denn *diese* Fähigkeit wird nirgends gelehrt – eher im Gegenteil. Niemand macht ein Kind heute darauf aufmerksam, dass zwischen Wissen erwerben und Wissen anwenden, zwischen theoretischem Wissen und der Erfahrung ein so großer Unterschied besteht wie zwischen einem Buch über das Schwimmen und dem Hineinspringen ins Wasser. Ziehen wir jetzt Bilanz, dann müssen wir entsetzt feststellen, dass wohl seit Bestehen der Erde noch nie so viele Lügen und so viel blanker Unsinn die Augen, Ohren und Herzen der Menschen überschwemmt und betäubt haben.

Ein Beispiel unter Tausenden: der Klimawandel. Er existiert, und jeder Einzelne hat die Kraft, etwas dagegen zu tun. Trotzdem finden sich immer wieder »Experten«, die versichern, das habe es alles schon einmal gegeben und die gegenwärtige Berichterstattung sei nur Panikmache. Tatsächlich hat es Klimaveränderungen schon immer gegeben, aber sie vollzogen sich »sanft« über viele Jahrtausende! Was wir durch die Industrialisierung und die Verbrennung natürlicher Energien angerichtet haben, schreit zum Himmel. Die Erderwärmung ist schon so weit fortgeschritten, dass auch der dümmste Politiker inzwischen aufgewacht sein müsste. Aber nein, solange Geld nachgedruckt wird, muss sich niemand sorgen ... Macht in einflussreicher Position trotzdem einmal jemand den Mund auf, wird er – da zu unbequem – schnellstens abgewählt oder weggemobbt. Dieses System funktioniert überall auf der Welt nach demselben Prinzip. Wenn wir die Hände in den Schoß legen und passiv abwarten, kommt es zur Katastrophe.

Was also tun? Die Lösung ist ganz nahe, und es ist gar nicht so schwer, sie zu verwirklichen: *Wir tun einfach das Richtige, und wenn wir Glück haben, geschieht es noch rechtzeitig.*

Jammern und Motzen, den Kopf in den Sand stecken, Satire, Ironie und Meckern – all das hat noch kein Problem gelöst und keinen Menschen gesund gemacht. Auch wir sind dagegen nicht immun. Die vielen Tausend Menschen aber, die in den letzten Jahren das Wissen um den Einfluss der Natur- und Mondrhythmen angewendet haben, konnten erfahren, wie gut sie wirken und helfen. Sie helfen beispielsweise dabei, von der Vergiftung unserer Welt durch Kunstdünger und Pestizide abzurücken und wieder zu einer Heilkunde zurückzukehren, die die Ursachen im Auge hat, statt den Körper durch Symptombekämpfung langsam zu ruinieren.

Warum glauben wir all den Unsinn, der von der Industrie und ihren »wissenschaftlichen« und politischen Handlangern verbreitet wird? Warum glauben wir, dass wir all das brauchen – Kunstdünger, Wachstumshilfen, Unkrautvernichter, Konservierungsstoffe, genetisch veränderte Monsterpflanzen, Geschmacksverstärker? Wir überlassen uns einer Gehirnwäsche, die unsere grauen Zellen nicht weiß-, sondern fortspült. Wenn »jahrelange Forschung« dahintersteckt, wenn »jeder« es anwendet, wenn man dann »dazugehört«, dann, so glauben die Menschen, muss es gut und richtig sein. Aber nichts könnte der Wahrheit ferner liegen! Ein Beispiel: Die Gebetsmühlen der Werbung und der von ihr bezahlten Wissenschaftler wollen uns davon überzeugen, dass die Landwirtschaft all die Gifte und genetischen Pflanzenmonster braucht, weil sonst der Hunger in der Welt nicht zu beseitigen ist. Das ist schlicht bewusst gelogen.

Wussten Sie, dass erstens über 60 Prozent der Weltgetreideproduktion als Tierfutter dient? Und dass zweitens die Menschheit nur 10 Prozent weniger Fleisch essen müsste, um mit der so erweiterten Anbaufläche doppelt so viele Menschen zu ernähren, wie heute auf der Erde leben?

Das Handeln zum richtigen Zeitpunkt ist ein Schritt in eine gute Zukunft. Mit diesem Buch haben Sie alles in der Hand, um dem Hamsterrad den Rücken zu kehren und trotzdem erfolgreich zu sein. Zu Hause, im Garten, in der Firma, auf Reisen, im Kleinen wie im Großen: Überall kann Ihnen dieses Wissen dienlich sein – auch wenn es nur eine einzige Tätigkeit ist, die Sie näher interessiert, oder Sie die Mondregeln zunächst nur aus Neugier ausprobieren. Es ist der Beginn von einem wichtigen Prozess – dem des Umdenkens.

Viele LeserInnen unserer früheren Bücher konnten gar nicht fassen, dass alles so einfach sein soll: »Ich soll nur zum richtigen Zeitpunkt abfüllen, und schon komme ich fast ohne Haltbarmacher aus?« – »Ich soll mich nur zum richtigen Zeitpunkt operieren lassen, und schon heilt alles besser?« – »Ich soll meine Ernährung nur nach dem Mondkalender umstellen, und schon habe ich keine Gewichtsprobleme mehr?« Viele Menschen konnten es zunächst nicht glauben – und haben dann mit Freude die Ernte ihres Mutes eingefahren.

Gehen Sie mit uns gemeinsam einen anderen Weg, einen besseren Weg, und kehren Sie den Lügengebäuden den Rücken. Es wäre genug für alle da. Fast ausnahmslos alle Politiker, Wissenschaftler, Ärzte und Experten sind sich längst darüber bewusst. Trotzdem missbrauchen sie unsere Abhängigkeit vom System und sind als Träger des Systems letztlich selbst abhängig, denn sie brauchen das Geld, die Lobhudelei und Bauchpinselei. Diese Menschen werden den Wandel zum Guten nicht vollbringen. Warten Sie nicht auf die Einsicht anderer, sondern gehen Sie den Weg, den Sie persönlich für sich selbst verantworten können. Wie? Zum Wandel zum Besseren soll auch dieses Buch beitragen. Jeder kann das darin enthaltene Wissen von heute auf morgen anwenden. Das einzige dafür benötigte Werkzeug ist ein richtig berechneter Mondkalender. Er findet sich am Ende dieses Buches.

»Damit wir eine Zukunft haben« – das ist unser Leitspruch. Es war uns eine Ehre, dieses Buch gerade für die junge Generation zu schreiben, wir bauen fest auf euch. Ihr werdet es sein, die unsere Zukunft gestalten – nicht jene Bremsklötze, die uns mit ihrer »Nach mir die Sintflut«-Einstellung die Freude nehmen. Es ist der richtige Zeitpunkt für ihre Ablösung.

Der Mondkalender –
Eine kurze Gebrauchsanweisung für das einzige Werkzeug, das Sie brauchen werden

Der Schlüssel zur Welt des richtigen Zeitpunkts ist ein Mondkalender – ein Kalender, der die Mondphasen und den Stand des Mondes im Tierkreis angibt. Vielleicht wirkt es ein wenig einschüchternd, wenn Sie jetzt schon etwas durch das Buch geblättert und die Vielfalt der Tätigkeiten und die vielen Symbole und Regeln betrachtet haben. Vertrauen Sie uns, es ist wirklich alles ganz einfach. Am besten, Sie picken sich aus all den Tätigkeiten eine oder zwei heraus, auf die Sie neugierig sind, und schauen dann im Mondkalender am Ende des Buches nach, wann die Ausführung günstig und wann sie ungünstig ist. Lassen Sie sich dann von Ihrer Erfahrung damit inspirieren.

Wenn Sie noch nie einen Mondkalender verwendet haben, möchten wir Ihnen hier eine kleine Gebrauchsanweisung geben. Was bedeutet es, wenn in diesem Buch von den verschiedenen »Zuständen« des Mondes die Rede ist, die auf so viele Tätigkeiten im Alltag Einfluss nehmen? Was bedeutet »Vollmond« und »Neumond«, »zunehmender Mond« und »abnehmender Mond«? Was steckt hinter dem Satz: »Vollmond im Tierkreiszeichen Stier sorgt für stärkeres Wurzelwachstum«? Oder: »Mond in Waage regiert die Hüftregion«?

Sprachgebrauch im Alltag

Der Einfachheit halber hat sich die Menschheit Formulierungen wie diese angewöhnt: »Der Mond beeinflusst die Pflanzen«, »Mond im Tierkreiszeichen Zwillinge regiert Arme und Hände« oder auch: »Der abnehmende Mond wirkt entgiftend.«

Um Fragen zuvorzukommen: Für alle Zwecke dieses Buches ist es völlig gleichgültig, ob tatsächlich *der Mond selbst* diese Wirkung hat oder ob er zeitgleich mit bestimmten Vorgängen auf der Erde die immer gleichen Positionen einnimmt. Letzteres würde bedeuten, dass er nur die Funktion eines Uhrzeigers übernimmt und selbst nicht aktiv wirkt. Er wäre dann mit dem großen und kleinen Zeiger auf der Ziffer Zwölf vergleichbar: Diese »bewirken« ja auch nicht, dass die Sonne am höchsten steht bzw. gerade Mitternacht ist.

In diesem Buch bleiben wir beim Sprachgebrauch, der seit alters her im Umlauf ist: *Der Mond, seine Phasen und seine Position im Tierkreis wirken auf die Erde und auf alles Leben.* *Wie* genau der Mond das tut? Die Antwort darauf finden Sie in diesem Buch. *Warum* er das tut, und wieso das alles so gut funktioniert? Schreiben Sie uns bitte, wenn Sie es entdeckt haben. Es ist sicherlich ein sehr interessantes Abenteuer, und unserer Beobachtung nach ist die Quantenphysik schon länger dabei, die Zusammenhänge zu erforschen.

Zur leichteren Identifizierung im Mondkalender nun zu den fünf wichtigsten Impulsen des Mondes:

Neumond

Steht der Mond – von der Erde aus gesehen – genau zwischen Erde und Sonne, dann liegt seine uns zugewandte Seite völlig im Dunkeln. Für wenige Stunden ist er dann nicht zu erkennen, und auf der Erde herrscht »Neumond«. Im Mondkalender wird der Neumond als schwarze, manchmal auch als dunkelblaue Scheibe eingezeichnet.

Die Energie und Einflüsse des Neumondtages sind am deutlichsten *vor* der genauen Minute des Neumondes fühlbar. Schon kurze Zeit nach diesem Termin herrscht:

Zunehmender Mond

Wenige Stunden nach Neumond wird der Mond als feine Sichel erkennbar, die sich nach links öffnet. Die gesamte Phase zwischen Neumond und Vollmond bezeichnet man als »zunehmenden Mond«, sie dauert etwa 14 Tage. Symbolisch finden Sie den zunehmenden Mond als weiße Sichel in der Mitte dieser beiden Wochen eingezeichnet (mit ihrer Platzierung genau dort soll nicht angedeutet werden, dass dieser Tag spezielle Kräfte hat). Alle Kräfte, die der zunehmende Mond freisetzt, werden umso stärker, je näher der Vollmond rückt. In der Regel machen sie sich drei Tage vor Vollmond am deutlichsten bemerkbar.

Vollmond

Nimmt man den Neumond als Beginn, hat der Mond jetzt die Hälfte seiner Reise um die Erde vollendet, er steht als leuchtender Vollmond am Himmel. Von der Sonne aus gesehen befindet sich der Mond jetzt »hinter« der Erde. Deshalb gibt es Mondfinsternisse (der Erdschatten bedeckt den Mond) auch nur bei Vollmond. Im Mondkalender ist der Vollmond als weiße oder gelbe Scheibe eingezeichnet. Auch hier darf nicht vergessen werden: Schon kurz nach der Minute des Vollmondes machen sich die Kräfte des folgenden, abnehmenden Mondes bemerkbar. Wenn also der Vollmond schon um 2 Uhr früh eintritt, ist es streng genommen gar kein »Vollmondtag«. Alle Vollmondkräfte konzentrieren sich dann auf die drei *vorherigen* Tage! Da dies zu Anfang etwas verwirrend sein kann, sind in unseren Kalendern die genauen Zeiten für Vollmond und Neumond angegeben.

Abnehmender Mond

Kurz nach Vollmond wandert der Mond langsam weiter, sein Schatten wächst und wird von rechts nach links immer größer. Die etwa 14-tägige Phase des abnehmenden Mondes beginnt, bis wieder Neumond herrscht. Sie finden im Kalender eine schwarze Sichel in der Mitte der beiden Wochen eingezeichnet. Die vom Abnehmen des Mondes angezeigten Kräfte werden umso stärker, je mehr der Mond abnimmt, und sind kurz vor Neumond am stärksten. An Neumond beginnt der Kreis dann wieder von Neuem, der Mond nimmt zu.

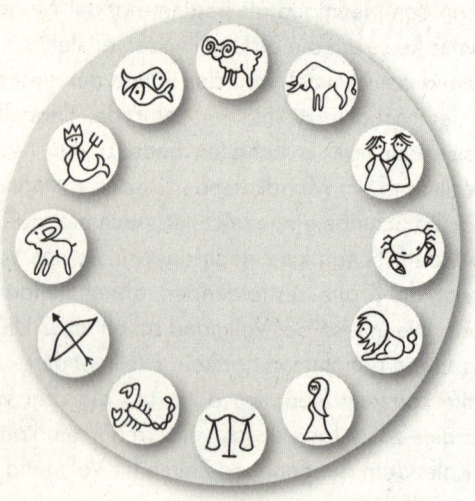

Der Mondstand im Tierkreis

Im Mondkalender sind im Laufe eines einzigen Monats alle zwölf Tierkreiszeichen angegeben. Wenn die Erde um die Sonne wandert, hält sich die Sonne im Laufe eines Jahres jeweils etwa einen Monat lang in einem Zwölftel des Tierkreises auf – vom Tierkreiszeichen Widder Ende März bis zum Tierkreiszeichen Fische Ende Februar. *Dieselben Tierkreiszeichen* durchläuft auch der Mond bei seinem etwa 28-tägigen Umlauf um die Erde, wobei er sich jedoch in jedem Zeichen nur etwa 2,5 Tage lang aufhält! Alle früheren Mondkalender gaben diese Positionen im Tierkreis immer nur für ganze Tage an, deshalb steht der Mond im Kalender manchmal zwei, manchmal drei Tage in einem Tierkreiszeichen. Diese Genauigkeit ist für fast alle Aspekte des Mondwissens ausreichend.

Die Grundtabelle

Die Tabelle auf der nächsten Seite ist neben dem Mondkalender Ihr grundlegendes Handwerkszeug. Sie gibt einen Überblick über die unterschiedlichen Wirkungsimpulse der einzelnen Mondstände im Tierkreis – auf Körperzonen, Pflanzenteile, Nahrungsqualität und so weiter – und zeigt Ihnen die gebräuchlichsten Symbole für die Tierkreiszeichen, um das Auffinden und Identifizieren dieser Zeichen in den Mondkalendern zu erleichtern. (Ein Hinweis für astronomisch interessierte LeserInnen: Funktionierende Mondkalender geben immer den Mondstand im Tierkreis an, nicht den astronomischen Mondstand im Sternzeichen am Himmel. Genaueres gerne auf Anfrage bei uns.)

Die Grundtabelle auf der nächsten Seite zeigt es auf einen Blick: Mit dem Mondstand im Tierkreis sind zwölf unterschiedliche Kraftwirkungen verbunden, die auf der Erde deutliche »Spuren« hinterlassen. Sie lassen sich zwar selten so unmittelbar erfühlen wie beispielsweise der Vollmond, aber der Einfluss auf Pflanze, Tier und Mensch ist deutlich erkennbar, besonders was die Wirkung auf den Körper und die Gesundheit, auf den Garten und die Landwirtschaft betrifft.

Ein Beispiel: Der Mond in Jungfrau ist ein »Wurzeltag«. Alle Maßnahmen zur Förderung des Wurzelwachstums an diesen zwei oder drei Tagen sind wirksamer und erfolgreicher als an anderen Tagen. Dies gilt auch für eine Vielzahl weiterer Arbeiten im Garten.

GRUNDTABELLE

Tierkreiszeichen		Körperzone	Organsystem	
	Widder	Kopf, Gehirn, Augen, Nase	Sinnesorgane	
	Stier	Kehlkopf, Schilddrüse, Zähne, Kiefer, Mandeln, Ohren	Blutkreislauf	
	Zwillinge	Schulter, Arme, Hände (Lunge)	Drüsensystem	
	Krebs	Brust, Lunge, Magen, Leber, Galle	Nervensystem	
	Löwe	Herz, Rücken, Zwerchfell, Blutkreislauf, Schlagader	Sinnesorgane	
	Jungfrau	Verdauungsorgane, Nerven, Milz, Bauchspeicheldrüse	Blutkreislauf	
	Waage	Hüfte, Nieren, Blase	Drüsensystem	
	Skorpion	Geschlechtsorgane, Harnleiter	Nervensystem	
	Schütze	Oberschenkel, Venen	Sinnesorgane	
	Steinbock	Knie, Knochen, Gelenke, Haut	Blutkreislauf	
	Wassermann	Unterschenkel, Venen	Drüsensystem	
	Fische	Füße, Zehen	Nervensystem	

Nahrungs-qualität	Pflanzenteil	Tagesqualität	Element
Eiweiß, Frucht	Frucht	Wärmetag	Feuer
Salz	Wurzel	Kältetag	Erde
Fett	Blüte	Luft-/Lichttag	Luft
Kohlen-hydrate	Blatt	Feuchtetag	Wasser
Eiweiß, Frucht	Frucht	Wärmetag	Feuer
Salz	Wurzel	Kältetag	Erde
Fett	Blüte	Luft-/Lichttag	Luft
Kohlen-hydrate	Blatt	Feuchtetag	Wasser
Eiweiß, Frucht	Frucht	Wärmetag	Feuer
Salz	Wurzel	Kältetag	Erde
Fett	Blüte	Luft-/Lichttag	Luft
Kohlen-hydrate	Blatt	Feuchtetag	Wasser

Neumond und Vollmond – wann genau?

Viele LeserInnen haben uns gefragt, wann genau eigentlich Vollmond ist, wann genau Neumond herrscht – etwa als Reaktion auf die Anregung, an Voll- und Neumond einen Fastentag einzulegen. Die Antwort hängt davon ab, welche Tätigkeit vom richtigen Zeitpunkt profitieren soll. Wenn zum Beispiel der Vollmond zwischen 12 Uhr mittags und 23:59 Uhr abends eintritt, dann würden wir persönlich diesen Tag als »echten« Vollmondtag bezeichnen und nur Tätigkeiten ausführen, die vom zunehmenden Mond oder Vollmond begünstigt sind. Steht jedoch bei Vollmond beispielsweise 3:20 Uhr im Kalender, dann ist der ganze Tag schon vom abnehmenden Mond beeinflusst, und wir würden uns danach richten, obwohl dieser Tag in den Medien als »Vollmondtag« bezeichnet wird. Ähnlich würden wir an Neumond handeln. Im Laufe der Zeit wird Ihr Gefühl Ihnen den Weg weisen.

Unterschiedliche Mondkalender – warum?

Die Frage, warum sich manch andere Mondkalender von unseren unterscheiden, beantworten wir auf Wunsch gerne ausführlich per Brief oder E-Mail (vrz@aon.at). An dieser Stelle nur das Wichtigste: Unsere Kalender sind nicht »unsere« Kalender. Sie werden seit Jahrtausenden so und nicht anders berechnet und verwendet. Andere Kalender sind nicht unbedingt »falsch« berechnet, nur anders, aber sie bilden nicht die Grundlage des Wissens, das wir Ihnen in unseren Büchern nahebringen und das die Jahrtausende überdauert hat. Wer sich in der Praxis des Mondwissens auskennt, findet schnell heraus, womit er arbeiten kann und womit eher nicht.

Manche Kalenderverfälschung geschah allerdings absichtlich! Im Laufe der Geschichte ist das Mondwissen immer wieder auch deshalb in Vergessenheit geraten, weil Kirche und Staat sich zu allen Zeiten vor aufgeklärten und unabhängigen Menschen fürchteten. Ein unabhängiger, selbstverantwortlicher Geist fällt nicht auf Macht- und Ausbeutungsbestrebungen herein. Wer erkannt hat, dass echtes Glück niemals von Äußerlichkeiten abhängt, entgleitet den Fängen der grauen Seite. *Positives* Wissen ist für manch einen Machthungrigen die größte Bedrohung, besonders wenn es die Wissenden dabei unterstützt, sich von Institutionen aller Art abzunabeln.

Wir leben heute in Zeiten relativ großer Informationsfreiheit. Die Werbung, das Internet und die Medien allerdings arbeiten häufig zusammen, um unsere Intuition so sehr mit leeren Informationen zu verstopfen, dass wir unsere »Antennen« verlieren. Wir müssen wieder lernen, uns Zeit zum Nachfühlen zu nehmen, und wieder mehr Geschmack am Echten und an der Wirklichkeit entwickeln statt an den Ersatz- und Suchtstoffen aus der »Glotze«.

Wir haben die Freiheit, uns korrekt zu informieren, der eigenen Erfahrung zu vertrauen und entsprechend zu handeln. Nutzen wir diese Freiheit!

I.
GESUNDSEIN UND GESUNDBLEIBEN IM RHYTHMUS DES MONDES

Gesundsein und Gesundbleiben

Jeden Augenblick des Lebens,
er falle aus welcher Hand des Schicksals er wolle;
den günstigsten sowie den ungünstigsten
zum bestmöglichen machen,
darin besteht die Kunst des Lebens,
und das eigentliche Vorrecht eines vernünftigen Wesens.

JOHANN LICHTENBERG

Dürfen wir Sie auf eine kleine Gedankenreise einladen? Also los, lesen Sie zunächst den folgenden Absatz durch und schließen Sie danach einfach kurz die Augen.

Stellen Sie sich einen grauhaarigen älteren Herren vor, etwa 89 Jahre alt. Er steht morgens munter auf und kümmert sich sorgfältig um die Morgentoilette. Er kleidet sich praktisch, elegant, zeitlos oder zieht seine Arbeitskleidung an und leistet auf dem Feld, auf der Alm oder im Wald das Tagewerk eines fitten 30-Jährigen. Ohne allzu sehr ins Schwitzen zu kommen, geschweige denn ins Schnaufen. Schlank und rank ist er, er hat kein Gramm Fett am Leib. Seine Bewegungen sind fließend, geschehen in Harmonie mit sich und seinem Körper, ohne Kraftverschwendung. Die Linien in seinem Gesicht versammeln sich zu einer langen Geschichte, die er erzählen könnte. Er lächelt beständig in sich hinein. Er hat in seinem Leben fast alles erfahren – Hunger, Kriege, Verluste – und darüber nicht die Liebe zu den Menschen und zu sich selbst verloren. Eine Arztpraxis von innen hat er noch nie gesehen. Im Gegenteil: Die Ärzte besuchen *ihn*, wenn sie nicht weiterwissen – nachts, durch die Hintertür. Ein Musterbeispiel für Gesundheit, dieser Mann. Man spürt sofort, dass »leben und leben lassen« seine gelebte Wirklichkeit ist, und man fühlt sich nicht von ihm getäuscht. Auch in seinem Alter schmiedet er noch Zukunftspläne.

Augen wieder auf? Fragen Sie sich nun: Wäre ein Mensch wie er nicht eine gute Quelle für brauchbare Informationen über eine gesunde Lebensführung? Woher nimmt er seine Energie? Was würden Sie sagen, wenn wir Ihnen, ja, fast *versprechen* können, dass auch Sie zu jeder Zeit, in jedem Alter eine solche Gesundheit, Beweglichkeit und Fitness erlangen können? Oder dass Sie sie sich bis ins hohe Alter bewahren können? Und das ganz ohne freudlose Selbstdisziplin, ohne künstliche, den Körper attackierende Diäten und ohne ein harsches Dauer-Fitnessprogramm, ganz im Gegenteil: mit der Freude, zu fast jedem Zeitpunkt die Veränderung zum Guten, den Erfolg und die Gültigkeit des eingeschlagenen Weges erfahren zu können?

Wäre das nicht einen Versuch wert?

Johannas Großvater war ein solcher Mensch. Und mit ihm manch anderer in Johannas Familie und Umgebung. Unsere Arbeit, unsere Bücher zielen darauf ab, unser Versprechen einzuhalten und Ihnen alle Werkzeuge und Informationen zu geben, um den Weg hin zu körperlicher Fitness, geistiger Unabhängigkeit und Seelenfrieden aus eigener Kraft gehen zu können.

Dieser Weg ist natürlich kein reines Zuckerschlecken, im wahrsten Sinne des Wortes. Solange die heutige Medizin und die Pharmazie ihre Umsätze mit Krankheit und nicht mit Gesundheit machen, so lange müssen wir uns selbst motivieren, uns vorbeugend und heilend zu verhalten. Eine Unterstützung für *echte* Heilung dürfen wir von der Schulmedizin nicht automatisch erwarten – zu sehr hat diese sich in das Ausradieren von Symptomen um jeden Preis verrannt, statt den echten Ursachen von Störungen auf den Grund zu gehen.

Die gute Nachricht ist: Wir alle werden eines Tages zu der Erkenntnis gelangen, dass Gesundsein und Gesundbleiben fast ausschließlich in der eigenen Verantwortung liegen. Selbstverständlich hat jeder die Wahl, das übliche Rennen mitzumachen, den Kopf im Sand stecken zu lassen oder Symptome zu bekämpfen, bis die Nebenwirkung der Medikamente ihm den Rest geben und die große Ernüchterung einsetzt. Ein hoher Prozentsatz der Menschen stirbt heutzutage nicht mehr an einer Krankheit oder an erfülltem Alter, sondern an den Nebenwirkungen von Medikamenten. Sie haben gemeinsam mit uns die Chance, diesem »Fortschritt« den Rücken zu kehren.

Unser Wissen eignet sich natürlich nicht als Allheilmittel. Die Einflüsse der Mondrhythmen zu kennen löst nicht alle Probleme. Aber wir können Hinweisschilder aufstellen, die Ihnen aus der Sackgasse heraushelfen. Haben Sie den Mut, tiefere Zusammenhänge zu betrachten und nach Ihrer Einsicht zu handeln. Das ist zwar seelische Detektivarbeit, aber auch ein großes Abenteuer, das mit der Zeit immer mehr Freude macht. Fast hätte die Graue Seite es geschafft, uns die Verantwortung für unser Denken, Handeln, Fühlen und Sprechen abzunehmen und zu verleiden. Früher war ihr Versuch, uns in Sklaven zu verwandeln, leichter zu durchschauen. Heute kommt sie erfolgreich durch die Hintertür und arbeitet mit »Gehirnwäsche«, Tag und Nacht, über die Werbung, Musik, Gebote der Political Correctness, Denktabus und viele andere Mechanismen des Alltags. Bestimmt kennen Sie den Ausspruch: »Mein Arzt wird schon wissen, was er tut.« Leider weiß er es meist eben nicht, aus einem einfachen Grund: Er ist Teil des Systems. Das System zwingt ihn, sein Geld mit Krankheiten zu verdienen. Gesundheit würde ihn den Job kosten. Ausnahmen bestätigen die Regel, und wir kennen persönlich einige hervorragende Ärzte, die Ihnen beispielsweise tatsächlich nahelegen, auf Milch zu verzichten, weil sie Ihnen nur schadet.

»Ja, wo kämen wir denn da hin, wenn jeder nach dem Mondkalender Termine machen würde?« Wenn das ein Arzt sagt, dann möchte er nur seine Praxis füllen beziehungsweise sein Krankenhaus. Das ist verständlich, aber wir sagen Ihnen, wo wir hinkämen: zu mehr Gesundheit und Lebensfreude in jeder Beziehung. Wenn ein altes, zeitlos gültiges Wissen nicht in ein modernes, künstliches System passt, ist das die Verantwortung des Systems. Es sagt nichts über Wert und Gültigkeit des Wissens aus.

Eigenverantwortung zu übernehmen muss man üben. Für Johannas Großvater und ihre ganze Familie war es eine Frage des Überlebens, fast alle Dinge des Lebens selbst in die Hand zu nehmen. Sie war nicht prinzipiell gegen den »Fortschritt«, aber sie besaß alle Sensoren, um zu spüren, ob ein Fortschritt echte Hilfe bedeutete oder langfristig Schaden. Wenn das »moderne« hochreine Kochsalz die Tiere krank machte und die Menschen schwächte, wurde eben nach kurzer Zeit wieder das gesunde rote Salz verwendet. Die Schulmedizin hat Bewundernswertes geleistet, was die Notfallmedizin betrifft, aber wenn Sie krank werden, kommen Schulmediziner noch immer nicht auf die Idee, dass sich die wahre Ursache in einem Element Ihrer persönlichen Lebens- und Ernährungsweise verbirgt. Kaum ein Orthopäde weiß zum Beispiel, dass über die Hälfte aller Fälle von chronischen Rückenschmerzen auf Weißmehl zurückzuführen ist.

Wir alle müssen unsere Alltagsgewohnheiten überdenken, wenn wir etwas zum Guten ändern wollen. Viele davon halten wir für »eiserne Regeln« und »sinnvolle Tradition«, sodass wir nur selten bereit sind zu erkennen, dass einer alten Gewohnheit zu folgen, keine Garantie für vernünftiges und gesundes Handeln ist. Tomaten und die italienische Küche beispielsweise werden doch in einem Atemzug genannt, nicht wahr? Noch bis ins 18. Jahrhundert hinein war die Tomate in Italien so gut wie unbekannt. Wenn Sie heute in ein nobles Restaurant in der Schweiz gehen, steht Löwenzahnsalat auf der Speisekarte. Die meisten rotten Löwenzahn mit Giften aus dem Garten aus, nur um dann mit Pestiziden verseuchten Rucola (= Löwenzahn) teuer im Delikatessenladen zu kaufen. Ein weiteres Beispiel: Etwa bis zum Jahr 1960 wurden Pilze als Nahrungsmittel in Deutschland weitestgehend geächtet. Warum? Weil sie als Arme-Leute-Nahrung galten, die nur in Kriegszeiten akzeptabel war. Und dass Fleisch und Milch als »Grundnahrungsmittel« gelten, haben wir einem Neid-Komplex der letzten Jahrzehnte zu verdanken – Neid auf diejenigen, die es sich »leisten« konnten, Fleisch zu essen (und damit krank zu werden).

Besinnen Sie sich auf die wichtigen Dinge des Lebens und achten Sie auf Ihren Körper. Die Natur hält so viel Gutes und Nützliches bereit, dass wir aus dem Vollen schöpfen können – nur müssen wir lernen, diese Wunder zu erkennen. Nach den Rhythmen der Natur zu leben ist ganz leicht. Eine Einführung, eine Verschnaufpause, eine Einsicht, und Sie können heute noch damit anfangen. Morgen sieht die Welt dann schon besser aus. Vertrauen Sie Ihrem Gespür und machen Sie kleine Schritte – zum großen Erfolg.

Das Buch soll ein Leitfaden zur unabhängigen Denkweise und zur Eigenverantwortung sein. Nehmen Sie ärztliche Hilfe an, aber schieben Sie die Verantwortung nicht auf den Arzt. Wenn Sie sich falsch ernähren, werden *Sie* krank, nicht er. Wenn Sie falsche Entscheidungen treffen, bekommen *Sie* das Ergebnis zu spüren, nicht derjenige, der Sie falsch informiert hat. Das Geld einer etwaigen Versicherung nützt Ihnen nicht viel, denn mit Geld lässt sich nun einmal nichts ungeschehen machen.

《○》

Was also können Sie gewinnen,
wenn Sie im Bereich
»Gesundsein und Gesundbleiben«
den richtigen Zeitpunkt wählen?
Sie können Ihr eigener Arzt werden,
der beste Arzt.

《○》

Ärzte heilen Krankheiten.
Große Ärzte heilen noch nicht ausgebrochene Krankheiten.
Die besten Ärzte verhindern Krankheiten.
CHINESISCHE WEISHEIT

Abnehmen mit der Mondkur

Ein Abschied auf Dauer

Wenn Sie den **richtigen Zeitpunkt** einhalten ...

... lernen Sie eine der einfachsten, erfolgreichsten und preiswertesten Methoden kennen, um Ihr Körpergewicht zu senken und zu halten. »Wie kann ich abnehmen, ohne viel Aufwand betreiben zu müssen oder meinen Lebensstil radikal umstellen zu müssen?« – diese Frage steht in den Charts der beliebtesten Anfragen an uns immer ganz oben. Selbstverständlich haben auch wir kein Allheilmittel anzubieten, aber wir wissen, was funktioniert – und zwar auf Dauer und ohne Jo-Jo-Effekte. Man muss nur die wahren Ursachen erkennen und angehen. Die Methode Kopf-in-den-Sand-stecken ist auch bei Übergewicht nie eine Lösung. Geduld – das ist die einzige, aber notwendige Investition, die Sie tätigen müssen, um die Mondkur zum Laufen zu bringen. Sie können mit etwa 5 Kilo Gewichtsreduktion innerhalb von vier bis sechs Monaten rechnen. Und diese Kilos kommen nicht wieder. Versprochen.

Wenn Sie eine **ungünstige Zeit** wählen ...

... kann's nicht schaden, aber auch nicht viel nützen.

Der richtige Zeitpunkt – auf einen Blick
Abnehmen mit der Mondkur

Vollmond: Essen Sie schon zwei, drei Tage vorher möglichst wenig und essen Sie nach 18 Uhr nichts mehr. Fasten Sie am Vollmondtag und trinken Sie an diesem Tag Wasser (oder Vollmondtee).

Abnehmender Mond: Halten Sie die Regeln der Trennkost etwas strenger ein und achten Sie ab und zu auf die Nahrungsqualität des Tages. Essen Sie nach 17 Uhr nichts mehr.

Neumond: Essen Sie schon zwei, drei Tage vorher möglichst wenig, fasten Sie am Neumondtag, wenn es ohne Kreislaufprobleme möglich ist, und trinken Sie an diesem Tag mehr als 2 Liter.

Zunehmender Mond: Essen Sie insgesamt weniger und nach 18 Uhr nichts mehr. Trinken Sie täglich genug, besonders zwischen 15 und 19 Uhr.

Was es sonst noch zu sagen gibt

- Fleisch und Milchprodukte sind für eine gesunde Ernährung nicht notwendig, auch wenn es uns immer wieder eingeredet wird. Die guten Dinge aus dem Pflanzenreich liefern hochwertigstes Eiweiß und alle lebensnotwendigen Stoffe. Ein Umstieg auf menschenwürdige Nahrung würde zudem den Hunger auf der Welt beenden.

- Versuchen Sie mindestens zweimal im Jahr genau eine Woche lang – am besten bei abnehmendem Mond –, auf jegliches tierisches Eiweiß (Fleisch, Fisch, Milchprodukte, Eier) zu verzichten. Dies ist eine der sinnvollsten Maßnahmen für das Wohlergehen, wie Sie recht bald herausfinden werden. Spezielle Kochbücher zeigen Ihnen, welche köstlichen Gerichte man auf Basis dieser natürlichsten Ernährungsweise zubereiten kann.

- Legen Sie das Hauptgewicht Ihrer täglichen Ernährung auf Bio-Produkte. Deren höherer Preis sollte Sie nicht schrecken, denn von den guten Sachen braucht Ihr Körper nur noch die Hälfte der gewohnten Mengen. Dieser kleine, persönliche Schritt wäre gleichzeitig ein Riesenschritt in Richtung einer sinnvollen Gesundheitsvorsorge und eines Umweltschutzes, der Wirkung zeigt.

- Allen Menschen würde es gut bekommen, eine Form der »Trennkost« einzuhalten, d.h. mittags eher eiweißreich, abends eher kohlenhydratreich zu essen. Viel Eiweiß am Abend belastet die Verdauung sehr stark. Bei Mahlzeiten sollte man Kohlenhydrate und Eiweiß nicht ständig gemeinsam auf den Teller bringen.

- Sie essen meist nichts zum Frühstück? Völlig in Ordnung! Lassen Sie sich von niemandem einreden, eine »ausgewogene Morgenmahlzeit« sei unentbehrlich und nicht zu frühstücken sei ungesund! Ihr persönliches Gespür zählt.

- Die erwähnten Mond-Tees gibt es bei uns. Siehe Anhang, Seite 367.

- Entdecken Sie Ihren persönlichen Ernährungstyp (siehe »Alpha und Omega – Ihr persönlicher Ernährungstyp«, Seite 349). Eine Information von unschätzbarem Wert für Ihre Gesundheit.

- Wichtig: Wenn Sie nach dem Essen immer müde sind, scheinen Sie entweder regelmäßig etwas zu essen, das Sie nicht vertragen, oder Sie essen regelmäßig zu viel. Dass Sie es »nicht vertragen« bedeutet nicht, dass Sie sofort Probleme bekommen müssen. Etwas nicht zu vertragen bedeutet, unter folgenden Symptomen zu leiden: Müdigkeit, Gewichtszunahme, Lustlosigkeit, Allergien, Juckreiz, Gereiztheit und so weiter. Fast immer spürt man es erst zeitversetzt, wenn man etwas nicht verträgt. Ein chronischer Morgenmuffel ist oftmals »nur« das Opfer seiner Essgewohnheiten vom Vortag.

《O》

Eure Nahrung soll Euch Medizin sein.
HIPPOKRATES

Fasten als Gesundheitsvorsorge

Urlaub für den Körper

Wenn Sie den **richtigen Zeitpunkt** einhalten ...

... fällt das Fasten leicht. Vor allen Dingen stellt sich das gute Gefühl der Schwerelosigkeit und des Kraftgewinns so schneller ein. An Vollmond entgiftet man nicht spontan, dafür setzt der Körper auch nichts an, wenn man fastet. An Neumond entgiftet der Körper vor allem alte, schon »fest sitzende« Gifte und Fette.

Wenn Sie eine **ungünstige Zeit** wählen ...

... fällt das Fasten schwerer und vor allem: Man spürt hinterher kaum einen Effekt. Das kann frustrierend wirken und die Freude an der »guten Tat« verleiden. Manche bekommen sogar Schwindelanfälle oder frieren leicht, manche sind den ganzen Tag über unzufrieden und meckern an allem herum. Wird eine Fastenkur zum ungünstigen Zeitpunkt abgehalten, kommt es immer wieder zum Jo-Jo-Effekt. Der Fairness halber muss aber gesagt werden, dass Fasten immer eine positive Wirkung hat, selbst wenn man diese nicht unmittelbar spürt.

Der richtige Zeitpunkt – auf einen Blick
Fasten als Gesundheitsvorsorge

Günstig:
Generell drei Tage vor Neumond
und drei Tage vor Vollmond

sowie an allen
Jungfrau-Tagen

Was es sonst noch zu sagen gibt

Fasten bedeutet nicht nur, dass die »Pfunde schmelzen«. Wir tragen viele giftige Stoffe mit uns herum, die nur durch das Beachten des richtigen Zeitpunkts beim Fasten oder Entgiften beseitigt werden können. Sie im Körper zu lösen ist eine Sache, das erfolgreiche Ausschwemmen eine andere! Das ist es auch, was einen Fastentag zum richtigen Zeitpunkt so wichtig macht! Als Mittel zur Gewichtsabnahme eignet sich Fasten auf Dauer eher nicht. Eine langsame Regenerierung ist nötig, gleichsam ein »Hinessen« zum Ausgangspunkt. Das Geheimnis besteht darin, Wertvolles hinzuzufügen und allmählich das wegzulassen, was schadet.

Obst- und Safttage
Kurzurlaub für den Körper

Wenn Sie den **richtigen Zeitpunkt** einhalten ...

... werden Sie Freude am Ergebnis und keine Mühe mit dem Durchhalten haben. Magendrücken oder Blähungen bleiben aus, die Verdauung funktioniert besser. Der Bauchumfang schwindet, und Sie fühlen sich kräftiger. Die Müdigkeit vergeht, und ein Sättigungsgefühl stellt sich ein. Sie sollten aber unbedingt auf den eigenen Ernährungstyp achten, denn Obst wird unterschiedlich gut vertragen (siehe »Alpha und Omega – Ihr persönlicher Ernährungstyp«, Seite 349).

Wenn Sie eine **ungünstige Zeit** wählen ...

... bekommen Sie manchmal Bauchweh oder Blähungen. Die Lust auf frisches Obst hält sich in Grenzen, andere Lebensmittel wirken attraktiver. Man wird unruhig, lustlos und müde. Manchmal entwickelt man gegen Abend einen schwer beherrschbaren Heißhunger.

Der richtige Zeitpunkt – auf einen Blick
Obst- und Safttage

Ideal:
Immer in Widder, Löwe und Schütze

Günstig:
Generell an Neumond und Vollmond sowie jeweils an den drei Tagen zuvor

Ungünstig:
Wenn Sie Ihren Ernährungstyp nicht kennen, essen Sie höchstwahrscheinlich das für Sie ungeeignete Obst. Dies verursacht nicht nur Bauchweh oder Blähungen, sondern Sie fühlen sich auch nicht satt.

Was es sonst noch zu sagen gibt

- Kurz vor und an Neumond entgiftet der Körper besonders wirkungsvoll. Obst- oder Safttage helfen dem Körper dabei. Kurz vor Vollmond speichert der Körper dagegen besonders wirkungsvoll. Obst- und Safttage verhindern dann eine stärkere Gewichtszunahme. Die Obst- und Safttage sind besonders sinnvoll, wenn sie als Kur gedacht sind, die dem Körper Gelegenheit zur Entgiftung und Regeneration geben soll.

- Obstsäfte sind – ebenso wie Milch – Nahrungsmittel, keine Getränke! Generell sollten Sie für Obsttage tatsächlich Obst oder Gemüse verwenden, keine gekauften Säfte. Die Frucht als solche ist noch wertvoller als der Saft. Oftmals ist die Verwendung von gekauften Säften jedoch bequemer, und bevor Sie ganz auf eine solche Mini-Kur verzichten, sollten Sie darauf zurückgreifen.

- Unser dringender Rat: Kaufen Sie ausschließlich Bio-Früchte, die noch duften! Gespritzte Agrarindustrie-Früchte haben keinen Eigengeruch mehr. Supermärkte bieten bisweilen zehn verschiedene Apfelsorten an, von denen nicht eine einzige dem Körper guttut! Die Geruchlosigkeit hat die Industrie schon veranlasst, neben Pestiziden auch Duftstoffe über die Früchte zu sprühen. Dies lässt sich leider nicht verhindern, aber vielleicht ist Ihr Gespür schon so wach, dass Sie sich nicht mehr irreführen lassen.

- Geben Sie genau acht, welches Obst und welche Säfte Sie vertragen, und richten Sie sich nach Ihrer Beobachtung. Achten Sie besonders auf die unterschiedliche Wirkung von

Kern- und Steinobst. Vielleicht entdecken Sie zu Beginn noch keinen großen Nutzen, aber das gute Gefühl wird sich bald einstellen (siehe auch »Alpha und Omega – Ihr persönlicher Ernährungstyp«, Seite 349).

Vitamine, Mineralien und Eisenpräparate einnehmen

... wenn Mangelware auf den Teller kam

Wenn Sie den **richtigen Zeitpunkt** einhalten ...

... kann der Körper Vitamine und Mineralien optimal aufnehmen und verwerten. Bio-Obst und -Gemüse als Quelle sind natürlich optimal, aber es gibt Situationen, in denen die Einnahme von Präparaten sinnvoll sein kann – bei eintöniger Kantinenkost, nach längeren Krankheiten, in Schwächephasen, in der Rehabilitation und so weiter. Wenn Eisen fehlt, muss zusätzlich Kupfer genommen werden, sonst kann der Körper das Eisen nicht aufnehmen (dies kann auch die Einnahme zum richtigen Zeitpunkt nicht wettmachen).

Wenn Sie eine **ungünstige Zeit** wählen ...

... werden Vitamine und Mineralien größtenteils wieder ausgeschwemmt, bevor sie dem Körper zu Diensten sein können. Oft wird dann die Dosis erhöht, und das belastet den Körper zusätzlich, zumindest bei zunehmendem Mond. Es kann zu Vergiftungen kommen, weil nicht jeder Überschuss ausgeschwemmt werden kann. Die Nieren sind eventuell überlastet, was sich wie ständige Rückenschmerzen anfühlen kann.

Der richtige Zeitpunkt – auf einen Blick

Vitamine, Mineralien und Eisenpräparate einnehmen

Ideal:
Bei zunehmendem Mond in Stier, Jungfrau und Steinbock

Günstig:
Bei zunehmendem Mond und Vollmond

Nicht so wirksam:
Bei abnehmendem Mond und Neumond

Abstillen/Entwöhnen
Hilfe für einen großen Schritt

Wenn Sie den **richtigen Zeitpunkt** einhalten ...

... gelingt dem Baby problemlos die Umstellung auf kindgerechte Normalkost. Es weint der Muttermilch nicht nach. Die Brüste der Mutter schmerzen nicht und füllen sich nicht mehr. Der gefürchtete Milchstau bleibt aus. Mutter und Kind können endlich länger schlafen, und die Nervenkraft stabilisiert sich, was allen in der Familie zugutekommt.

Wenn Sie eine **ungünstige Zeit** wählen ...

... stellt sich das Kind nur schwer auf Normalkost ein und weint der Muttermilch nach. Nachts jammert es oft und ist unzufrieden. Es muss gleichsam eine Form von Entzug durchmachen. Es besteht die Gefahr, aus Mitleid wieder mit dem Stillen anzufangen. Die Brust schmerzt, wird ungewollt wieder prall und läuft beim Duschen oder bei Berührungen aus. Brustentzündungen und Milchstau können folgen.

Der richtige Zeitpunkt – auf einen Blick
Abstillen/Entwöhnen

Ideal:
Ein Tag vor Vollmond;
an Vollmond zum letzten Mal anlegen

Ungünstig:
Bei abnehmendem Mond

Sehr ungünstig:
Bei Neumond

Was es sonst noch zu sagen gibt

Wir sind uns einig, nicht wahr? Stillen ist das Beste für ein Baby – und dann kommt lange nichts. Wenn Sie aber alles unternommen haben, damit es klappt, es aber aus welchen Gründen auch immer einfach nicht klappen will, sollten Sie sich keine Minute mit einem schlechtem Gewissen plagen! Segnen Sie einfach die Fläschchen, und geben Sie sie Ihrem Kind mit guten Wünschen.

Nach vielen Monaten des Stillens aber kommt es irgendwann unweigerlich, das »letzte Mal«. Abstillen ist für das Baby vergleichbar mit dem letzten Schritt heraus aus dem Paradies, das es verlassen hat, um zu Besuch in Ihre Familie zu kommen und sich Ihrer Fürsorge anzuvertrauen.

Erfolgreiches Abstillen kann sehr einfach und ohne Medikamente erfolgen:

1. Stillen Sie in den Wochen vor Vollmond immer weniger und trinken Sie selbst auch etwas weniger. Entweder Sie lassen eine bis zwei Mahlzeiten ganz aus und geben ein Fläschchen, oder Sie legen Ihr Kind nur kurz an und füttern zu. Manche Babys bevorzugen recht schnell Beikost und wollen anschließend noch ein wenig Muttermilch. Andere Kinder wollen es genau andersherum. Lassen Sie Ihr Kind entscheiden, denn sein Gefühl ist richtig.

2. Wenn der Vollmond naht, reduzieren Sie das eigene Trinken so sehr, dass Sie nur noch zu einem Glas Wasser greifen, wenn Sie Durst verspüren. Lassen Sie das Kind nicht alles trinken – nach jedem Stillen streifen Sie jetzt die restliche Milch aus, bis die Brust ganz weich ist.

Am Vollmondtag selbst legen Sie das Kind ein letztes Mal an und trinken selbst anschließend etwa ein bis zwei Stunden lang nichts. Dem Baby geben Sie nur noch ungesüßten (!) Tee oder abgekochtes warmes Wasser.

3. Nach dem Abstillen hängt die erfolgreiche Umstellung sehr stark davon ab, ob Sie Ihren eigenen und den Ernährungstyp Ihres Kindes im Alltag berücksichtigen. Ein Baby, das nicht typgemäß ernährt wird, bleibt unruhig, schläft nicht durch und ist im Laufe der Jahre ein Kandidat für alle möglichen Probleme. Und für die Mama, die nicht »aus dem Leim« gehen möchte, spielt der Ernährungstyp auch eine Rolle (siehe »Alpha und Omega – Ihr persönlicher Ernährungstyp«, Seite 349).

Manche Mütter gönnen sich nun nach dem Abstillen eine Auszeit und verreisen für einige Tage. Eine sehr gute Idee! Die Väter kommen meist wunderbar mit dem Baby und seinen Bedürfnissen zurecht, wenn die Mamas nicht in der Nähe lauern und schnüffeln, ob auch alles richtig gemacht wird. Kinder brauchen Liebe, damit kann der Papa nichts falsch machen. Gleichgültig wie lange gestillt wurde – diese Auszeit ist notwendig, denn nun beginnt eine neue Zeit für die ganze Familie. Auftanken und genießen, so soll es sein!

Extra-Tipp

Salbeitee kann den Stillstand der Milchproduktion zusätzlich fördern. Einfach einige Tassen kurz vor dem Abstillen und danach trinken. Salbeitee ist aus diesem Grund für stillende Mütter generell nicht geeignet!

Eigenbluttherapie

Gewinn durch Verlust – Teil I

Wenn Sie den **richtigen Zeitpunkt** einhalten ...

... stärken Sie das Immunsystem auf einzigartige Weise. Die Reaktion ist durchschlagend, und schon sehr bald fühlen Sie sich leistungsstärker. Sogar das Gefühl von Sinnlosigkeit, das manchen im Alltag plagt, weicht neuem Optimismus. Eigeninitiative und Entschlusskraft wachsen. Besonders gut wirkt diese Therapie bei allen Formen eines dauerhaften Kältegefühls an verschiedenen Körperstellen. Die erfolgreiche Methode der Eigenbluttherapie gehört selbstverständlich in die Hände eines Arztes oder Heilpraktikers.

Wenn Sie einen **ungünstigen Termin** wählen ...

... lässt der Erfolg manchmal auf sich warten beziehungsweise scheint die Aktion sogar völlig wirkungslos zu bleiben. Zudem können ganze Behandlungsserien auch teuer sein. Die Wahl des richtigen Zeitpunkts kann dabei helfen, die Kosten unter Kontrolle zu halten.

Eigenblkttherapie

Der richtige Zeitpunkt – auf einen Blick
Beginn einer Eigenbluttherapie

Ideal:
Bei zunehmendem Mond in Stier, Jungfrau und Steinbock

Günstig:
Generell bei zunehmendem Mond

Eher ungünstig:
Bei abnehmendem Mond, besonders
in Krebs, Zwillinge, Waage

Was es sonst noch zu sagen gibt

»Eigenbluttherapie« – was bedeutet das eigentlich? Bei dieser Methode nimmt Ihr Heilpraktiker oder Arzt Ihnen einige Tropfen Blut ab und spritzt sie dann an der gegenüberliegenden Stelle, meist am Gesäß, wieder in den Körper. Zwischendurch werden die Bluttropfen »potenziert« und manchmal auch mit einem kleinen »Vitamincocktail« gemischt. Ein guter Heilpraktiker weiß genau, was Sie benötigen. Diese Therapieform eignet sich bei verschiedenen Problemen, u. a. bei kalten Füßen, zur Stärkung des Immunsystems, bei Ängsten aller Art, innerer Unruhe oder Dauersorgen. Bei einer Krebserkrankung ist sie nicht wirksam und sollte auch nicht durchgeführt werden.

Der Zeitpunkt des Therapiebeginns ist von großer Bedeutung für den Erfolg. Die Behandlungen sollten dann etwa einmal pro Woche erfolgen. Üblich ist eine Behandlung über zehn Termine, aber wenn Sie auf den richtigen Zeitpunkt des Beginns und aller weiteren Behandlungen achten, lassen sich manchmal schon mit sieben Terminen befriedigende Ergebnisse erreichen.

Ein Therapieplan könnte so aussehen

- Legen Sie die ersten beiden Behandlungen in den zunehmenden Mond, wobei die erste Behandlung möglichst an einem Bluttag erfolgen sollte – also an Stier, Jungfrau oder Steinbock.
- Die dritte Behandlung gehört etwa in die Mitte des abnehmenden Mondes, also etwa sieben Tage nach Vollmond.
- Die vierte und fünfte Behandlung setzen Sie dann wieder während der 14 Tage des zunehmenden Mondes an.

- Die sechste Behandlung gehört wieder in der Mitte des abnehmenden Mondes.

- Die siebte und manchmal letzte Behandlung erfolgt dann bei zunehmendem Mond und wieder an einem Stier-, Jungfrau- oder Steinbock-Tag.

Eigenblutbehandlung bei Kindern

Die Therapieform ist bei Kindern ebenso wirksam wie bei Erwachsenen, gehört aber in die Hände eines speziell dafür ausgebildeten Heilpraktikers oder Arztes. Die Behandlung ist für den Arzt sehr zeitaufwendig, und ihre einzelnen Schritte müssen genau eingehalten werden. Bei Kindern wird nur ein kleiner Tropfen Blut von der Fingerspitze abgenommen, weil sie meist Angst vor Spritzen haben. Das Blut wird sofort für alle weiteren Behandlungen vorbereitet. Die Kinder sollten dann möglichst am gleichen Wochentag einige Tropfen des Präparats schlucken. Gerade bei Kindern lassen sich die unglaublichsten Erfolge beobachten.

Die Wirkungsweise der Eigenbluttherapie ähnelt der der Homöopathie, der Bachblütentherapie und der mancher anderen Heilweisen, die auf der großartigen Fähigkeit des Körpers beruhen, die Information feinster Schwingungen aufzunehmen und sinnvoll zu verarbeiten. Es würde sich lohnen, sich eingehender mit Homöopathie und besonders auch mit der Bachblütenmethode zu befassen.

Impfungen

Das Risiko in Grenzen halten

Wenn Sie den richtigen Zeitpunkt einhalten ...

... können Sie das Risiko starker Impfreaktionen in Grenzen halten. Wichtig: Geimpfte Kinder sollten einige Tage lang so behandelt werden, als ob sie krank wären: keine größeren sportlichen oder sonstigen Belastungen, kein Barfußlaufen auf kalter Erde und so weiter.

Wenn Sie eine ungünstige Zeit wählen ...

... etwa kurz vor Vollmond, kommt es teilweise zu heftigen Impfreaktionen wie starkem Fieber und Schmerzen. Kinder werden manchmal für längere Zeit krank, manche Impfung mündet sogar in einen lebenslangen Impfschaden.

Der richtige Zeitpunkt – auf einen Blick
Impfungen

Besser:
Bei abnehmendem Mond; je näher an Neumond, desto geringer die Gefahr von Impfschäden

Ungünstig:
Bei zunehmendem Mond

Sehr ungünstig:
Drei Tage vor Vollmond und an Vollmond

Was es sonst noch zu sagen gibt

Das Thema »Impfen oder nicht?« ist sehr heikel, und korrekte Informationen erhält man hier genauso selten wie bei der Frage nach der richtigen Ernährung. Am liebsten würden wir uns ganz heraushalten, aber im Laufe der Zeit haben wir Tausende Anfragen zu diesem Thema bekommen und möchten daher etwas von unserem Wissen beisteuern.

Die Situation ist nicht sehr rosig. Gerade Babys und Kleinkinder werden mit scheinbar »notwendigen« Mehrfach-Cocktails vollgepumpt, und den Eltern wird mit der ganzen Autorität der »modernen Wissenschaft« eingeredet, das alles sei gut und notwendig. Kein Wunder, dass viele Eltern ihr Kind nur deshalb impfen lassen, weil sie einem schlechten Gewissen und den versteckten Drohungen der Ärzte aus dem Weg gehen wollen.

Aufklärung tut Not

Manchmal wünschten wir uns, mehr Menschen würden die Wissenschaftler und Ärzte zu den Untersuchungen über Langzeitschäden durch Impfungen befragen. Es wird noch Jahrzehnte dauern, bis sich so manche Krankheit der Neuzeit als das herausstellt, was sie ist, nämlich als Impfschaden. Wenn ich jemanden vergifte, und er fällt daraufhin tot um, bin ich ein Mörder. Wenn ich jemanden vergifte, und mein Opfer fällt erst 20 Jahre später um, bekomme ich vielleicht den Nobelpreis für Chemie. Es gibt einfach zu wenig Aufklärung über den Schaden, der mit Massenimpfungen angerichtet wird. Zu gut läuft das Geschäft, zu schwierig wäre die Beweisführung, zu wenig Geld steht den Wissenden für die Verbreitung von

Informationen zur Verfügung. Impfschäden werden zudem heute noch besser vertuscht als früher. Vielleicht hilft ja die Lektüre des einen oder anderen geeigneten Buches wie beispielsweise Fernand Delarues *Impfungen, der unglaubliche Irrtum*. Alles in allem: Jeder muss für sich selbst entscheiden, ob Impfungen für ihn sinnvoll sind oder nicht – unbeeinflusst von »Experten«.

Extra-Tipp

Bei Kindern sollten Sie auch den Biorhythmus beachten. Die körperliche Kurve sollte im oberen Bereich verlaufen oder zumindest nicht durch den Schnittpunkt (siehe »Der Biorhythmus – Lernen zum richtigen Zeitpunkt«, Seite 360).

Warzen entfernen

Ein Abschied für immer

Wenn Sie den **richtigen Zeitpunkt** einhalten ...

... ist die Chance, dass die Warzen verschwinden, viel größer. Jedoch sollten Sie bei Neumond unbedingt mit jeder Form der Warzenbehandlung aufhören! Tritt der Neumond früh am Tag ein, hören Sie schon einen Tag vorher mit der Behandlung auf! Wenn die Behandlung bei Neumond noch nicht erfolgreich abgeschlossen ist, hören Sie trotzdem damit auf und beginnen Sie erst wieder beim nächsten Vollmond damit!

Wenn Sie eine **ungünstige Zeit** wählen ...

... kommen die Warzen wieder zurück oder vermehren sich. Besonders Warzenoperationen bei zunehmendem Mond können sich sehr ungünstig auswirken! Hören Sie bei Neumond unbedingt mit jeder Form der Warzenbehandlung auf!

Der richtige Zeitpunkt – auf einen Blick
Warzen entfernen

Ideal:
Bei abnehmendem Mond,
mit Ausnahme von Krebs

Ungünstig:
Bei zunehmendem Mond

Sehr schlecht:
Bei zunehmendem Mond in Krebs und
Steinbock sowie bei Vollmond und an den
drei Tagen zuvor

Was es sonst noch zu sagen gibt

Natürliche Behandlungsmethoden sind bei Warzen sehr erfolgreich, wenn der richtige Zeitpunkt eingehalten wird. Bei jeder Form der Selbstbehandlung müssen Sie jedoch die Mühe auf sich nehmen, die Warze täglich frisch zu versorgen. Ihr Lohn ist, dass die Warze manchmal schon nach einer Woche verschwindet. In den meisten Fällen dauert die Behandlung aber 10 bis 14 Tage. Selten kommt es vor, dass die Behandlung zwar angesprochen hat, aber nicht erfolgreich genug, bevor schon wieder Neumond herrscht. Legen Sie in diesem Fall trotzdem ab Neumond 14 Tage Pause ein und beginnen Sie beim nächsten Vollmond noch einmal.

Es kann auch geschehen, dass sich nach einer Woche noch gar nichts getan hat. Dann haben Sie vermutlich einfach noch nicht das Mittel gefunden, das für Sie das richtige ist.

Mit dieser Anleitung finden Sie heraus, mit welcher Methode Sie beginnen sollten:

1. Lesen Sie sich die folgenden Methoden durch.

2. Beginnen Sie mit der Behandlung, die Ihnen beim Lesen am meisten zusagt, und fahren Sie mit einer anderen Methode erst dann fort, wenn die erste Wahl nicht anschlägt.

3. Halten Sie sich genau an die gewählte Methode und machen Sie dabei 14 Tage lang keine Kompromisse!

4. Beginnen Sie bei Vollmond und beenden Sie die Behandlung an Neumond beziehungsweise am Tag zuvor, wenn der Neumond sehr früh eintritt.

5. Wird eine Wiederholung notwendig, dann warten Sie damit bis zum nächsten Vollmond.

6. Ignorieren Sie die Warze in der Zeit des zunehmenden Mondes und tun Sie währenddessen gar nichts!

Die Knoblauchmethode

Halbieren Sie jeden Abend eine Knoblauchzehe und legen Sie sie mit der Schnittfläche auf die Warze(n). Fixieren Sie das Ganze mit einem Pflaster und kleben Sie eventuell ein weiteres Pflaster darüber, damit nichts verrutscht (es kann auch wie ein Verband abgedeckt werden). Wenn Sie morgens aus dem Haus müssen, lösen Sie das Pflaster, bevor Sie duschen (bei empfindlicher Haut das Pflaster vielleicht erst unter der Dusche lösen). Tagsüber lassen Sie die Stelle völlig in Ruhe, reiben Sie auch nicht darüber.

Je länger die Knoblauchzehe aufliegt, desto schneller kommt der Erfolg. Wer also nicht auswärts arbeitet, kann die Pflaster auch tagsüber drauflassen. Der verwendete Knoblauch riecht nach der Behandlung unangenehm (nicht nach Knoblauch!). Am besten in ein kleines Plastiksäckchen stecken und dann sofort nach draußen in die Mülltonne bringen!

Wenn Sie die Möglichkeit haben, den Knoblauch dauerhaft liegen zu lassen, empfiehlt es sich, die gesunde Haut um die Warze herum zu schützen, weil sie sonst zu stark aufweicht. Dazu schneiden Sie am besten ein Loch in Warzengröße aus einem Pflaster, legen es auf und bedecken erst dann die Warze mit dem Knoblauch. Darüber kann dann ein zweites Pflaster zur Fixierung geklebt werden.

Die Schöllkrautmethode

Schöllkraut ist eine Heilpflanze, die an Wegrändern, Waldrändern und oft in der Nähe verlassener Gebäude wächst. Ihre Blätter ähneln Eichenblättern, sie sind ganz weich und hellgrün, die Blüten sind klein und gelb. Für die Warzen verwenden Sie den Saft von Stängel und Blatt. Er ist orangegelb und färbt sich auf Haut und Kleidung braun (aus Textilien ist er kaum zu entfernen, also Vorsicht!). Schöllkraut ist sehr wirksam gegen Warzen, hilft jedoch wie gesagt nicht bei allen Menschen. Den Saft müssen Sie nicht sammeln oder auspressen. Zupfen Sie einfach einen Stängel oder ein Blatt ab und tupfen Sie den austretenden Saft auf die Warze. Verfahren Sie täglich mindestens einmal auf diese Weise, besser öfter. Sie brauchen dazu weder Verband noch Pflaster.

Wenn sich die Warze an einer sichtbaren Stelle breitgemacht hat, haben Sie die Wahl, ob Sie sie mit einem Pflaster abdecken. Unter der Kleidung müssen Sie warten, bis der Saft eingetrocknet ist, was sehr schnell geht. Diese Methode fällt vielen Menschen leichter, weil die Knoblauchmethode im Alltag wegen des »Duftes« Probleme bereiten kann.

Die Apfelmethode

Sie halbieren täglich einen Bio-Apfel und reiben die Warze damit ein. Diese Methode empfiehlt sich vor allem bei Kindern, weil die Verfahren mit Schöllkraut und Knoblauch für sie oftmals zu langwierig sind. Die Apfelmethode hilft allerdings nicht immer nachhaltig.

Die Tinkturmethode

Tinkturen aus der Apotheke helfen meistens recht gut, wenn Sie den richtigen Zeitpunkt einhalten. Manchmal muss man auf chemische Präparate zurückgreifen, aber bedenken Sie: Aggressive Mittel sind immer eine Belastung für den Körper. Achten Sie in der Zeit der Behandlung und auch später deshalb auf eine ausreichende Flüssigkeitszufuhr, um den Nieren die Entgiftungsarbeit zu erleichtern.

Extra-Tipp

Ein offenes Geheimnis bei allen Warzenbehandlungen: bei Vollmond beginnen, bei Neumond aufhören!

Operationen

Rasche Heilung freundlich einladen

Wenn Sie den **richtigen Zeitpunkt** einhalten ...

... können Sie mit geringerer Blutungsneigung und geringerer Narbenbildung rechnen. Die Heilung verläuft schneller, die Gefahr von Komplikationen ist geringer. Gehen Sie, wenn möglich, dem Tierkreiszeichen aus dem Weg, das die Körperzone regiert, die operiert werden soll. Schieben Sie jedoch niemals eine Operation auf, wenn Ihr Arzt davon abrät, beziehungsweise, wenn es sich um einen Notfall oder Unfall handelt! Holen Sie vor größeren Eingriffen immer eine zweite Meinung ein!

Wenn Sie eine **ungünstige Zeit** wählen ...

... kann es eher zu Komplikationen und Infektionen kommen, die Heilungs- und Genesungsphasen dauern in der Regel länger. In den Tagen vor Vollmond kommt es häufiger zu stärkeren, schwer stillbaren Blutungen. Auch die Vernarbung verläuft nicht ungestört, das Risiko, hässliche Narben zurückzubehalten, ist höher. Manchmal sind Mehrfachoperationen nötig, um ein einigermaßen befriedigendes Ergebnis zu erreichen. Zudem erhöht sich die Gefahr von Nerven- und Phantomschmerzen.

Operationen: Grundregeln

Thema Operationen – Thema Nr. 1

In der Hitparade unserer Leserzuschriften nimmt die Frage nach dem richtigen Zeitpunkt für eine anstehende Operation mittlerweile den ersten Platz ein. Aus gutem Grund: Der Zeitpunkt einer Operation gehört zu den wichtigsten Einflussfaktoren auf den Heilungsverlauf. Hier eine Zusammenfassung der wichtigsten Regeln:

- Alles, was man für das Wohlergehen einer Körperregion tut, ist immer an den Tagen wirksamer, in denen der Mond gerade das Tierkreiszeichen durchschreitet, von dem die Körperregion regiert wird – mit Ausnahme von chirurgischen Eingriffen. Beispiel: Eine Fußmassage im Tierkreiszeichen Fische ist sinnvoll, während eine Operation an den Füßen zu diesem Zeitpunkt eher ungünstig ist.

- Alles, was die Körperregion, die von dem Zeichen regiert wird, das der Mond gerade durchschreitet, besonders belastet oder strapaziert, ist schädlicher als an anderen Tagen. Chirurgische Eingriffe an diesen Tagen sollte man, wenn möglich, vermeiden. Notoperationen gehorchen einem höheren Gesetz.

- Nimmt der Mond gerade zu, wenn er das jeweilige Zeichen durchläuft, sind alle Maßnahmen erfolgreicher als bei abnehmendem Mond, wenn es ums Aufbauen des regierten Organs geht.

- Nimmt der Mond gerade ab, sind alle Maßnahmen zum Entgiften und Entlasten des jeweiligen Organs oder der Körperregion erfolgreicher als bei zunehmendem Mond.

- Chirurgische Eingriffe dienen zwar letztlich dem Wohlergehen der jeweiligen Körperzone und damit dem des ganzen Körpers, wirken sich aber zum Zeitpunkt der Operation belastend aus. Operationen gehören immer in die Phase des abnehmenden Mondes, wenn man ihren Zeitpunkt planen kann.

Selbstverständlich muss man bei Unfällen und Notfällen sofort handeln. Ein Hinauszögern, um auf den richtigen Zeitpunkt zu warten, könnte lebensgefährlich sein! Der förderliche und bremsende Einfluss der Mondrhythmen wirkt auch dann, aber das Risiko des Abwartens ist in diesen Fällen viel höher einzuschätzen als etwaige Nachteile durch den falschen Zeitpunkt. Besser später eine Nachoperation zum richtigen Zeitpunkt als in dringenden Fällen abzuwarten!

Die Wahl des richtigen Tierkreiszeichens bei einer Operation

Wie oben erläutert sollten Sie bei einer Operation das Tierkreiszeichen meiden, das die Körperregion regiert, in der operiert wird. Auf der nächsten Seite sehen Sie die Zusammenhänge auf einen Blick.

Es gibt im deutschen Sprachraum sicherlich keinen einzigen Arzt, keinen Chirurgen, Zahnarzt oder Heilpraktiker mehr, der nicht vom Einfluss der Mondrhythmen gehört hätte – sei es durch die Lektüre unserer Bücher oder durch die Informationen und Terminwünsche der Patienten. Natürlich wurden diese Informationen nicht immer freundlich aufgenommen, aber letztlich ändert das nichts an ihrer Gültigkeit.

Wir persönlich würden niemals auf die Idee kommen, uns bei einem Eingriff, dessen Termin frei wählbar ist, *nicht* nach

Bei Tierkreis-zeichen	keine OP in den Regionen
Widder	Kopf, Gehirn, Augen, Nase, Oberkiefer
Stier	Kehlkopf, Schilddrüse, Zähne, Unterkiefer, Hals, Mandeln, Ohren
Zwillinge	Schulter, Arme, Hände, Lunge
Krebs	Brust, Lunge, Magen, Leber, Galle
Löwe	Herz, Rücken, Zwerchfell, Blutkreislauf, Schlagader
Jungfrau	Verdauungsorgane, Nerven, Milz, Bauchspeicheldrüse
Waage	Hüfte, Leiste, Nieren, Blase
Skorpion	Geschlechtsorgane, Nieren, Blase, Harnleiter, Leiste
Schütze	Oberschenkel, Venen
Steinbock	Knie, Knochen, Gelenke, Haut, Wirbelsäule
Wassermann	Unterschenkel, Venen
Fische	Füße, Zehen

dem Mond zu richten! Jeder Zahnarzt und jeder Chirurg, besonders aber das Pflegepersonal macht laufend die Erfahrung, dass Wunden bei zunehmendem Mond länger bluten und schlechter verheilen als bei abnehmendem Mond. Glücklich sind wir über die immer größer werdende Zahl von Heilkundigen, die ihrer persönlichen Erfahrung mehr vertrauen als dem, was sie gelernt haben. Der Mondkalender ist in den Praxen dieser Ärzte und Heilpraktiker ein vertrautes Werkzeug.

Gesundsein und Gesundbleiben

Warum äußern sich manche Ärzte skeptisch oder wehren sich gegen das Offensichtliche? Wir haben eine kleine Umfrage unter jenen Ärzten, Chirurgen und Zahnärzten gemacht, die wir beraten, und das Echo war eigentlich sehr einheitlich. Man vermutete, dass manchen Kollegen an einer Form der Rückversicherung gelegen ist, bevor sie ihren eigenen Erfahrungen trauen wollen. Ein Chirurg machte uns auch darauf aufmerksam, dass durch den heutigen Medizinbetrieb der Einfluss des richtigen Zeitpunkts einfach übersehen wird, unter anderem deshalb, weil schon routinemäßig alles getan wird, um mögliche Komplikationen zu vermeiden.

> **Extra-Tipp**
>
> Alle Regeln zur Wahl des richtigen Zeitpunkts gelten auch für den Umgang mit Tieren!

Wie dem auch sei, wir unterstützen jeden, der persönliche und direkte Erfahrungen mit diesem Wissen machen möchte, denn nur dann hat die Sache Hand und Fuß und wird von Dauer sein. An der Gültigkeit der Regel, alle Operationen, deren Termin sich ohne Mühe frei wählen lässt, auf den abnehmenden Mond zu legen, ändert sich nichts. Der Einfluss der Mondrhythmen im Alltag der Menschen ändert sich nicht, nur weil manche Leute Probleme damit haben, ihn in ihr »modernes Leben« zu integrieren.

Auch wenn Sie sich nach einer Operation sehr schnell wieder fit und auf der Höhe fühlen, sollten Sie sich mit der Rückkehr in den Alltag und in die Aktivität Zeit lassen. Riskieren Sie keinen Rückfall, übertreiben Sie nicht, nur weil es Ihnen bereits besser geht! Halten Sie auf jeden Fall eine angemessene Heilungs- und Rehabilitationsphase ein.

Operationen

Der richtige Zeitpunkt – auf einen Blick
Grundregeln für Operationen aller Art

Günstig:
Bei abnehmendem Mond. Dabei dem Tierkreiszeichen aus dem Weg gehen, das die Körperzone regiert, an der operiert wird (siehe Seite 69)

Ungünstig:
Bei zunehmendem Mond inklusive Vollmond und Neumond (wenn Neumond sehr früh am Tag eintritt)

Sehr ungünstig:
Kurz vor Vollmond und an Vollmond in dem Tierkreiszeichen, das die Körperzone regiert, an der operiert wird (siehe Seite 69)

Der richtige Zeitpunkt – auf einen Blick
Operationen in der Widder-Region: Kopf, Augen, Ohren, Oberkiefer

Günstig:
Bei abnehmendem Mond,
außer in Widder. Bei abnehmendem Mond
von November bis März

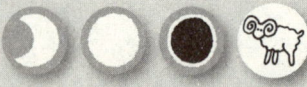

Ungünstig:
Bei zunehmendem Mond inklusive Vollmond und Neumond
(wenn Neumond sehr früh am Tag eintritt) und generell in Widder

Sehr ungünstig:
Kurz vor Vollmond und an Vollmond,
wobei der Vollmond im Oktober der schlechteste
Zeitpunkt ist

Operationen in der Widder-Region – Was Sie beachten sollten

- Wenn eine Augenoperation nicht nur reine Symptombekämpfung sein soll, dann sollten Sie danach einige Dinge genauer betrachten, die eventuell die Ursache gewesen sein könnten: Computerarbeit, zu viel künstliches Licht, ein verstrahlter Schlafplatz und so weiter. Achten Sie vor allem darauf, dass Sie genug Vitamine und Mineralien zu sich nehmen. Eine falsche Ernährung ist Ursache Nummer eins für ein Nachlassen der Sehkraft! Manchmal würde es genügen, weniger Kaffee zu trinken und auf Tee umzustellen.

- Eine ausreichende Versorgung mit Vitamin A – über Bio-Gemüse – kann einer Sehschwäche erfolgreich vorbeugen. Wenn Sie dazu Karotten beziehungsweise Karottensaft wählen, sollte immer ein Tropfen Öl mit hinein, weil Vitamin A fettlöslich ist und so besser aufgenommen wird. Das Öl ist quasi das Fahrzeug für Vitamin A.

- An Widder-Tagen sollte man die Augengymnastik nie versäumen, sie wirkt dann besonders intensiv. Andererseits: Nach langer Arbeit am Bildschirm (natürlich auch nach einem langem Videospiel!) ist eine solche Gymnastik immer sehr empfehlenswert, unabhängig vom Mondstand. Wirksam ist beispielsweise Folgendes: Blicken Sie zuerst ganz nach oben (nicht mit dem Kopf, sondern mit den Augen!), dann ganz nach unten, dann ganz nach rechts, dann ganz nach links – nicht den Kopf bewegen, sondern nur die Augen. Anfangs wird es etwas wehtun, weil sich die Sehnen verkürzt haben. Aber der Schmerz wird nicht lange anhalten und ist eigentlich nur ein gutes Zeichen.

Der richtige Zeitpunkt – auf einen Blick
Operationen in der Stier-Region: Unterkiefer, Hals, Mandeln, Nacken

Günstig:
Bei abnehmendem Mond,
außer in Stier. Bei abnehmendem Mond
von Dezember bis April

Ungünstig:
Bei zunehmendem Mond inklusive Vollmond und Neumond
(wenn Neumond sehr früh am Tag eintritt) und generell in Stier

Sehr ungünstig:
Kurz vor Vollmond und an Vollmond,
wobei der Vollmond im November der schlechteste Zeitpunkt ist

Operationen in der Stier-Region – Was Sie beachten sollten

- Die Stier-Tage beeinflussen besonders die Halsregion. Mandeln zum Beispiel erfüllen eine wichtige Funktion im Körper, ihre Erhaltung sollte daher immer Priorität haben. Speziell bei Kindern ließe sich das Entfernen meist vermeiden, wenn man bei der Ernährung auf das verzichten würde, was sie nicht vertragen. Milch zum Beispiel ist der Hauptschuldige für viele körperliche Probleme (nicht nur bei Kindern!). Leider wird es noch einige Jahre dauern, bis genügend Menschen aufgewacht sind, die des Kaisers neue Kleider als das entlarven, was sie sind. Kuhmilch gehört zu den ungesündesten Nahrungsmitteln, die die Menschheit »erfunden« hat. Die berühmte Dauer-»Rotznase« vieler Kinder ist eine allergische Reaktion, meistens auf Kuhmilch, aber auch auf einige andere Stoffe.

- Wer morgens oft mit Halsschmerzen aufwacht, die nach dem Zähneputzen oder nach dem Frühstück wieder vergehen, hat vielleicht nur eine Milchallergie.

- Nach dem Sport zu duschen, ohne die Haare trocken zu föhnen, ist für mehr Fälle von steifem Nacken und Halsstarre verantwortlich, als man glauben möchte. Die frische Kühle mag sich angenehm anfühlen, besonders an heißen Tagen, aber eine solche Gewohnheit führt später oft zu Problemen mit den Nasennebenhöhlen beziehungsweise zu dauerhaften Hals-Nacken-Problemen. Wenn man sich oft mit einem steifen Hals herumschlagen muss, dann sollte man auch die Sitzposition ändern und auf Zugluft achten. Auto-Klimaanlagen richtig einzustellen ist eine Kunst.

Der richtige Zeitpunkt – auf einen Blick
Operationen in der Zwillinge-Region: Schultern, Arme und Hände

Günstig:
Bei abnehmendem Mond,
außer in Zwillinge. Bei abnehmendem Mond
von Januar bis Mai

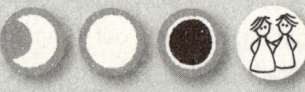

Ungünstig:
Bei zunehmendem Mond inklusive Vollmond und Neumond
(wenn Neumond sehr früh am Tag eintritt) und generell in Zwillinge

Sehr ungünstig:
Kurz vor Vollmond und an Vollmond,
wobei der Vollmond im Dezember der schlechteste
Zeitpunkt ist

Operationen in der Zwillinge-Region – Was Sie beachten sollten

- Die meisten Operationen an den Schultern werden vorgenommen, weil den Patienten ständige Schmerzen plagen. Würden sich mehr Menschen einige Male im Jahr eine Woche lang ohne tierisches Eiweiß ernähren, würden die Schmerzen verschwinden.

- Schmerzen im Schulterbereich und an anderen Gelenken stammen meist nicht von »Abnutzungserscheinungen«, wie man uns oft einreden möchte. Sie stammen von Ablagerungen von zu viel tierischem Eiweiß, zu viel Zucker, Alkohol, Kaffee und so weiter, kurz, von allen Nahrungs- und Genussmitteln, die den Körper übersäuern. Arme und Schultern beginnen zu schmerzen, zwangsläufig reduziert man die Bewegungen. Das Naturgesetz greift: Was ich nicht gebrauche, verkommt.

- Die gute Nachricht: Fast alles deutet darauf hin, dass es in keinem Alter zu spät ist zu reagieren und viele Schmerzzustände aufgrund von Gelenkproblemen gestoppt werden können. Dazu bedarf es erstens der Bereitschaft, einige Minuten täglich eine leichte Gymnastik zu machen (ideal ist die Mondgymnastik, siehe Seite 330), zweitens der Bereitschaft, sich nach einer persönlich angepassten, gesunden Ernährungsweise zu richten, und drittens der richtigen Einstellung. Sie müssen nämlich etwas Geduld mitbringen und die Überzeugung verlieren, dass die Beweglichkeit ab einem bestimmten Alter grundsätzlich eingeschränkt ist. Der Marathonläufer Fauja Singh war 89 Jahre alt, als er mit dem Laufen begann, und seinen letzten Marathon lief er mit 101.

Der richtige Zeitpunkt – auf einen Blick
Operationen in der Krebs-Region: Lunge und Brustbereich

Günstig:
Bei abnehmendem Mond,
außer in Krebs. Bei abnehmendem Mond
von Februar bis Juni

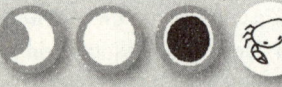

Ungünstig:
Bei zunehmendem Mond inklusive Vollmond und Neumond
(wenn Neumond sehr früh am Tag eintritt) und generell in Krebs

Sehr ungünstig:
Kurz vor Vollmond und an Vollmond,
wobei der Vollmond im Januar der schlechteste
Zeitpunkt ist

Operationen in der Krebs-Region – Was Sie beachten sollten

- Viele Deosprays und Deostifte enthalten auch heute noch das krebserregende Aluminium – und der Weg von der Achselhöhle zur Brust ist nicht weit. Leider ist Aluminium oft auch in teuren Produkten enthalten, die äußerlich wie Bio-Produkte aufgemacht sind. Nur wenn ausdrücklich »frei von Aluminium« drauf steht, können Sie sicher sein.

- Vermeiden Sie nach einer Operation im Brust-Lungen-Bereich jede Anstrengung an den Krebs-Tagen. Das ist besonders wichtig in der Rehabilitationsphase. Angenommen Sie haben für eine Operation den richtigen Zeitpunkt gewählt. Oftmals verläuft die Heilung dann so schnell und ermutigend, dass man dazu neigt, gewohnte Aktivitäten wieder zu früh aufzunehmen. Übertreiben Sie also bitte nicht vor lauter Begeisterung!

- In den vergangenen Jahren hat sich deutlich gezeigt, dass es bei einer ästhetischen Brustoperation sehr sinnvoll ist, auf den richtigen Zeitpunkt zu achten. Man geht damit vielen Komplikationen aus dem Weg. Natürlich lässt sich nicht bei jeder Operation jederzeit der richtige Zeitpunkt aussuchen.

- Sind massive Folgeschäden eingetreten wie hässliche Vernarbungen oder Ähnliches, dann lohnt sich eine Nachoperation zum richtigen Zeitpunkt.

Der richtige Zeitpunkt – auf einen Blick
Operationen in der Löwe-Region: Herz

Günstig:
Bei abnehmendem Mond,
außer in Löwe. Bei abnehmendem Mond
von März bis Juli

Ungünstig:
Bei zunehmendem Mond inklusive Vollmond und Neumond
(wenn Neumond sehr früh am Tag eintritt) und generell in Löwe

Sehr ungünstig:
Kurz vor Vollmond und an Vollmond,
wobei der Vollmond im Februar der schlechteste
Zeitpunkt ist

Operationen in der Löwe-Region – Was Sie beachten sollten

- Nach einer Herzoperation und besonders auch nach einer Operation aufgrund einer Krebserkrankung sollte man niemals zur selben Schlafstelle zurückkehren. Verschieben Sie Ihr Bett oder ziehen Sie in ein anderes Zimmer. Genauere Informationen über diese Zusammenhänge finden Sie in unserem Buch *Aus eigener Kraft*. Auch das Buch *Erfahrungen einer Rutengängerin* von Käthe Bachler können wir zu diesem Thema empfehlen.

- Achten Sie zukünftig an Löwe-Tagen vermehrt darauf, wie sich diese Tage und ihre Energien anfühlen. Es ist ratsam, jedem Ärger und jeder Aufregung aus dem Weg zu gehen. Auch eine große körperliche Anstrengung ist an Löwe-Tagen nicht gerade empfehlenswert.

- Wer gegen Narkosemittel empfindlich ist, vielleicht sogar allergisch darauf reagiert, sollte Operationen an Löwe generell möglichst meiden. Das gilt auch für einen Besuch beim Zahnarzt, bei dem Betäubungsspritzen verabreicht werden.

Extra-Tipp

Auch zu viel Sonnenbestrahlung schadet an Löwe-Tagen.

Der richtige Zeitpunkt – auf einen Blick
Operationen in der Jungfrau-Region: Verdauungsorgane

Günstig:
Bei abnehmendem Mond,
außer in Jungfrau. Bei abnehmendem Mond
von April bis August

Ungünstig:
Bei zunehmendem Mond inklusive Vollmond und Neumond
(wenn Neumond sehr früh am Tag eintritt) und generell in Jungfrau

Sehr ungünstig:
Kurz vor Vollmond und an Vollmond,
wobei der Vollmond im März der schlechteste
Zeitpunkt ist

Operationen in der Jungfrau-Region – Was Sie beachten sollten

- Die Hauptursache von Darm- und Verdauungsproblemen ist – Sie haben es erraten – in der Ernährungsweise zu suchen (Zusammenhänge und Tipps siehe »Alpha und Omega – Ihr persönlicher Ernährungstyp«, Seite 349). Nach einer Operation ist eine Ernährungsumstellung meist unumgänglich.

- Alte, belastende Gedanken und Vorstellungen loszulassen heilt den Darmbereich mehr, als Sie denken. (Hierzu sind vielleicht auch die Tipps zum Thema Entrümpeln auf Seite 250 nützlich.) Über die Zusammenhänge zwischen Seele und Darm weiß auch der Volksmund Bescheid. Jeder kennt beispielsweise den Ausspruch: »Die Nachricht ist mir auf den Magen geschlagen.« Zu viel Ärger und Stress sind die reinsten Magenkiller.

- Die Abendmahlzeit sollte bei Magen- und Darmproblemen schon früh erfolgen, möglichst vor 18 Uhr. Viele Menschen essen oder snacken spätabends, gleichsam als Einschlafhilfe. Das ist auch eine Einladung für Übergewicht, chronische Verdauungsprobleme sowie Kreislaufprobleme und Herzkrankheiten.

- Meditation ist zwar immer eine gute Sache, bei Magenproblemen aber ist sie schon beinahe eine Notwendigkeit. Zu meditieren hilft wirklich.

Der richtige Zeitpunkt – auf einen Blick
Operationen in der Waage-Region: Hüfte, Nieren und Blase

Günstig:
Bei abnehmendem Mond,
außer in Waage. Bei abnehmendem Mond
von Mai bis September

Ungünstig:
Bei zunehmendem Mond inklusive Vollmond und Neumond
(wenn Neumond sehr früh am Tag eintritt) und generell in Waage

Sehr ungünstig:
Kurz vor Vollmond und an Vollmond,
wobei der Vollmond im April der schlechteste
Zeitpunkt ist

Operationen in der Waage-Region – Was Sie beachten sollten

- Ein guter Chiropraktiker kann bei Problemen im Hüftbereich wahre Wunder wirken und so manche Operation verhindern, wenn man ihn früh genug aufsucht. Wenn Ihre Hüfte nicht richtig eingerenkt ist, können Sie auch nicht gerade und natürlich stehen. Eine schiefe Haltung aus Gewohnheit führt zu noch größeren Dauerschäden. Stehen Sie immer so, dass sich Ihr Gewicht gleichmäßig auf beide Beine verteilt, locker und gerade. Eine »lässige«, schiefe Haltung, bei der nur ein Bein belastet wird, führt zwangsläufig zu Schmerzen im Alter.

- Hüftoperationen sind heute fast schon Routine, und dennoch haben manche Menschen hinterher stärkere Beschwerden als zuvor. Solche Eingriffe sind aber nur sehr selten Notoperationen. Meiden Sie also die ungünstigen Zeiten. Es lohnt sich, auf den richtigen Zeitpunkt zu achten! Sagen Sie einfach Nein, wenn Ihnen ein schlechter Termin angeboten wird. Wichtig: Nach der Operation sollten Sie sich trotzdem schonen, auch wenn sich alles wunderbar anfühlt!

- Babys, die oft schreien, leiden eventuell unter Dauerschmerzen beim Liegen. Auch hier helfen oft die heilenden Hände eines Chiropraktikers.

Extra-Tipp

Wer sich mit Hüftproblemen herumschlägt, hat nicht selten eine unentdeckte Verschiebung im Kieferbereich. Machen Sie Ihren Zahnarzt auf diese Möglichkeit aufmerksam.

Der richtige Zeitpunkt – auf einen Blick
Operationen in der Skorpion-Region: Geschlechtsorgane und Leiste

Günstig:
Bei abnehmendem Mond,
außer in Skorpion. Bei abnehmendem Mond
von Juni bis Oktober

Ungünstig:
Bei zunehmendem Mond inklusive Vollmond und Neumond
(wenn Neumond sehr früh am Tag eintritt) und generell in Skorpion

Sehr ungünstig:
Kurz vor Vollmond und an Vollmond,
wobei der Vollmond im Mai der schlechteste
Zeitpunkt ist

Operationen in der Skorpion-Region – Was Sie beachten sollten

- Bei Routineuntersuchungen im Unterleib stellt sich manchmal etwas heraus, bei dem der Arzt zu einer raschen Operation rät. Man hat dann oft keine Zeit mehr zum Nachdenken oder zum Abgleichen eines Termins mit dem Mondkalender. Deshalb ein Tipp: Wenn Sie zur Vorsorge immer kurz nach Vollmond gehen, haben Sie bessere Chancen, im Fall der Fälle einen guten Mondstand zu erwischen. Der Unterschied zwischen guten und ungünstigen Zeiten ist wirklich groß!

- Noch bis vor etwa 20 Jahren wurde Frauen fast automatisch die Gebärmutter entfernt, wenn der Kinderwunsch abgeschlossen war und gleichzeitig chronische Menstruationsprobleme bestanden. Nicht selten wurde dies damit begründet, »dass frau dann ihre Ruhe hat«. Dadurch hat sich zwar das Problem mit der Periode gelöst, aber auch so mancher seelische Dauerstress seinen Anfang genommen. Behalten Sie diesen Zusammenhang im Auge.

> **Extra-Tipp**
>
> An Skorpion- und Waage-Tagen schadet das Sitzen auf kalten Flächen der Unterleibsregion besonders.

> **Extra-Tipp**
>
> Am Nachmittag zwischen 15 und 17 Uhr viel zu trinken hat schon viele Blasenentzündungen verhindert oder im Entstehen wieder zurückgedrängt.

Der richtige Zeitpunkt – auf einen Blick
Operationen in der Schütze-Region: Oberschenkel

Günstig:
Bei abnehmendem Mond,
außer in Schütze. Bei abnehmendem Mond
von Juli bis November

Ungünstig:
Bei zunehmendem Mond inklusive Vollmond und Neumond
(wenn Neumond sehr früh am Tag eintritt) und generell in Schütze

Sehr ungünstig:
Kurz vor Vollmond und an Vollmond,
wobei der Vollmond im Juni der schlechteste
Zeitpunkt ist

Operationen in der Schütze-Region – Was Sie beachten sollten

- Wenn Sie nach einem Unfall Nägel oder Schrauben im Oberschenkelknochen haben, dann lassen Sie sie nie an Schütze entfernen, sondern immer nur bei abnehmendem Mond, am besten zwischen Juli und November.

- Nach einem Schlaganfall muss oftmals das Gehen neu erlernt werden. Versäumen Sie zum Üben niemals die Schütze-Tage. An diesen Tagen werden Sie bei der Rehabilitation die größten Fortschritte machen.

> **Extra-Tipp**
>
> Thymianbäder durchbluten die Beine optimal. Man verabreichte sie früher erfolgreich bei Lähmungserscheinungen und nach Unfällen.

- Es scheint keine echte Operation zu sein, und dennoch: Lassen Sie an Schütze niemals eine Fettabsaugung an den Oberschenkeln vornehmen. Es könnten sich hässliche Narben bilden, oder die Behandlung könnte wiederholt werden müssen.

Der richtige Zeitpunkt – auf einen Blick

Operationen in der Steinbock-Region: Knochen, Wirbelsäule, Knie und Haut

Günstig:
Bei abnehmendem Mond,
außer in Steinbock. Bei abnehmendem Mond
von August bis Dezember

Ungünstig:
Bei zunehmendem Mond inklusive Vollmond und Neumond
(wenn Neumond sehr früh am Tag eintritt) und generell in Steinbock

Sehr ungünstig:
Kurz vor Vollmond und an Vollmond,
wobei der Vollmond im Juli der schlechteste
Zeitpunkt ist

Operationen in der Steinbock-Region – Was Sie beachten sollten

- Rücken- und Knieprobleme können Sie ohne eine Ernährungsumstellung nicht in den Griff bekommen.

- Bei Problemen mit den Knien und der Wirbelsäule versäumen Sie niemals, die kundigen Hände eines Chiropraktikers zum Zuge kommen zu lassen. Orthopäden gehen zwar gerne selbst zum Chiropraktiker, vergessen aber oft, ihren Patienten von ihren guten Erfahrungen zu berichten.

- Hautprobleme sind so gut wie nie ein Problem der Haut selbst. Der Zustand der Haut ist ein Fenster ins Innere Ihres Körpers. Die Haut gibt Auskunft über Ihre persönliche Ernährung, über Ihre Blutwerte und Ihre Verdauung. Ohne die Kenntnis Ihres persönlichen Ernährungstyps, Alpha oder Omega, kommen Sie dem Geheimnis einer dauerhaft schönen Haut nicht so schnell auf die Spur (siehe »Alpha und Omega – Ihr persönlicher Ernährungstyp«, Seite 349).

- Wenn Ärzte bei unbestimmten Gelenk- und Knochenschmerzen nicht mehr weiterwissen, kommen meist starke Rheuma-Medikamente zum Einsatz, deren Spätschäden schlimmer sind als Ihre derzeitigen Gelenkprobleme. Essen Sie einfach zumindest an Steinbock-Tagen keine Wurst und kein Fleisch mehr, keinen Fisch, keine Eier, keine Milchprodukte – und machen Sie so einen großen Schritt in Richtung Besserung.

- Die häufigste Ursache für ständige Gliederschmerzen ist die Übersäuerung Ihrer Gewebe, ausgelöst durch Zucker und tierisches Eiweiß.

Der richtige Zeitpunkt – auf einen Blick
Operationen in der Wassermann-Region: Unterschenkel

Günstig:
Bei abnehmendem Mond,
außer in Wassermann. Bei abnehmendem Mond
von September bis Januar

Ungünstig:
Bei zunehmendem Mond inklusive Vollmond und Neumond
(wenn Neumond sehr früh am Tag eintritt) und generell in Wassermann

Sehr ungünstig:
Kurz vor Vollmond und an Vollmond,
wobei der Vollmond im August der schlechteste
Zeitpunkt ist

Operationen in der Wassermann-Region – Was Sie beachten sollten

- Wassermann beeinflusst die Unterschenkelregion. Krampfadern, die an Wassermann-Tagen beziehungsweise generell bei zunehmendem Mond operiert wurden, kommen fast immer zurück. Bei abnehmendem Mond dagegen ist der Erfolg gut erkennbar. Um nach einer Operation dauerhaften Erfolg zu erzielen, sind drei Dinge wichtig. Erstens: sich allgemein mehr bewegen. Zweitens, auch wenn wir uns immer wiederholen müssen: eine Umstellung der Ernährung. Drittens: die Beine in Zukunft an Wassermann-Tagen nicht durch zu langes Stehen oder Sitzen belasten.

- Heißes Wetter in ungewohnter Umgebung, beispielsweise während eines Urlaubs in einer Wüstenregion, kann über Nacht zu Krampfadern führen.

- Hämorrhoiden sind in ihrer Entstehung und ihren Ursachen mit Krampfadern vergleichbar. Kalte Sitzbäder helfen sehr gut sowohl vorbeugend als auch heilend. Frauen sollten allerdings an Skorpion-Tagen darauf verzichten, weil die Skorpion-Energie zu diesem Zeitpunkt die Gefahr von Blasenentzündungen erhöht.

- Operationen an Körperdrüsen sollte man an Wassermann nicht durchführen. Wassermann gehört wie Zwillinge und Waage zu den »Lichttagen«, die das Drüsensystem beeinflussen.

Der richtige Zeitpunkt – auf einen Blick
Operationen in der Fische-Region: Füße und Zehen

Günstig:
Bei abnehmendem Mond,
außer in Fische. Bei abnehmendem Mond
von Oktober bis Februar

Ungünstig:
Bei zunehmendem Mond inklusive Vollmond und Neumond
(wenn Neumond sehr früh am Tag eintritt) und generell in Fische

Sehr ungünstig:
Kurz vor Vollmond und an Vollmond,
wobei der Vollmond im September der schlechteste
Zeitpunkt ist

Operationen in der Fische-Region – Was Sie beachten sollten

- Alle Körpermeridiane und Energiebahnen laufen an den Füßen zusammen. Deshalb sollte man damit rechnen, dass selbst ein scheinbar harmloser, kleiner Eingriff an den Füßen manchmal zu heftigen körperlichen Reaktionen führt.

- In der Tabelle auf Seite 69 sehen Sie, welche Körperregionen von den einzelnen Tierkreiszeichen regiert werden. Jeder dieser Regionen entspricht eine Stelle an der Fußsohle. Wenn Sie herausfinden, dass eine Fußoperation genau am Meridianpunkt eines bestimmten Organs, einer bestimmten Körperzone erfolgen muss, können Sie auch jenem Tierkreiszeichen im Mondkalender aus dem Weg gehen, das diese Zone regiert. Ingeborg Steiners *So spricht die Seele durch die Füße* ist ein wunderbares Buch zum Thema.

Extra-Tipp

Vorsichtige Fußreflexzonenmassagen regen alle Körperregionen und Organe zur Regeneration an. Sie sind ein wahrer Segen.

Zahnarztbesuche

Der Angst den Zahn ziehen

Wenn Sie den **richtigen Zeitpunkt** einhalten ...

... können Sie beim Zahnziehen mit einer geringeren Blutungsneigung rechnen, mit einem schnelleren Heilungsverlauf und einem geringeren Risiko für Komplikationen. Auch das Ziehen von Weisheitszähnen verursacht viel weniger Probleme. Wunden von Implantaten, die zum richtigen Zeitpunkt eingesetzt wurden, heilen besser, die Implantate halten länger. Dasselbe gilt für Plomben, Kronen und Brücken.

Wenn Sie eine **ungünstige Zeit** wählen ...

... kommen Komplikationen und Infektionen nach Operationen häufiger vor, die Heilungs- und Genesungsphasen dauern in der Regel länger. Gegen Vollmond zu kommt es beim Zahnziehen häufiger zu stärkeren, schwer stillbaren Blutungen. In der Folge können starke Schwellungen und anhaltende Schmerzen auftreten. Man muss zu starken Medikamenten greifen und Arbeitstage ausfallen lassen. Kronen können lange vor Ende ihrer normalen Haltbarkeitsdauer herausfallen. Das Zahnfleisch zieht sich rascher zurück.

Der richtige Zeitpunkt – auf einen Blick
Plomben, Kronen, Brücken, Implantate

Günstig:
Bei abnehmendem Mond,
mit Ausnahme von Widder oder Stier

Ungünstig:
Bei zunehmendem Mond inklusive Neumond und Vollmond

Sehr ungünstig:
Bei zunehmendem Mond
in Widder, Stier und Krebs
und immer an Vollmond
und an den drei Tagen zuvor

Der richtige Zeitpunkt – auf einen Blick
Mundhygiene und Zahnreinigung

Ideal:
Bei abnehmendem Mond in Steinbock

Günstig:
Bei abnehmendem Mond, mit Ausnahme von Widder oder Stier

Ungünstig:
Bei zunehmendem Mond inklusive Neumond (wenn sehr früh am Tag)
und Vollmond

Sehr ungünstig:
Bei zunehmendem Mond in Widder, Stier und
Krebs und immer an Vollmond und an
den drei Tagen zuvor

Zahnarztbesuche

Der richtige Zeitpunkt – auf einen Blick
Zahnziehen und Kieferoperationen

Günstig:
Bei abnehmendem Mond, mit Ausnahme von Widder und
Stier (von November bis April im abnehmenden Mond)

Ungünstig:
Bei zunehmendem Mond inklusive Neumond und Vollmond
(wenn er sehr früh am Tag eintritt)

Sehr ungünstig:
Bei zunehmendem Mond in Widder, Stier und
Krebs und immer an Vollmond und an den
drei Tagen zuvor

Der richtige Zeitpunkt – auf einen Blick
Zahnspangen

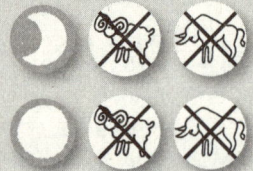

Anpassen und erstmals einsetzen günstig:
Bei zunehmendem Mond und Vollmond,
mit Ausnahme von Widder und Stier

Nachstellen günstig:
Bei abnehmendem Mond, mit Ausnahme von Widder und Stier

Nachstellen ungünstig:
Bei Neumond und in Widder und Stier

Was es sonst noch zu sagen gibt

Zum Zahnarzt geht jeder. Ob Sie sich lieber öfters drücken oder mutig in regelmäßigen Abständen nachschauen lassen – jeder hat Erfahrungen mit dem Zahnarzt gemacht, von mehr oder weniger guten über schlechte bis hin zu katastrophalen. Wie Sie gerade gesehen haben, lautet die gute Nachricht: Nicht immer ist Ihr Zahnarzt schuld, wenn Sie Probleme bekommen.

Extra-Tipp

Bei einem vollständigen Zahnersatz ist das Anpassen kurz vor oder an Vollmond am erfolgreichsten.

Generell gilt: Wenn Sie Ihren Termin völlig flexibel handhaben können, legen Sie ihn nicht an Zwillinge, Waage oder Wassermann, weil Eingriffe an diesen Tagen das Nervensystem etwas stärker belasten.

Besonders beim Zahnziehen ist der richtige Zeitpunkt wichtig. Dass beispielsweise ein gezogener Weisheitszahn zu zwei Wochen Arbeitsausfall führen kann, während man ein andermal, nachdem die Wirkung der Spritze nachgelassen hat, schon wieder obenauf ist – davon hat jeder schon gehört oder es am eigenen Leib erfahren. Lassen Sie sich zum richtigen Zeitpunkt behandeln – und Sie haben gute Chancen, dass Sie keine Medikamente brauchen und alles wunderbar verheilt. So wunderbar, dass nicht nur viele Zahnärzte mittlerweile »bekehrt« sind, nein, der frühere Präsident des Bayrischen Zahnärzteverbandes, Dr. Siegfried Bücherl, hat sogar ein ganzes Buch über seine guten Erfahrungen geschrieben (beim Mondversand erhältlich).

Besonders wichtig ist es, sich – auch wenn der richtige Zeitpunkt gewählt wurde – nach dem Eingriff zu schonen. Nach einer Zahnoperation sollten Sie nichts Schweres heben, keinen Sport, kein Yoga und keine Gymnastik machen (auch keine Mondgymnastik) und nichts essen, was belastend wirkt oder verletzen könnte (Nüsse, trockene Plätzchen und so weiter). Die beste Medizin nach dem Zahnziehen ist Salbeitee. Er hat die wunderbare Eigenschaft, Wunden von innen her schneller zu heilen. Kamillentee hat ebenfalls wundstillende Eigenschaften, aber er eignet sich nicht für die Mundregion, weil er die Wunde manchmal zu schnell schließt und dann schädliche Bakterien mit eingeschlossen werden.

Extra-Tipp

Jedem Zahn sind Organe und Körperregionen zugeordnet. Wir senden Ihnen gerne die Liste, denn es macht Sinn, beim Zahnziehen und Plombieren darauf zu achten. Eine E-Mail genügt: vrz@aon.at

Das bisher Gesagte gilt in besonderem Maße auch für Implantate. Zum richtigen Zeitpunkt eingesetzt wächst alles gut ein, Sie spüren nichts und haben auch später keinen Ärger. Dennoch gilt auch hier: Schonen Sie sich nach der Operation!

Wichtig: Nehmen Sie vor jedem Eingriff unbedingt fünf Arnika-Globuli D12 ein, auch unmittelbar nach dem Eingriff, und dann eine Woche lang fünf Globuli täglich. Diese unterstützende Begleitung gilt für Operationen aller Art! Alkohol, Rauchen und Kaffee verzögern die Wundheilung im Mundraum.

II.

NATÜRLICHE KÖRPERPFLEGE IM RHYTHMUS DES MONDES

*Mit fünfzehn wandte ich mich dem Lernen zu,
mit dreißig hatte ich festen Grund.
Mit vierzig hatte ich keine Zweifel.
Mit fünfzig kannte ich den Willen des Himmels.
Mit sechzig war ich bereit, auf ihn zu hören.
Mit siebzig konnte ich den Wünschen des Herzens folgen,
ohne gegen das Rechte zu verstoßen.*

KONFUZIUS

Ja, wir kennen Sie alle, die Sinnsprüche: »Schönheit liegt im Auge des Betrachters«, »Das Herz ist es, was zählt«, »Wahre Schönheit kommt von innen«, »Beauty is only skin deep«. Diese Worte sind Abbilder einer inneren Wahrheit. Sie sollen uns in vielen Situationen des Alltags an das Echte erinnern, an wirkliche, unzerstörbare Schönheit, der das Alter nichts anhaben kann. Und sie sollen uns helfen, das äußere Erscheinungsbild nicht zum Gegenstand eines Kultes zu machen – ob im Namen eines Zerrbildes der »Jugendlichkeit« oder im Namen der gerade herrschenden Mode, die sich so schnell in Luft und viele Geldscheine auflösen wird, wie sie gekommen ist.

Schönheit – was das ist, darüber ließe sich wunderbar philosophieren, und es ließen sich viele Bücher füllen, aber wir möchten Ihnen in diesem Kapitel helfen, Ihre ganz persönliche Idee von Schönheit und Gepflegtsein zu verwirklichen. Und zwar so, dass Sie damit auf den ersten und auch auf den letzten Blick zufrieden sind – zu Hause und dann, wenn Sie das Haus verlassen, um sich dem neuen Tag oder der jungen Nacht zu stellen. *Sie sollen sich im wahrsten Sinne des Wortes wohl in Ihrer Haut fühlen!*

Es gibt in jedem Alter so viele gute Gründe, sich liebevoll und ausgiebig dem eigenen Äußeren zu widmen: Zum Beispiel möchte man einen guten ersten Eindruck machen, denn oft ist dieser in vielerlei Hinsicht entscheidend für das Vorankommen. Oder man möchte, dass jenes Bild, das das »Spieglein an der Wand« uns zeigt, die eigenen kleineren und größeren Eitelkeiten befriedigt. Nicht zuletzt aber steht ein gepflegtes und frisches Äußeres in jedem Alter für eine klare Aussage: »Ich bin es mir wert! Ihr seid es mir wert! Das Leben ist es mir wert«. Die nächsten Seiten werden Ihnen einige Werkzeuge in die Hand geben, um zu allen Zeiten das Beste aus Ihrem Äußeren machen zu können.

Der Alltag schubst uns immer wieder aus dem Energiefeld heiterer Gelassenheit, die unser Äußeres schützen und erhalten würde. Nein, wir selbst sind es, die dieses Stoßen und Schieben zulassen! Auf diese Weise entstehen die Gesichtszüge, die unsere Geschichten erzählen, so entstehen Körperschmerzen, Übergewicht, Unzufriedenheit und Stress. Das alles hinterlässt Spuren am Körper, am deutlichsten aber im Gesicht. Den Wellenschlag der Mondrhythmen kennenzulernen gibt Ihnen die Chance, die verlorene innere Harmonie wiederzugewinnen. Sie lernen, den richtigen Zeitpunkt zu nutzen, so wie ein erfahrener Segler den Wind zum Freund hat.

Natürlich braucht es etwas Zeit, um das *Wirken* der Zeit zu erfahren. Ein Mensch, der sich zum ersten Mal auf ein Segelboot wagt, erlebt den Wind anders als Monate später, wenn die Wellen für ihn ihren Schrecken verloren haben. Gönnen Sie sich diese Zeit – auch »Geduld« genannt. Die Alternative kennen Sie – sie lacht uns von jeder Plakatwand und aus jeder Zeitung entgegen: mithilfe von Chemie und Pharmazie das

Wirken der Zeit zu *bekämpfen!* Gewinnen kann da nur einer, nämlich der, der Ihnen seine Waren andreht. Machen Sie sich einfach auf den Weg – genau *jetzt*, und ändern Sie Ihre Gewohnheiten zum Guten.

Wir möchten Ihnen an dieser Stelle ein Rezept für Schönheit verraten, ein wahres Elixier für eine gesunde Haut und einen gesunden Körper. Täglich stehen wir auf und wenden uns der Welt zu – unseren Pflichten, Hobbys, Meetings, Schulprüfungen, dem Fernsehen, den Arzt-, Kosmetik- oder Friseurbesuchen, unseren Chefs, den Politikern, Kollegen, Nachrichten, der Zeitung, dem Essen und so fort. Bitte halten Sie sich einmal in Ruhe vor Augen: *Jede einzelne* dieser Begegnungen hinterlässt Anstoß und Anregung, ist Bremse und Blockade, Inspiration und Idee. Jeder dieser Anstöße, Anregungen und Stress-Impulse hinterlässt Spuren. Unser Gesichtsausdruck und unsere Körperhaltung reagieren. Das Immunsystem und das Blut reagieren. Und das Naturgesetz lautet: Was uns glücklich macht, macht auch unseren Körper glücklich. Der Körper freut sich über ein halb volles Glas, er jammert über ein halb leeres Glas. Unser Geheimnis der Schönheit also lautet: *Umgeben Sie sich mit und begegnen Sie dem, was Sie glücklich macht.* Wir alle haben das Recht dazu, dazu sind wir geboren.

»Aber das kann man sich doch meist nicht aussuchen!«, denken Sie jetzt vielleicht. Stimmt. Deshalb lautet das zweite Schönheitsgeheimnis: *Dem Notwendigen und dem Zufälligen im Leben so begegnen, als hätte man es sich ausgesucht.* Wir können an dieser Stelle nicht im Detail darauf eingehen, warum dieser Weg so gut funktioniert – das können nur Sie, wenn Sie diesem Gedanken im Alltag Leben einhauchen. Aber ein paar weitere Gedanken dazu haben hier noch Platz.

Die Frage lautet: Warum umgeben wir uns nicht ständig mit dem, was uns glücklich und schön macht? Ganz einfach: Weil wir uns nicht bewusst machen, *was genau* uns glücklich macht. Was uns Spaß macht, Lust, Gaumenkitzel, Genuss und Erleichterung verschafft – abgehakt, das kennen wir. Aber was macht uns glücklich?

Um wirklich glücklich zu werden, müssten wir unabhängig und frei denken können, müssten echte Kompromisse eingehen, ohne Hintertürchen, müssten Verantwortung übernehmen und dann auch noch entsprechend handeln. Das alles wurde den meisten von uns schon sehr früh abgewöhnt, bewusst oder unbewusst, und zwar von denen, die selbst keine Verantwortung übernehmen wollen, sondern immer nur die »Umstände« für das eigene Verhalten heranzogen.

Immer schön den Buckel krumm machen, alles über sich ergehen lassen, alles aushalten, besser den Mund halten, alles erleiden, damit man in den Himmel kommt, bei allen guten Gefühlen ein schlechtes Gewissen bekommen, weil man ja anecken könnte, den eigenen Körper als Quelle schönster Gefühle betäuben ... Wenn die erstarrten Religionen eines Tages aufwachen und sich des Schadens bewusst werden, den sie angerichtet haben und immer noch anrichten, dann möchten wir nicht in die Nähe dieses Reue-Tsunamis kommen.

Viele Menschen wachen langsam auf, aber sie lassen sich bremsen von Gedanken wie: »Was werden die Nachbarn/die Eltern/die Kinder/die Großeltern/was wird der Verein dazu sagen?« Wer kennt nicht den Satzanfang: »Ich würde ja gerne, aber ...« Dieses »Ja, aber ...« ist es, das uns in seelischer Gefangenschaft hält. Denken Sie einmal über diese Aussage nach:

Stress bedeutet: Ja handeln und Nein denken.
Oder Nein handeln und Ja denken.

Wahre Schönheit beginnt, wenn Sie Ja denken und Ja handeln und Nein denken und Nein handeln. Stress bedeutet, dass sich Ihr Körper, Ihr getreues Schiff durch die Stürme und ruhigen Gewässer des Lebens, im Widerstand befindet und sich ungeliebt und unverstanden fühlt. Wir können im Leben nicht alles haben, aber wir können die Courage aufbringen, uns für Ja oder Nein zu entscheiden. Ja, um etwas auszuhalten, um Geduld aufzubringen, wenn etwas schwierig wird. Und dann wieder mit neuem Mut den geplanten Weg zu gehen. Heute wirft jeder schnell die Flinte ins Korn oder übt sich im Ertragen von unnötigen Lasten, aus Bequemlichkeit, Scham, falschem Stolz oder falschem Ehrgefühl. Das Ergebnis ist immer das Gleiche. Unentschlossenheit und der fehlende Mut zu Veränderungen bringen uns in die Zwickmühle.

Wie sollen wir ausgeglichen wirken, wenn wir es nicht sind? Graue Haare machen uns nicht alt. Nein, es ist unsere Ausstrahlung, die uns verändert und uns leuchtend oder alt wirken lässt. Jeder kennt den 25-jährigen Anwalt, der jetzt schon älter wirkt als seine eigenen Eltern und der sich in spießiger Peinlichkeit windet bei dem Gedanken, dass diese eventuell in Hippie-Klamotten ins Rockkonzert gehen. Und jeder kennt die ältere Dame jenseits der 70, deren zeitlos jugendliche Einstellung und Neugier auf alle Dinge des Lebens zu einer Quelle des Lebensmuts für alle Menschen wird, denen sie begegnet.

Ein faltenfreies, makelloses Gesicht macht noch keine echte Ausstrahlung. Viele Menschen träumen von äußerer Perfektion. Wenn ein strahlendes Äußeres genug wäre, würden wir alle spüren, dass es so stimmt. Der Alltag, die Filmbranche, die Gestalter der Magazin-Titelbilder beweisen uns täglich, dass wir einer Selbsttäuschung aufgesessen sind, dass wir Trugbildern glauben wollen.

Das Geheimnis wahrer Schönheit liegt in der Selbstverantwortung. Anderen Menschen oder den »Umständen« die Schuld zu geben, dass man selbst nicht glücklich sein kann, ist Gift. Denn die Umstände und die anderen Menschen haben wir selbst herbeigezaubert, herbeigerufen, herbeigeholt oder geduldet. Aus Bequemlichkeit? Feigheit? Schicksalsergebenheit? Die Gründe sind nur selten von Bedeutung, denn ihre Kenntnis öffnet erstens nur eine weitere Tür zur Rechtfertigung und ändert zweitens nichts an der notwendigen Medizin, nämlich der Selbstverantwortung.

Viele Tipps auf den kommenden Seiten werden Ihnen helfen, den Weg zu innerer Schönheit mit dem Weg zu äußerer Schönheit zu vereinen. Wenden wir uns jetzt dem guten Werkzeug für gutes Aussehen zu. Damit Sie sich immer wohl in Ihrer Haut fühlen.

《O》

Was also können Sie gewinnen,
wenn Sie im Bereich »Körperpflege«
den richtigen Zeitpunkt wählen?
Sie erreichen Ihr Ziel – nämlich
mit geringem zeitlichem und finanziellem
Aufwand in jedem Alter gepflegt und
ansprechend auszusehen.

《O》

Tiefenreinigung der Haut

Wohl in meiner Haut

Wenn Sie den **richtigen Zeitpunkt** einhalten ...

... können Sie sich im wahrsten Sinne des Wortes auf »porentief rein« einstellen. Die Haut wird auf schonende Weise sauber. Die Poren vergrößern sich nicht, werden manchmal sogar kleiner. Die Haut ist besser durchblutet und geschmeidig. Nach einer Tiefenreinigung zum richtigen Zeitpunkt wirken Cremes optimal. Wenn Sie allerdings hochwertige, natürliche Pflegemittel verwenden, die schonend mit Ihrer Haut umgehen, dann genügt die »normale« tägliche Reinigung. Eine besondere Tiefenreinigung ist dann nur kurz vor Neumond angebracht.

Wenn Sie eine **ungünstige Zeit** wählen ...

... hinterlässt eine Tiefenreinigung ein Gefühl der Unzufriedenheit. Die Haut wird eher gereizt, Staub und Schmutz lösen sich nicht so gut. Die Poren vergrößern sich mit der Zeit und werden noch empfindlicher. Schmutz und Umweltreizstoffe dringen leichter ein. Es kommt häufiger zu Entzündungen und störendem Juckreiz.

Der richtige Zeitpunkt – auf einen Blick
Tiefenreinigung der Haut

Ideal:
Bei abnehmendem Mond in Steinbock

Günstig:
Bei abnehmendem Mond inklusive Neumond

Ungünstig:
Bei zunehmendem Mond inklusive Vollmond

Schlecht:
Bei zunehmendem Mond oder Vollmond in Löwe

Reinigende Gesichtsmaske
»Porentief rein« mit dem Mond

Wenn Sie den **richtigen Zeitpunkt** einhalten ...

... wird die Gesichtshaut optimal rein. Die Haut wird gut durchblutet, ohne sich gereizt anzufühlen. Das Ergebnis kann sich sehen lassen und hält länger an. Der Geldbeutel wird geschont, denn Sie verbrauchen insgesamt weniger Creme für die Masken.

Wenn Sie eine **ungünstige Zeit** wählen ...

... wird Sie das Ergebnis öfter nicht befriedigen. Die Haut wird nicht so rein, im Laufe der Zeit vergrößern sich die Poren. Manchmal erhöht man die Menge des Mittels, um den erwünschten Erfolg zu erreichen, aber das ist nicht nur Verschwendung, sondern reizt die Haut noch zusätzlich. Rötungen und Juckreiz sind die Folge.

Der richtige Zeitpunkt – auf einen Blick
Reinigende Gesichtsmaske

Günstig:
Bei abnehmendem Mond inklusive Neumond,
wenn in Widder, Zwillinge, Waage oder Wassermann

Ungünstig:
Bei zunehmendem Mond inklusive Vollmond
und in Löwe

Aufbauende Gesichtsmaske

Urlaub für die Haut

Wenn Sie den **richtigen Zeitpunkt** einhalten ...

... wird Ihre Haut weich und geschmeidig. Sie nimmt die Pflegemaske dankbar an, und Ihr ganzes Gesicht entspannt sich. Verzichten Sie auf wertlose Produkte aus dem Supermarkt. Sie enthalten Stoffe, die mehr schaden als nützen.

Wenn Sie eine **ungünstige Zeit** wählen ...

... nimmt die Haut die pflegenden Stoffe nicht so gut auf. Es kann passieren, dass sich Ihr Gesicht rötet und die Haut brennt. Eine gute Durchblutung wäre ja von Vorteil, aber in dem Fall haben wir es eher mit einer ungesunden Reizung zu tun. Oft plagt Sie ein länger anhaltender Juckreiz.

Der richtige Zeitpunkt – auf einen Blick
Aufbauende Gesichtsmaske

Ideal:
Bei zunehmendem Mond inklusive Vollmond
und in Steinbock

Auch noch günstig:
Bei zunehmendem Mond inklusive Vollmond,
wenn in Widder, Zwillinge, Waage oder Wassermann

Ungünstig:
Löwe

Bindegewebsmassage

Hausputz von innen

Wenn Sie den **richtigen Zeitpunkt** einhalten ...

... kommt alles in Bewegung. Das Gewebe kann sich lockern, und Gifte können leichter ausgeschwemmt werden. Verspanntes, meist schmerzhaftes Gewebe kann sich von Schlacken lösen, die Beweglichkeit des ganzen Körpers verbessert sich sofort.

Wenn Sie eine **ungünstige Zeit** wählen ...

... kann die Behandlung schmerzhafter sein, und man ist mit dem Ergebnis zudem oft unzufrieden. Die Giftstoffe lösen sich nur schwer und werden manchmal erst gar nicht ausgeschieden, sondern nur umgeschichtet. Gelegentlich bekommt man einen starken Muskelkater.

Der richtige Zeitpunkt – auf einen Blick
Bindegewebsmassage

Ideal:
Bei abnehmendem Mond und Neumond
in Zwillinge (Arme) und Schütze (Oberschenkel)

Günstig:
Bei abnehmendem Mond einschließlich Neumond

Ungünstig:
Bei zunehmendem Mond

Schlecht:
Bei zunehmendem Mond in Zwillinge,
Waage und Schütze

Lymphdrainage

Transportwege öffnen

Wenn Sie den **richtigen Zeitpunkt** einhalten...

... ist eine Lymphdrainage eine wahre Wohltat! Sie entspannen sich, während Ihr Körper optimale Entgiftungsarbeit leistet. Man fühlt sich hinterher schwebeleicht. Trinken Sie nach der Behandlung viel klares Wasser, weil die Lymphbahnen bei der Transportarbeit Unterstützung brauchen.

Wenn Sie eine **ungünstige Zeit** wählen...

... kann sich schlimmstenfalls sogar ein gefährlicher Lymphstau einstellen. Die Lymphbahnen sind irritiert und blockiert. Geschwollene Lymphknoten lassen sich nur bei abnehmendem Mond lösen. In der Zwischenzeit können sie auch schmerzen. Wer beispielsweise nach einer Brustamputation den falschen Zeitpunkt für eine Lymphdrainage wählt, hat viel länger Probleme.

Der richtige Zeitpunkt – auf einen Blick
Lymphdrainage

Ideal:
Bei abnehmendem Mond
in Zwillinge, Waage und Wassermann

Günstig:
Bei abnehmendem Mond einschließlich Neumond

Ungünstig:
Bei zunehmendem Mond

Schlecht:
Bei zunehmendem Mond und Vollmond
in Zwillinge, Waage und
Wassermann

Haare schneiden

Der Ursprung der »Löwenmähnen«

Wenn Sie den **richtigen Zeitpunkt** einhalten...

... ist dichtes und gesundes Haar Ihr Lohn. Die Spitzen brechen nicht, und sie spalten sich nicht. Im Laufe der Zeit bekommen die Haare immer mehr Glanz, die Frisur hält besser. Auch der Haarausfall verringert sich und die lästigen Schuppen bleiben aus.

Wenn Sie eine **ungünstige Zeit** wählen...

... werden die Haare im Laufe der Zeit dünner und gleichzeitig widerspenstig. Fettige Haare werden noch fetter, trockene Haare noch spröder. Die Gefahr der Schuppenbildung wächst. Man fühlt sich wie im Hamsterrad: viel Aufwand, kein ansprechendes Ergebnis.

Was es sonst noch zu sagen gibt

Wer heute ein gewisses Alter erreicht hat, muss keine Statistiken bemühen, um zweifelsfrei festzustellen: Es gab noch nie so viele Männer mit Glatze wie heute. Es ist beinahe normal geworden, dass sich die Köpfe von Männern ab 30 zu lichten beginnen. Der Lebensstil und die Ernährungsweise sind für den Haarausfall verantwortlich, nur in ganz seltenen Fällen ist

Haare schneiden

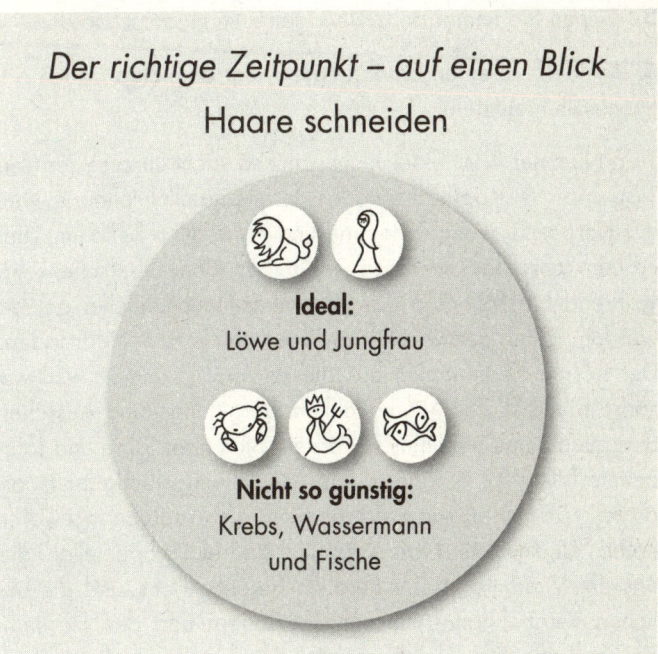

Der richtige Zeitpunkt – auf einen Blick
Haare schneiden

Ideal:
Löwe und Jungfrau

Nicht so günstig:
Krebs, Wassermann und Fische

es eine Sache der Vererbung. Bevor Sie sich jetzt falsche Hoffnungen machen: Die folgenden Hinweise können den Haarausfall nur zum Stillstand bringen und das verbliebene Haar kräftigen. Abgestorbene Haarwurzeln lassen sich nicht wiederbeleben! Alle diesbezüglichen Quacksalber-Versprechungen leeren nur Ihren Geldbeutel.

Und hier die Tipps, die funktionieren

1. Handeln Sie früh genug.

2. Massieren Sie die Kopfhaut mit Brennnesselwasser.

3. Gehen Sie immer an Löwe-Tagen zum Haareschneiden.

4. Meiden Sie einen Ernährungsstil, der dem Haarboden Mineralien entzieht.

Tipp Nummer 4 ist leider nicht ganz so leicht umzusetzen wie Tipp 1 bis 3. Kopfhaare verlassen uns nämlich oftmals, weil der Körper zu wenig Vitamine und Mineralien bekommt. Bei Frauen führt das zu Orangenhaut an den Oberschenkeln, während bei Männern die Mineralien-Hauptspeicher geleert werden. Einer der wichtigsten Speicher ist der Haarboden. Der Körper bedient sich aus dieser Vorratskammer, weil wir sonst in kurzer Zeit Nierenkoliken, Vergiftungs- und Ausscheidungsprobleme bekommen würden. Sich über Jahre und Jahrzehnte falsch zu ernähren, führt also zwangsläufig zu Haarausfall. *Das* ist es, was vererbt wird: die Ernährungsgewohnheiten. Und welche Nahrungsmittel sind es im Speziellen, die uns der Vitamine und Mineralien berauben? Es sind die üblichen Verdächtigen, die uns übersäuern und den Hormonhaushalt aus dem Gleichgewicht bringen: alle Milchprodukte, Süßigkeiten, Alkohol und tierisches Eiweiß. In zweiter Linie tragen auch Tabak und Medikamente (speziell langfristig eingenommene Medikamente) zu Haarausfall bei. (Das radikalste Beispiel für diesen Vorgang: der Haarausfall infolge einer Chemotherapie, die dem Körper alle Mineralien und Vitamine raubt. Aber das nur am Rande.)

Was auch immer den Körper veranlasst, mehr Mineralien zu mobilisieren, als ihm im Augenblick auf normalem Weg zur Verfügung stehen, um zu entgiften und zu neutralisieren – *das* ist es, was die Haare auf Nimmerwiedersehen verschwinden lässt. Hier liegt auch der Grund, warum Milch eher zu Knochenschwund als zu deren Aufbau führt: Der Körper braucht mehr Kalzium, um die Milch zu verdauen, als diese selbst enthält.

Zusammengefasst lässt sich sagen: Essen Sie vitamin- und mineralreiche Nahrungsmittel wie Bio-Früchte und Bio-Gemüse und gehen Sie an Löwe-Tagen zum Haareschneiden – und Sie werden sich wundern, wie schön und gesund Ihre Haare werden und bleiben.

Wir haben sogar die Erfahrung gemacht, dass manche LeserInnen nicht mehr an Löwe-Tagen zum Haareschneiden gehen, weil sie nicht mehr wissen, wohin mit der ganzen Pracht, und das Haarwachstum so wieder etwas unterbinden wollen. Eine solche Pause vom richtigen Zeitpunkt macht Sinn, aber sie sollte nicht zu lange dauern. Nach einiger Zeit wieder zu Löwe zurückkehren, das wäre der beste Weg.

Noch ein Wort zur »Normalität«: Viele ältere Menschen bekommen im Laufe der Zeit schütteres Haar, sehr dünnes, mit durchscheinender Kopfhaut. Auch hier heißt es oft, auch vonseiten der »Experten«, es handle sich um eine normale Alterserscheinung. Das ist falsch. Schüttere Haare sind immer das Resultat einer falschen Ernährung oder der Einnahme von Medikamenten, von zu vielen »Genussmitteln« und leider auch vom ständigen Färben und von Dauerwellen. Versorgen Sie sich über die Ernährung mit Bio-Lebensmitteln mit ausreichend Vitaminen und Mineralien, und das Ausdünnen hat ein Ende. Hier ist allerdings Geduld gefragt: Haare werden nicht über Nacht dünn, und sie erholen sich auch nicht über Nacht. Bis zu einer kräftigen Mähne – zum richtigen Zeitpunkt geschnitten und von innen gut ernährt – dauert es etwa ein Jahr. Keine Angst: Die ersten Zeichen des Erfolgs, die Ihnen Mut machen werden, erkennen Sie schon sehr bald.

Dauerwelle legen
Hilfe für den Klassiker

Wenn Sie den **richtigen Zeitpunkt** einhalten...

... erhalten Sie eine schöne Dauerwelle, und die Haare werden nicht allzu sehr strapaziert. Die Dauerwelle hält lange, ohne kraus zu werden. Obendrein lassen sich die Haare leichter kämmen. Mit am wichtigsten: Man kann auf harte Chemiebomben verzichten, die das Haar langfristig zerstören.

Wenn Sie eine **ungünstige Zeit** wählen...

... werden die Haare oftmals zu kraus und sind nicht mehr zu bändigen. Manchmal findet der Kamm nicht mehr den Weg durch den »Dschungel«. So wird häufig zu chemischen Mitteln gegriffen, wodurch die Haare immer dünner werden und die Haarspitzen brechen.

Der richtige Zeitpunkt – auf einen Blick
Dauerwelle legen

Ideal:
Jungfrau

Ungünstig:
Löwe

Schlecht:
Krebs, Wassermann und Fische

Was es sonst noch zu sagen gibt

Der richtige Zeitpunkt leistet beim Legen einer Dauerwelle beste Dienste. Eine Ausnahme bestätigt die Regel, und hier ist sie: Wenn Sie sehr dichtes Haar haben, hält eine Dauerwelle meist von vornherein nicht so gut. Diese Erfahrung haben Sie sicher schon gemacht. Deshalb hier unser Tipp: Gehen Sie ausnahmsweise bei Löwe zum Friseur. Normalerweise bekommt man bei Löwe eine zu starke »Löwenmähne«, deshalb sind ja auch die Jungfrau-Tage ideal für die Dauerwelle. Dennoch sollten Sie Löwe nutzen, wenn Sie dichtes, schweres und langes Haar haben.

Früher gab man dem letzten Spülwasser der Haare einen kleinen Schuss Essig bei, dadurch wurde das Haar schön glänzend. Diese Wirkung hätte Essig auch heute noch, und er wäre sicher weniger umweltbelastend als all die chemischen Produkte. Gerade dauergewelltes Haar wäre sehr dankbar für diese Spülung.

Haare färben

Ein Tipp zum Thema, weil wir immer wieder danach gefragt werden: Die Wirkung des Mondes ist hier nicht sehr tiefgreifend, ein eigenes Kapitel würde diesem Thema zu viel Gewicht verleihen. An sich ist es recht einfach: Bei zunehmendem Mond hält Haarfarbe etwas länger, und die Farbe ist etwas intensiver. Bei abnehmendem Mond gefärbt, wäscht sich Farbe schneller aus und verschmutzt öfter auch Kleidungsstücke, Kragen und dergleichen.

Meistens geht es ja nur darum, ein wenig herumzuexperimentieren, und manche tragen jede Woche eine andere Farbe im Haar. Kein Problem: Auch hier wäre es sinnvoller, bei zunehmendem Mond zu färben, weil die Farbe besser haftet und so die Kleidung schont.

Sie wollen stark angegraute Haare färben?
Lassen Sie die Haare bei abnehmendem Mond schneiden und auch gleich färben. Die Farbe hält zwar nicht so lange wie bei zunehmendem Mond, dafür aber sieht man den hellen Ansatz nicht so schnell. Auch der Kontrast fällt nicht so stark auf. Eine längere Haltbarkeit der Farbe ist in diesem Fall ja nicht notwendig, weil der Ansatz ohnehin gleich wieder nachgefärbt werden muss. Sie sparen sich so den einen oder anderen Friseurbesuch. Wählen Sie keine sehr dunkle Farbe, denn das lässt Sie älter wirken. Bei nahezu weißem Haar wäre ohnehin eine weiche Tönung sinnvoller, als die Haare richtig zu färben. Das ist jedoch reine Geschmackssache und liegt in Ihrem Ermessen.

Friseure müssen sich über die Mondregeln zum Färben folglich nicht ärgern oder befürchten, dass die Kunden nur noch zu bestimmten Zeiten kommen. Beim Färben immer auf den richtigen Zeitpunkt zu achten wäre viel zu streng gedacht. Das Mondwissen soll ja nur dabei helfen, dass die Anwendung im täglichen Leben mit Vernunft, Maß und Ziel geschieht und sowohl für die Kunden wie die Friseurbetriebe gut umzusetzen ist.

Nagelpflege – Maniküre und Pediküre

Pflege mit Hand und Fuß

Wenn Sie den **richtigen Zeitpunkt** einhalten …

… verschwinden Nagelprobleme, die Nägel werden fest und brechen kaum noch. Besondere Nagelpflegemittel sind überflüssig. Selbst bei gröberer Handarbeit bekommen Sie keine Probleme mehr. Nicht vergessen: Der richtige Zeitpunkt ist das eine Geheimnis gesunder Nägel. Eine menschengerechte Ernährung mit Bio-Lebensmitteln das andere!

Wenn Sie eine **ungünstige Zeit** wählen …

… reißen die Nägel oft ein, brechen ständig ab oder spalten sich. Selbstverständlich kann man nicht immer nur am Freitag Nagelpflege betreiben, aber andere Tage sollten die Ausnahme bleiben! Wenn Sie die Nägel zum falschen Zeitpunkt versorgt haben, feilen Sie sie am Freitagabend kurz nach, auch wenn es nicht nötig scheint. Vielleicht sind Nagelprobleme auch deshalb so verbreitet, weil Nägel häufig zum ungünstigsten Zeitpunkt gepflegt werden, nämlich an Samstagen.

Der richtige Zeitpunkt – auf einen Blick
Nagelpflege – Maniküre und Pediküre

Ideal:
Freitags nach Sonnenuntergang

Günstig:
Steinbock

Ungünstig:
Zwillinge, Krebs und Fische
und Samstagvormittag bis 12 Uhr,
außer wenn gerade Steinbock herrscht –
dann ist der Samstag neutral

Eingewachsene Nägel korrigieren

Nie mehr lästig

Wenn Sie den **richtigen Zeitpunkt** einhalten ...

... wachsen die Nägel schön nach und bleiben schmerzfrei. Wichtigste Voraussetzung neben dem richtigen Zeitpunkt: Die Prozedur muss genau eingehalten werden. Folgen Sie also in erster Linie den Anweisungen des Arztes und lösen Sie den Verband nicht zu früh, auch wenn die Versuchung groß ist.

Wenn Sie eine **ungünstige Zeit** wählen ...

... wachsen die behandelten Nägel erneut ein und schmerzen. Entzündungen kehren immer wieder zurück. Die Schuhe drücken schmerzhaft, auch wenn Sie vermeintlich bequeme anziehen. Manchmal sind die Entzündungen so stark, dass sie mit Antibiotika behandelt werden müssen.

Was es sonst noch zu sagen gibt

Die Ausnahme von der Regel zum richtigen Zeitpunkt bildet die gänzliche Entfernung des Nagels: Der kleine Eingriff verläuft bei abnehmendem Mond erfolgreicher (dabei möglichst die Fische-Tage meiden). Im Kosmetikstudio werden eingewachsene Nägel manchmal »geschient«: Nach der Entfer-

Eingewachsene Nägel korrigieren

Der richtige Zeitpunkt – auf einen Blick
Eingewachsene Nägel korrigieren

Günstig:
Bei zunehmendem Mond, außer in Fische

Ungünstig:
Bei abnehmendem Mond

Schlecht:
Bei abnehmendem Mond in Fische

nung der Nagelecke lässt man zunächst die Entzündung abklingen und polstert dann die Seitentasche aus. Auch so kann man dem Nagel helfen, normal nachzuwachsen.

Natürliche Körperpflege

Hornhautentfernung

Aus dick mach dünn

Wenn Sie den **richtigen Zeitpunkt** einhalten...

... bleibt die Haut lange Zeit geschmeidig und weich. Die Hornhaut kommt zudem nicht in derselben Stärke nach. Nach der Behandlung sind die Stellen (meist die Fersen) schnell wieder belastbar und kaum empfindlich. Feine Strümpfe gehen nicht mehr so schnell kaputt. Im Sommer sehen die Fersen in offenen Schuhen oder barfuß schön gepflegt aus. Hosensäume bleiben nicht mehr hängen, es gibt keine Druckstellen.

Wenn Sie eine **ungünstige Zeit** wählen...

... kommt die Hornhaut schnell wieder nach, und wenn man Pech hat härter und dicker als zuvor. Feilt man nur ein wenig zu viel ab, droht eine Entzündung. Die behandelten Flächen sind sehr empfindlich gegen Druckstellen. Nach einer Behandlung bleibt ein brennendes Gefühl. Es können sehr lästige Stellen entstehen, weil kleine Hautecken hochstehen. Bei Steinbock wird die Haut hinterher meist glatt, aber härter, bei Fische ist sie danach zu empfindlich.

Extra-Tipp

Erfahrene Fußpflegerinnen können auch an Fische ans Werk gehen. Sie wissen in der Regel, dass jedes Zuviel von Übel ist.

Der richtige Zeitpunkt – auf einen Blick
Hornhautentfernung

Ideal:
Bei abnehmendem Mond inklusive Neumond,
außer in Fische

Ungünstig:
Bei zunehmendem Mond und bei abnehmendem Mond
in Fische

Schlecht:
Bei zunehmendem Mond in Fische und generell
während der drei Tage vor Vollmond
inklusive Vollmond

Peeling

Raue Schale – zarter Kern

Wenn Sie den **richtigen Zeitpunkt** einhalten ...

... lösen sich die abgestorbenen Hautschuppen mühelos, und es kommt zu keinen unnötigen Reizungen. Die Haut wirkt sauber und geschmeidig. Die geglättete Oberfläche verhindert, dass die Poren gleich wieder verstopfen. Gleichzeitig werden die Poren enger, und Feuchtigkeitscremes werden besser aufgenommen.

Wenn Sie eine **ungünstige Zeit** wählen ...

... wird die Haut gereizt, ohne wirklich feiner zu werden. Als Folge können sich kleinere Entzündungen bilden. Manchmal greift man zu intensiveren Maßnahmen, weil man fühlt, dass nichts wirklich hilft, aber Chemiekeulen haben auf unserer Haut nichts verloren. Die Gefahr bleibender Schäden und Narben ist nicht zu unterschätzen. Oft vergrößern sich die Poren dauerhaft.

Der richtige Zeitpunkt – auf einen Blick
Peeling

Ideal:
Bei abnehmendem Mond in Widder oder Steinbock

Günstig:
Bei abnehmendem Mond inklusive Neumond

Ungünstig:
Bei zunehmendem Mond inklusive Vollmond

Schlecht:
Bei zunehmendem Mond oder
Vollmond in Löwe

Enthaarung/Epilieren
Pfirsichhaut, aber überall!

Wenn Sie den **richtigen Zeitpunkt** einhalten ...

... wachsen unerwünschte Haare nicht mehr so rasch nach. Bei abnehmendem Mond in Steinbock regelmäßig enthaaren, und es kann geschehen, dass die Haare gar nicht mehr nachkommen. Vorsicht: Bei Augenbrauen ist das nicht immer von Vorteil, weil sich die Mode ändert. Sich während eines Friseurtermins zum richtigen Zeitpunkt gleichzeitig die Augenbrauen zupfen zu lassen ist keine gute Idee, weil bei Löwe die Augenbrauen noch mehr wuchern.

Wenn Sie eine **ungünstige Zeit** wählen ...

... wachsen die Haare schnell nach und können sogar kräftiger und dichter werden. Das macht nicht nur unnötig mehr Arbeit und kostet Zeit, Sie verschwenden auch Ihr Geld. Epilieren Sie die Beine zum falschen Zeitpunkt, kommt es zu einem unangenehmen Pieken. In der Bikinizone kann sich die Stelle leicht bis stärker entzünden, und es dauert Tage, bis sich die Haut wieder beruhigt hat. Alle Haaransätze sind gereizt.

Der richtige Zeitpunkt – auf einen Blick
Enthaarung/Epilieren

Ideal:
Bei abnehmendem Mond in Steinbock

Günstig:
Bei abnehmendem Mond, jedoch nicht in Löwe und Jungfrau

Ungünstig:
Löwe und Jungfrau

Schlecht:
Bei zunehmendem Mond in Löwe und Jungfrau

III.

DER MOND
IM GARTEN

*Schon Ende Dezember beginnen die Bäume aufzuwachen.
Die Säfte steigen, auch bei klirrender Kälte.
Schon Ende Juni beginnen die Bäume mit dem Rückzug.
Besucht die Schule, die Euch von solchen Dingen erzählt.*

RON FISCHER

Sie dürfen einen Garten pflegen? Nein? Haben Sie einen Balkon? Nein? Aber Sie haben Fensterbänke? Dann haben Sie alles, was Sie brauchen, um sich Gesundheit, Lebenskraft und echte Medizin ins Haus zu holen. Dafür genügen ein paar Informationen über den Einfluss der Mondrhythmen. Ideal ist natürlich ein Garten, aber Balkone, Fensterbänke oder Blumenfenster tun es auch – so viel steht fest!

Manchmal werden wir gefragt: Ist das nicht längst überholtes, angestaubtes Großmutterwissen? Umständlich und belächelt, sowohl von der Wissenschaft als auch dem eigenen Freundeskreis? Alt ist das Wissen, ja, viele Jahrtausende sogar. *Veraltet?* Überholt? Nein. Andersherum wird ein Schuh daraus: Kaum ein Wissensschatz unserer Vorfahren könnte moderner und zukunftsträchtiger sein als das Wissen um den richtigen Zeitpunkt im Mondrhythmus. Es ist so wirkungsvoll, dass sich nach dem Erscheinen unseres ersten Buches *Vom richtigen Zeitpunkt* die Zahl der Bio-Bauern im deutschen Sprachraum innerhalb von sieben Jahren verzehnfacht hat! Wissen macht Mut, und es macht mehr und mehr Mut, je mehr es sich bewährt!

Und was hat es mit dem sprichwörtlichen »grünen Daumen« auf sich, der kleine Paradiese heranblühen lässt, während ein anders gefärbter Daumen trotz aller guten Absichten alles »zu

Tode« pflegt? Der Unterschied liegt im persönlichen *Gespür*, das jeder Mensch besitzt. Nicht jeder ist dazu berufen, es auszugraben und zum Leben zu erwecken, aber jeder besitzt es. Es ist also keine Frage des mühevollen Erlernens von etwas Fremdem. Es geht im Gegenteil um das Erwecken von etwas, das, mühevoll eingemauert in Ihrer Seele, auf das Licht des Tages wartet. Und bis Sie persönlich es freigelegt haben, verwenden Sie einfach den Mondkalender – in Ordnung?

Der Mondkalender ist nämlich nur ein Abbild der Wirklichkeit, ähnlich einem unfehlbaren Wetterbericht, der Ihnen auf den Tag genau günstige Winde für Ihr Vorhaben anzeigt und voraussagt. Er bildet die Perlenkette der Tierkreiszeichen im Jahreslauf ab, zeigt Ihnen den Wellenschlag der Mondphasen und weist den Weg zum richtigen Zeitpunkt fürs Pflanzen, Ernten, Jäten, Schneiden, Umtopfen, Reinigen, Einkochen, Pikieren, Mulchen, Komposthaufen anlegen, Wege anlegen und vieles mehr. So dient er auch als Richtungspfeil für all jene, die den Ausweg aus dem Hamsterrad entdecken und nützen wollen, in das wir uns in den letzten Jahrzehnten freiwillig begeben haben. Statt die uralten Gesetze der Selbstreinigung, Erneuerung und Erhaltung der Fruchtbarkeit anzuwenden, haben wir uns in einen Teufelskreis aus Auslaugung des Bodens, Kunstdünger und Pestiziden manövriert. Dieser Teufelskreis nutzt nur den anderen – nämlich den Händlern von Medikamenten, Düngemitteln, leeren Versprechungen und »genetisch veränderten Pflanzen«, einem der größten Verbrechen unserer Zeit, das uns alle in Versuchskaninchen verwandelt hat.

Wer Radfahren kann, lächelt über die eigenen Ängste, die er vor dem ersten Tritt ins Pedal hatte. Wer kochen gelernt hat, lächelt über seine frühere Überzeugung, dass es »viel Zeit kostet und schwierig ist«. Und wenn Sie jetzt der Überzeugung sind, dass »Gärtnern nach dem Mond« kompliziert ist, werden Sie eines Tages auch darüber lächeln. Mithilfe des richtigen Zeitpunkts und einiger einfacher Anbauregeln und Kauftipps können Sie sich einen Paradiesgarten oder eben »nur« eine Fensterbank mit heil- und würzkräftigen Kräutern schaffen – ein riesengroßer Schritt in die Unabhängigkeit.

Tätigkeiten rund um Garten und fruchtbare Erde gibt es zahlreiche, aber in diesem Kapitel stellen wir all jene vor, die erfahrungsgemäß im Privat- und Balkongarten vorkommen. Sie sind ausnahmslos auch in der Landwirtschaft anwendbar, für die weiter hinten im Buch zusätzliche Informationen zu finden sind. Im Prinzip gelten die Regeln im Kleinen wie im Großen, auf Ihrer Fensterbank genauso wie auf dem Tulpenfeld in Holland oder beim Kräuteranbau in Südfrankreich.

Natürlich hat nicht jeder Gartenbesitzer jahrelange Erfahrung mit Anlage und Pflege eines Gartens. Mit einem Mondkalender ausgestattet können Sie aber sofort loslegen und unnötige Fehler vermeiden. Lassen Sie sich nicht von der Vielzahl an Gartenbüchern und Gartenexperten einschüchtern. Achten Sie auf den richtigen Zeitpunkt beim Setzen, Säen und Pflanzen. Mit dem richtigen Zeitpunkt zum Pflegen, Ernten und Lagern können Sie sich später befassen.

Eine Tätigkeit im Garten werden Sie auf den folgenden Seiten vermissen: das Bewässern und Gießen. Leider ist diese Tätigkeit so sehr zur Gewohnheit geworden, dass sich kaum jemand vorstellen kann, wie überflüssig sie ist. Wenn Sie beim Säen und Pflanzen den richtigen Zeitpunkt im Mondkalender beachten, ist regelmäßiges Gießen nicht nötig. Nur zu Beginn, beim Ansäen, muss jede Erde feucht gehalten werden, bis die kleinen Pflänzchen gut sichtbar sind. Sie darf nicht nass sein, deshalb sollten Sie möglichst am Abend setzen und säen, dann haben Samen und Pflänzchen bessere Chancen. Danach brauchen Sie nicht mehr zu gießen.

Wichtig: Wenn Sie mit dem Gießen schon begonnen haben, beispielsweise im Frühling, dann müssen Sie das ganze Jahr über gießen! Die Pflanzen und Blumen sind dann schon verwöhnt und würden bei zu starker Sonnenbestrahlung eingehen. Über Kübel-, Balkon, Topf- und Zimmerpflanzen sprechen wir später, sie *müssen* gegossen werden – allerdings viel seltener, als Sie im Moment vielleicht noch glauben.

Fassen Sie also Mut! Lassen Sie die alten Vorstellungen, genauer gesagt die »modernen« Vorstellungen von der Gartenpflege, hinter sich, und freuen Sie sich an gesunden, kräftigen, widerstandsfähigen, schmackhaften Ernten. Sie werden auch hier überrascht sein zu erfahren, wie einfach das alles geht.

Was also können Sie gewinnen,
wenn Sie im Bereich »Gartenpflege«
den richtigen Zeitpunkt wählen?
Sie können auf giftige Düngemittel
und Pestizide völlig verzichten.
Ihr Garten kann zu einer Oase
der Regeneration und Muße werden –
und Ihre ganz persönliche Apotheke.

Pflanzen, Setzen und Säen

Alpha und Omega im Garten

Wenn Sie den **richtigen Zeitpunkt** einhalten ...

... bekommen die Pflanzen kräftige Blätter, Blüten und Samen. Gemüse wird widerstandsfähiger gegen Unwetter, Trockenheit und Ungeziefer. Die Lagerfähigkeit wird erhöht, und nicht zuletzt gewinnen die Erntefrüchte an Aroma und Geschmack. Mit der Wahl des Tierkreiszeichens können Sie zudem entscheiden, welchen Pflanzenteil Sie begünstigen wollen.

Wenn Sie eine **ungünstige Zeit** wählen ...

... werden viele Pflanzen schlecht anwurzeln oder später bei stärkeren Belastungen, bei Regenmangel oder Ähnlichem leiden oder eingehen. Die Pflanzen sind windempfindlich und verfügen über zu wenig Abwehrkräfte gegen Hitze und Ungeziefer. Der Ertrag bleibt unter den Erwartungen. Die Früchte und Gemüse schmecken oft erdig, fade und wässrig.

Der richtige Zeitpunkt – auf einen Blick

Pflanzen, Setzen und Säen von oberirdisch wachsenden Pflanzen und Gemüsesorten

(mit Ausnahme von Kopfsalat und anderen schießenden Pflanzen)

Günstig:
Bei zunehmendem Mond
Alternativ: von Zwillinge bis Schütze, außer in Krebs, unabhängig von der Mondphase

Ungünstig:
Bei abnehmendem Mond inklusive Neumond

Was es sonst noch zu sagen gibt

»Oberirdisch« wachsende Pflanzen und Gemüsesorten – damit ist natürlich gemeint, dass der später zur Ernte geeignete Pflanzenteil oberirdisch wächst – also Früchte, Samen, manchmal auch Blätter und Blüten, nicht jedoch die Wurzeln. Wenn man zum richtigen Zeitpunkt bei zunehmendem Mond sät und pflanzt, regt das alle Energien in der Pflanze an, nach oben zu steigen und oberirdisch kräftig zu gedeihen. Bei abnehmendem Mond gepflanzt wandert die Kraft nach unten, und sie erhalten kräftige Wurzeln.

Radieschen beispielsweise lassen bei zunehmendem Mond oberirdisch üppiges, saftiges Grün gedeihen, während man nur kleine rote Kügelchen erntet, die obendrein schnell verderben.

- Für Früchte sollten Sie für das Setzen und Säen einen Fruchttag wählen: Widder, Löwe oder Schütze.

- Blattgemüse (Spinat, Lauch und so weiter) wird am besten gesetzt und gesät, wenn ein Blatttag im Kalender steht: Krebs, Skorpion oder Fische.

- Für Blumen und die meisten blühenden Heilkräuter eignet sich ein Blütentag gut: Zwillinge, Waage, Wassermann im zunehmenden Mond.

- Keine Regel ohne Ausnahme: Salatköpfe (siehe Seite 152), Tomaten und Erdbeeren gehorchen anderen Regeln. Tomaten können Sie zu jeder Mondphase setzen, hier sind die Tierkreiszeichen wichtiger, an denen Sie pflanzen. Idealerweise sind das die Fruchttage Widder, Löwe und Schütze. Würden Sie Tomaten an Blütentagen (Zwillinge, Waage,

Wassermann) setzen, blühen Ihre Tomaten noch wunderschön, während der Nachbar schon erntet.

- Dass die Menschen zum falschen Zeitpunkt gearbeitet haben, ist einer der Hauptgründe für die Einführung von Kunstdünger gewesen. Das Versprechen von großen Erträgen hat schon viele verführt, die keine Kenntnis von den Gesetzen der Natur hatten. Den Preis dafür zahlen wir alle mit Allergien, Asthma und Stress durch ständig schleichende Vergiftung, mit Kopfschmerzen, Mandelentzündungen – und Kleinkinder mit ständigem Bauchweh.

Der richtige Zeitpunkt – auf einen Blick
Pflanzen, Setzen und Säen von unterirdisch wachsendem Gemüse

Ideal:
Bei abnehmendem Mond in Widder, Löwe oder Schütze

Günstig:
Bei abnehmendem Mond inklusive Neumond,
außer in Krebs und Fische

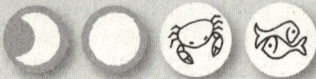

Ungünstig:
Bei zunehmendem Mond inklusive Vollmond
und immer in Krebs und Fische

Was es sonst noch zu sagen gibt

Spezialfall Kartoffeln: Kartoffeln bilden eine Ausnahme in den Regeln fürs Setzen und Säen von unterirdisch wachsenden Gemüsen. Sehr gut wäre der abnehmende Mond in den Fischen, günstig wirkt sich generell der abnehmende Mond aus, außer in Skorpion. Ungünstig ist der zunehmende Mond inklusive Vollmond und generell das Tierkreiszeichen Skorpion.

Wenn Sie den richtigen Zeitpunkt einhalten, werden *Sie* der Bauer mit den dicksten Kartoffeln! Die Früchte werden gleichmäßig groß und verfaulen nicht. Der Grünspan bleibt aus. Die Kartoffeln wachsen gut in die Erde ein, und man muss seltener häufeln. Die Lagerfähigkeit steigt, und sie treiben nicht so früh aus. Wenn Sie eine ungünstige Zeit wählen, dauert es lange, bis die Kartoffeln sich vermehren, und sie bleiben kleiner. Trotz des Häufelns wachsen sie nach oben und werden grün. Die Lagerfähigkeit ist vermindert, sie fangen schon im Winter an zu keimen und werden im Inneren schwarz.

Extra-Tipp

Wenn Fische im Mondkalender genau drei Tage nach Vollmond auftaucht, ist das der absolut ideale Zeitpunkt, um Kartoffeln zu setzen. Dies kommt jedoch nur selten vor.

Extra-Tipp

Besonders in kühlen Klimaregionen kommen Kartoffeln viel schneller, wenn – statt im April – erst im Mai gesetzt wird. Ein alter Spruch lautet: »Setz mi im Mai, komm i glei. Setz mi im April, komm i wann i will.«

Der richtige Zeitpunkt – auf einen Blick
Pflanzen, Setzen und Säen von fruchttragenden Bäumen und Sträuchern

Ideal:
Bei zunehmendem Mond in Widder, Löwe oder Schütze

Ungünstig:
Bei abnehmendem Mond inklusive Neumond

Schlecht:
Bei abnehmendem Mond inklusive Neumond in Krebs, Skorpion, Fische

Der richtige Zeitpunkt – auf einen Blick
Pflanzen, Setzen und Säen von Blattgemüse

(mit Ausnahme von Kopfsalat und anderen schießenden Pflanzen)

Ideal:
Bei zunehmendem Mond in Skorpion oder Fische

Günstig:
Bei zunehmendem Mond mit Ausnahme von Zwillinge und Wassermann

Ungünstig:
Bei abnehmendem Mond inklusive Neumond und Vollmond und immer in Zwillinge und Wassermann

Der richtige Zeitpunkt – auf einen Blick

Pflanzen, Setzen und Säen von kopfenden Pflanzen

(wie Kopfsalat, Weiß- und Rotkohl)

Ideal:
Bei abnehmendem Mond in Waage, Skorpion oder Fische

Günstig:
Bei abnehmendem Mond, außer in Jungfrau und Schütze

Ungünstig:
Bei zunehmendem Mond inklusive Neumond und Vollmond

Schlecht:
Bei zunehmendem Mond inklusive Neumond und Vollmond in Jungfrau und Schütze

Der richtige Zeitpunkt – auf einen Blick
Pflanzen, Setzen und Säen von Blumen und Blütensträuchern

Ideal:
Bei zunehmendem Mond in Zwillinge, Waage und Wassermann

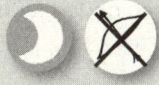

Günstig:
Bei zunehmendem Mond, außer in Schütze

Ungünstig:
Bei abnehmendem Mond inklusive Neumond und Vollmond und immer in Schütze

Schlecht:
Bei abnehmendem Mond in Schütze

Umtopfen und Umsetzen
Sicheres Geleit für Ihre Pflanzen

Wenn Sie den **richtigen Zeitpunkt** einhalten…

… haben Sie beste Chancen, dass alles wieder gesund anwächst und Wurzeln bildet. Die Pflanze erholt sich sofort, sie »verweigert« nicht die Nahrung, Wachstumsstörungen bleiben aus. Blüten, Stängel und Blätter bleiben straff, die Pflanze merkt gar nicht, dass Sie eine andere Wurzelumgebung bekommen hat oder an einen anderen Ort verpflanzt worden ist.

Wenn Sie eine **ungünstige Zeit** wählen…

… braucht die Pflanze viel Kraft, um sich vom Umzugsschock zu erholen. Manchmal ist sie beleidigt und geht früher oder später ein. Blumen und Kräuter vertrocknen oft, obwohl man sie angemessen feucht gehalten hat. Die Wurzeln schließen ab und können kein Wasser mehr aufnehmen, sie verhungern regelrecht. Je älter die Pflanze, desto größer die Gefahr, dass sie die Aktion nur geschwächt oder gar nicht übersteht.

Der richtige Zeitpunkt – auf einen Blick
Umtopfen und Umsetzen

Ideal:
Generell in Jungfrau

Günstig:
Bei zunehmendem Mond inklusive Vollmond mit Ausnahme von Wassermann und Fische

Nicht günstig:
Bei zunehmendem Mond in Wassermann
Bei abnehmendem Mond inklusive Neumond

Sehr ungünstig:
Bei abnehmenden Mond in Wassermann und Fische

Was es sonst noch zu sagen gibt

Wie beim Umzug von Mensch und Tier (siehe Seite 256 und 257) hat der Mond auch bei Pflanzen ein Wörtchen mitzureden. Nötig wird ein Umtopfen und Umsetzen meist durch zu kleine Pflanzgefäße oder ausgelaugte Erde. Im Garten hat man es ja oft mit Sträuchern und Blumen zu tun, die auf Wanderschaft gehen müssen. Vielleicht hat man anfangs die Pflanzen zu eng gesetzt, weil man nicht bedacht hat, wie schnell ein Bäumchen zum Riesen werden kann. In einem solchen Fall ist eben eine kleine »Operation« nötig, bei der der Mond mithelfen kann.

Wird ein Mensch als »entwurzelt« bezeichnet, verbirgt sich hinter der bildhaften Beschreibung die ganz reale Erkenntnis, dass eine Pflanze einiges durchmacht, wenn man sie ihrer gewohnten Umgebung entreißt. Das gilt auch dann, wenn es in bester Absicht und mit angemessener Behutsamkeit geschieht. Viele Pflanzenfreunde mussten schon erleben, dass manchmal weder ein grüner Daumen noch die beste neue Erde etwas nützen und die Pflanze nach dem Umzug schwächelt oder gar eingeht. Die Kunst, den richtigen Zeitpunkt zu erwischen, ist hier meistens die beste Medizin.

Zusätzlich zum richtigen Zeitpunkt im Mondkalender sollten Sie auch noch etwas anderes als Faustregel berücksichtigen: Der späte Nachmittag und Abend sind für das Versetzen und

> **Extra-Tipp**
>
> Dieses Kapitel befasst sich nicht mit dem Umsetzen von Gemüsepflanzen, weil diese in der Regel »pikiert« werden.

Umtopfen immer besser geeignet als der Morgen oder Vormittag. Die Kräfte einer Pflanze orientieren sich nämlich auch an der Tageszeit. Von 3 Uhr früh bis 15 Uhr nachmittags steigen Säfte auf, danach sinken sie bis 3 Uhr früh wieder ab. Mit anderen Worten: Die Pflanze wächst nach 15 Uhr besser an als am Morgen. Ausnahme: Steht der Mond im Tierkreiszeichen Jungfrau, ist die Beachtung der Tageszeit nicht so wichtig (außer bei älteren Pflanzen!).

Bei älteren Pflanzen und vor allem bei alten Bäumen ist es besonders wichtig, auf den richtigen Zeitpunkt des Verpflanzens zu achten. »Einen alten Baum verpflanzt man nicht« sagt das Sprichwort, aber wenn Sie zur rechten Zeit arbeiten, werden auch ältere Pflanzen und Bäume wieder anwachsen. Graben Sie zuerst das neue Pflanzloch, das Sie gründlich einschwemmen, heben Sie dann den Baum aus und vermeiden Sie unbedingt, dass Sonnenstrahlen auf das Wurzelwerk fallen – arbeiten Sie also entweder nach Sonnenuntergang oder bei trockenem Wetter und bedecktem Himmel! Später dann nur noch an Blatttagen gießen (Krebs, Skorpion, Fische), wenn es sich um Kübel- oder Balkonpflanzen handelt.

Extra-Tipp

Die oben genannten Umtopfregeln eignen sich auch für Ableger und Stecklinge. Diese wachsen rasch an und bilden in kurzer Zeit neue Feinwurzeln. Die Jungfrau-Tage eignen sich auch hier wieder am besten. Im Herbst liegt Jungfrau im abnehmenden Mond, was die Natur sehr fein eingerichtet hat, weil die Wurzeln begünstigt bleiben.

Rasen anlegen und einsäen

Ein gesunder Grünteppich für Spiel und Erholung

Wenn Sie den **richtigen Zeitpunkt** einhalten ...

... wächst der Rasen kräftiger heran und ist weit widerstandsfähiger. Ein leichtes Eingießen genügt, an Krebs, Skorpion und Fische sollten Sie stärker gießen. Ein Nachsäen wird meist überflüssig. Bis der Rasen aufgeht, sorgen Sie bitte dafür, dass er immer feucht bleibt. Nur bei Regenwetter können Sie sich das anfängliche Gießen sparen.

Wenn Sie eine **ungünstige Zeit** wählen ...

... wächst der Rasen weniger kräftig und langsamer heran und ist nicht so widerstandsfähig, selbst bei regelmäßigem Eingießen. Manchmal geht er erst gar nicht auf. Ein Nachsäen ist fast immer nötig, besonders wenn Sie für das erste Einsäen Zwillinge- oder Wassermann-Tage gewählt hatten.

Der richtige Zeitpunkt – auf einen Blick
Rasen anlegen und einsäen

Ideal:
Bei zunehmendem Mond in den Löwe-Tagen

Günstig:
Bei zunehmendem Mond in Krebs, Skorpion oder Fische

Ungünstig:
Bei abnehmendem Mond einschließlich Neumond

Schlecht:
Bei abnehmendem Mond in Zwillinge,
Waage und Wassermann

Was es sonst noch zu sagen gibt

Bitte denken Sie einmal in Ruhe über die folgenden Zeilen nach. Wir haben diese Information schon öfter in unseren Büchern vorgetragen, aber sie verträgt Wiederholung, denn in ihr verbirgt sich eines der wesentlichen Geheimnisse unserer Natur und unserer Existenz. Wie so viel anderes Wahres wirkt auch dies auf den ersten Blick unglaubwürdig, wird aber durch die vielen Generationen von Menschen bestätigt, die damit ihre persönliche Erfahrung machen durften.

Wenn Menschen länger an bestimmten Orten leben, die von Grün umgeben sind, beispielsweise in einem Haus mit Garten, dann lässt die Natur für die Bewohner Heilkräuter in einer ganz bestimmten Vielfalt und Kombination wachsen. Das geschieht noch schneller, wenn der Boden naturbelassen ist und nicht künstlich gedüngt oder gespritzt wird. Welche Kräuterfamilie genau sich dort einfindet, richtet sich nach den Bewohnern des Hauses – danach, welche Pflanzen sie für ihr Wohlergehen, zur Vorbeugung und zur Linderung und Heilung eventuell bestehender Krankheiten brauchen. Weist einer der Bewohner eine körperliche Schwachstelle auf, oder leidet er unter einer bestimmten Krankheit, wächst in der Nähe – wie aus heiterem Himmel – ein entsprechendes Heilkraut. Wenn die Bewohner ausziehen und eine andere Familie einzieht, ändert sich auch die Art und Zusammensetzung der Kräutervielfalt in ihrer unmittelbaren Umgebung. Sie passt sich den gesundheitlichen Erfordernissen der neuen Bewohner an.

Lassen Sie diese Information auf sich wirken. Löwenzahn, Gänseblümchen, Brennnesseln, vielleicht Schöllkraut, Schafgarbe, Spitzwegerich und viele mehr: Fast alle »Unkräuter« besitzen große Heilkräfte, die bei einer Vielzahl von Gebrechen nützlich sind. Wenn Sie täglich drei Löwenzahnstängel essen (mehr wäre nicht gut!), haben Sie für Ihre Leber und Galle schon viel Gutes getan. Alle Unkräuter in der Landwirtschaft, die mit viel Aufwand bekämpft werden, sind nichts anderes als eine Information der Natur. Sie sagt uns: »Diese Pflanzen würden die ausgelaugte Erde wiederbeleben« oder »Mit den Inhaltsstoffen dieser Pflanzen könntet Ihr den Mangel ausgleichen, der durch leblose Nutzpflanzen in Eurem Körper entsteht«.

Wofür entscheiden Sie sich? Für eine Wiese mit Kräutern und Spielmöglichkeiten oder für einen »feinen englischen Rasen«? In unseren Breitengraden sollte man sich selbst gar nicht erst vor die Wahl stellen. Auch wenn Sie alle Voraussetzungen bezüglich des richtigen Zeitpunkts, Saatguts und so weiter getroffen haben, werden Sie an einen englischen Rasen viel Zeit, Chemie und Wasser verschwenden müssen.

Wer jemals in England war, weiß, warum der grüne Teppich dort eine Chance hat. Nein, es ist nicht nur das berühmte feuchte Klima der Insel. Es ist auch die jahrhundertelang eingeübte Denkweise, dass zur Visitenkarte Englands unbedingt auch die streichholzkurze, ebenmäßige, durch kein Unkraut verunzierte Grasnarbe gehört. Um den schönen Schein zu wahren, verbrauchen die Engländer Unmengen an Pestiziden und Düngemittel. Es wird Sie nicht überraschen, dass Golfplätze zu den giftigsten Böden zählen, die unsere Welt belasten.

So gesehen wäre es eine gute Idee, nicht einfach jeden Unfug zu kopieren, nur weil er schon ein paar Jahrhunderte auf dem Buckel hat. Wir geben es ja zu: Wenn man durch die englischen Landschaften und Gärten spazieren geht, kann der Anblick schon faszinieren. Wenn Sie persönlich glauben, einen solchen Rasen besitzen zu müssen, dann kann Ihnen der richtige Zeitpunkt helfen, zu einem guten Ergebnis zu kommen. Chemie werden Sie trotzdem brauchen, denn Sie müssten schon eine Glaskuppel über Ihrem Grund errichten, um die Sämereien abzuhalten, die der Wind zu Ihnen blasen möchte. Der richtige Zeitpunkt aber kann helfen, den Kunstdünger stark zu reduzieren – und das ist doch auch schon etwas wert.

Wie gesagt: Wir persönlich heißen jeden Löwenzahn herzlich willkommen, weil jeder seiner Teile eine kraftvolle Medizin bereithält und er noch dazu ein schmackhaftes Gemüse ist. Eines sollte man nämlich bei aller Toleranz nicht aus den Augen verlieren: Es ist *eine* Sache, seinen ganz besonderen, individuellen Geschmack zu haben, im Garten wie bei allen anderen Dingen – es ist eine *andere* Sache, durch das Ausleben meiner eigenen Vorlieben Wiesen und Gärten zu vergiften. Damit schade ich nicht nur mir selbst, sondern auch meinen Nachbarn, dem Grundwasser, ja, der ganzen Welt. Besonders Kinder und ältere Menschen haben darunter zu leiden. Aus Achtung vor der Natur und aus Achtung vor uns selbst und unserer Gesundheit sollte es bei uns keinen »englischen Rasen« geben.

Erlauben Sie der freundlichen Natur, dass sich bei Ihnen eine Wiese breitmacht, und mähen Sie sie zum richtigen Zeitpunkt. Jedes Kraut, das kommt, möchte ja ganz besonders gerne zu

Ihnen kommen, weil Sie es *brauchen!* Identifizieren Sie es und lesen Sie nach, was es alles kann! Sie werden die Weisheit der Natur zu schätzen lernen. Wenn Sie bei zunehmendem Mond mähen, können Sie später das Heu vielseitig einsetzen, beispielsweise als Kissenfüllung, für Heubäder und vieles mehr. Mähen Sie bei abnehmendem Mond, lassen Sie es einfach liegen. Es arbeitet sich als Dünger in den Boden ein, wie es von der Natur gedacht war und gebraucht wird. Wenn die Mengen zu groß sind, einfach einen Teil auf den Komposthaufen schütten.

Tipps zur Rasenanlage

Streuen Sie Heublumen- oder Rasensamen Ihrer Wahl auf den Humus, rechen Sie ihn ein und walzen Sie leicht darüber, oder treten Sie ihn leicht fest. Lassen Sie den Boden nicht austrocknen, bis die Gräser aufgehen. Gießen Sie danach nur noch an Krebs, Skorpion oder Fische etwas länger, und niemals in der prallen Sonne! Später gießen Sie dann überhaupt nicht mehr. Während einer Trockenperiode ist es sinnvoller, das Gras einmal braun werden zu lassen, statt es pausenlos zu gießen. Sie schwächen damit nur das Gras und verschwenden Trinkwasser. Nach dem Regen kommt es ja wieder. Häuslebauer, Gartenbaubetriebe und Stadtverwaltungen könnten sich viel Geld und Zeit sparen, wenn sie bei der Anlage von Grünflächen auf den richtigen Zeitpunkt achten würden.

Rasen mähen für kräftiges Wachstum

Wenn Sie den **richtigen Zeitpunkt** einhalten ...

... wächst der Rasen schnell und kräftig nach und ist widerstandsfähiger. Die Grasnarbe schließt sich schneller, Fäulnisbildung bleibt aus, und der Rasen kann nicht so leicht austrocknen. Die Gräser sind unempfindlicher, wenn Kinder auf dem Rasen spielen. Auch nach einem heftigen Gewitter bleibt der Rasen stabiler.

Wenn Sie eine **ungünstige Zeit** wählen ...

... wächst das Gras weniger kräftig und langsamer heran und ist nicht so widerstandsfähig, selbst bei regelmäßigem Eingießen. Nachsäen ist in einem solchen Fall fast immer nötig, besonders wenn an Lichttagen gemäht wurde. Wenn er zum falschen Zeitpunkt gemäht wurde, verschwindet der Rasen im Laufe der Zeit. Mähen Sie entweder morgens oder abends, niemals in der direkten Mittagssonne (dann auch nicht bewässern).

Der richtige Zeitpunkt – auf einen Blick
Rasen mähen für kräftiges Wachstum

Ideal:
Bei zunehmendem Mond in Krebs und Skorpion

Günstig:
Bei zunehmendem Mond mit Ausnahme von Zwillinge, Waage, Wassermann und Löwe

Ungünstig:
Bei abnehmendem Mond und generell in Zwillinge, Waage, Wassermann und Löwe

Was es sonst noch zu sagen gibt

Weil wir es immer wieder beobachten: Mähen Sie Ihren Rasen niemals in der prallen Sonne. Ideal wäre abends, weil sich dann die Schnittkanten schön schließen können. Sprengt man den Rasen in der prallen Sonne, können zahllose kleine »Lupen« den Rasen verbrennen, also ebenfalls besser abends oder nachts wässern (wenn überhaupt). Gießen Sie nur anfangs an Krebs, Skorpion oder Fische – später dann überhaupt nicht mehr. Viel besser ist es, während einer Trockenperiode das Gras einmal braun werden zu lassen.

Extra-Tipp

An Fische mähen macht den Rasen dünn.

- Manchmal wird der Rasen absichtlich zum falschen Zeitpunkt gemäht, um das Wachstum zu verlangsamen und um nicht so oft mähen zu müssen. Das ist keine gute Idee, denn der Rasen bekommt kahle Stellen und verschwindet schließlich ganz.

- Wird der Rasen nach einem Hausbau neu angelegt, muss man oft monatelang kleine Steine aufsammeln. Unser Tipp: Sammeln Sie diese Steine nur bei abnehmendem Mond auf. Bei zunehmendem Mond zu sammeln hat den merkwürdigen Effekt, dass sich die Steine »vermehren«, indem sie aus dem Boden »herauswachsen«.

- Wenn sich bei Ihnen hartnäckig immer wieder die gleiche unerwünschte Pflanze einstellt, dann schauen Sie unbedingt in einem guten Kräuterbuch nach und informieren Sie sich über die heilenden Eigenschaften dieser Pflanze. Sicherlich brauchen Sie oder ein anderes Familienmitglied diese Pflanze – entweder gleich oder etwas später. Kräuter sind sehr freundliche Wesen.

- Ist Ihr Rasen zu wenig belüftet, können Sie Regenwürmer zu sich einladen. Am besten legen Sie irgendwo an einer schattigen Stelle im Garten ein Holzbrett auf den Boden, und schon vermehren sich die guten Geister.

Pflanzenernährung und Düngen

Je weniger desto gesünder

Wenn Sie den **richtigen Zeitpunkt** einhalten ...

... können Erdreich und Pflanzen den Dünger optimal aufnehmen. Die Nährstoffaufnahme kann gut dosiert ablaufen, ein Schnellwuchs von Wassertrieben bleibt aus. Sie können Naturdünger den Vorzug geben und auf Chemie völlig verzichten.

Wenn Sie eine **ungünstige Zeit** wählen ...

... belastet das nur das Grundwasser, nach der sauberen Luft unser wertvollstes Gut. Die Erde kann Dünger kaum aufnehmen. Im Freiland bleibt er liegen oder wird ins Grundwasser gewaschen. Sogar Trinkwasser kann Babys in manchen Gegenden wegen des hohen Nitratgehalts nicht mehr gefahrlos gegeben werden. Dafür ist nicht nur die Landwirtschaft verantwortlich, sondern auch jeder Einzelne, der zu viel und zum falschen Zeitpunkt düngt.

Der richtige Zeitpunkt – auf einen Blick
Pflanzenernährung und Düngen: Grundregeln

Ideal:
Ein Tag nach Vollmond,
wenn nicht in Zwillinge, Waage oder Wassermann

Günstig:
Bei abnehmendem Mond

Ungünstig:
Bei zunehmendem Mond und bei Neumond

Was es sonst noch zu sagen gibt

Der Besuch in einem modernen Gartencenter lässt zu Recht vermuten, dass man erst Chemie studieren muss, um sich Hobbygärtner nennen zu dürfen. Manchmal genügt schon die Lektüre eines Gartenbuchs, um einem Anfänger jeden Spaß zu verderben. Kein Wunder, denn so viel geballter Unsinn kann durchaus Kopfschmerzen verursachen. Nicht nur, dass komplizierte naturferne Methoden zu Retortengärten führen, die ständige Pflege brauchen – es wird auch alles damit vergiftet. Der Gipfel: Man bezahlt für die Reise in eine Kunstwelt auch noch eine Menge Geld – zunächst für die Produkte und später für die Wiederherstellung der Gesundheit.

Für die Anwendung von Kunstdünger gibt es nicht einen einzigen guten Grund! Wenn Sie nur eine einzige Tätigkeit im Garten – nämlich den Pflanztermin – zum richtigen Zeitpunkt ausführen, haben Sie schon fast alles getan, damit die Pflanze gesund und robust heranwächst. Die Pflanze holt sich aus der Erde und der Luft alles, was sie braucht. Aus der Luft? Ja, Pflanzen können so etwas. Studien an Wüstenpflanzen beispielsweise haben ergeben, dass über 50 Prozent der in ihnen enthaltenen Mineralien gar nicht im Boden zu finden sind, in den sie ihre Wurzeln versenken.

Natürlich abgelagerter Kompost, bei abnehmendem Mond ausgebracht, reicht als Pflanzennahrung in der Regel völlig aus. Wenn Sie in den Gartenbeeten eine »Fruchtfolge« (Abwechseln der Pflanzen) einhalten, muss das nicht einmal jährlich geschehen.

Hungrige Pflanzen allerdings (auch »Starkzehrer« genannt, dazu gehören etwa Sellerie oder Sonnenblumen) brauchen viel Nahrung und entziehen dem Boden eine Menge Energie.

Hier empfiehlt es sich, ein Jahr lang nichts nachzubauen oder gut zu düngen. Ansonsten genügt es, den ohnehin anfallenden Kompost zu verteilen.

Achten Sie beim Düngen auf den Mondstand und beobachten Sie, wie gut die Erde bei abnehmendem Mond das jeweilige Düngemittel aufnimmt. Das gilt auch für alle Zimmer- und Balkonpflanzen. Sie sollten nur Naturdünger oder Kompost verwenden. Kunstdünger verwandelt Pflanzen in Kunstprodukte, die uns langfristig nur schaden.

Ein Wort noch zum Stallmist: Leider ist er heutzutage durch die Art und Weise der Tierhaltung ziemlich belastet. Zudem wird er vor dem Ausbringen nicht mehr mindestens ein Jahr gelagert, wie es sich gehören würde. Wenn Sie ihn verwenden, sollten Sie Ihre »Quelle« also gut kennen.

- Spezialfall Löwe-Tage: Sie sind auch bei abnehmendem Mond nicht zum Düngen geeignet, weil Boden und Pflanzen dann stärker austrocknen. Düngen Sie an Löwe nur, wenn der Boden sehr feucht ist. Setzen Sie Kunstdünger nie an Löwe ein, denn Erde und Saatgut verbrennen leicht.

- An Zwillinge, Waage und Wassermann gedüngte, mehrjährige Pflanzen werden anfällig für Krankheiten und Ungeziefer, schwächeln und verfaulen. Besonders Läuse machen sich dann gerne breit.

- Dünger im Freiland und auf Feldern unbedingt nur bei abnehmendem Mond ausbringen, bei zunehmendem Mond belastet er das Grundwasser, und Gestank verbreitet sich.

- Zum falschen Zeitpunkt gedüngt, werden Fruchtpflanzen oft wässrig oder verbrennen.

Der richtige Zeitpunkt – auf einen Blick
Düngen für die Blattentwicklung

Ideal:
Bei abnehmendem Mond in Krebs, Skorpion und Fische

Günstig:
Bei abnehmendem Mond

Ungünstig:
Bei zunehmendem Mond

Schlecht:
Bei zunehmendem Mond in Löwe

Der richtige Zeitpunkt – auf einen Blick
Düngen für die Fruchtentwicklung

Ideal:
Bei abnehmendem Mond in Widder und Schütze

Günstig:
Bei abnehmendem Mond bis kurz vor Neumond

Ungünstig:
Bei zunehmendem Mond bis kurz vor Vollmond

Schlecht:
Bei zunehmendem Mond in Löwe, Zwillinge,
Waage und Wassermann

Der richtige Zeitpunkt – auf einen Blick
Düngen für die Wurzelentwicklung

Ideal:
Bei abnehmendem Mond in Stier, Jungfrau und Steinbock

Günstig:
Bei abnehmendem Mond, außer in Löwe

Ungünstig:
Bei zunehmendem Mond inklusive Neumond

Schlecht:
Bei zunehmendem Mond in Löwe, Zwillinge,
Waage und Wassermann

Der richtige Zeitpunkt – auf einen Blick
Düngen für die Blütenentwicklung
(bei einjährigen Pflanzen)

Ideal:
Bei abnehmendem Mond in Zwillinge, Waage und Wassermann

Günstig:
Bei abnehmendem Mond

Ungünstig:
Bei zunehmendem Mond inklusive Vollmond

Schlecht:
Bei zunehmendem Mond in Löwe

Jäten und Unkrautregulierung
Begleitung unerwünscht

Wenn Sie den richtigen Zeitpunkt einhalten...

... kommt das Unkraut kaum noch nach oder bleibt ganz aus. Das Wurzelwerk lässt sich viel leichter aus dem Boden ziehen. Die Pflanzen nur abzureißen genügt nicht, aber selbst wenn Sie nur das tun, wachsen sie nicht mehr so stark nach. Nutzpflanzen gewinnen mehr Raum und Nahrung. Die Nutzpflanzen bei der Arbeit nicht verletzen, weil sie sonst eingehen können! (Mit Jäten ist im Folgenden immer das Entfernen des Unkrauts mitsamt der Wurzeln gemeint.)

Wenn Sie eine ungünstige Zeit wählen...

... kommt das Unkraut schnell wieder nach und wächst sogar noch intensiver. Diese Arbeit zum falschen Zeitpunkt weckt jeden schlummernden Unkrautsamen und macht Ihre Mühen schon nach kurzer Zeit zunichte. Wurzelteile bleiben im Boden und können neu austreiben, sie verzweigen sich und nehmen den Nutzpflanzen zu viel Raum und Nahrung.

Der richtige Zeitpunkt – auf einen Blick
Jäten und Unkrautregulierung

Ideal:
Bei abnehmendem Mond in Steinbock

Günstig:
Bei abnehmendem Mond inklusive Neumond, außer in Löwe

Ungünstig:
Bei zunehmendem Mond inklusive Vollmond

Schlecht:
Bei zunehmendem Mond in Löwe

Komposthaufen ansetzen

Recycling, wie es sein soll

Wenn Sie den **richtigen Zeitpunkt** einhalten ...

... verrottet der Abfall schneller zu Kompost. Es wird kein schädliches Ungeziefer angelockt. Die Regenwürmer freuen sich und beginnen mit der Produktion von fruchtbarer Erde. Es entstehen keine Gerüche, auch die Wildtiere lassen den Kompost in Ruhe – deshalb besteht auch keine Gefahr, dass Ratten angelockt werden.

Wenn Sie eine **ungünstige Zeit** und die falsche Methode wählen ...

... verrottet alles zu langsam, Fäulnis setzt ein, und Ungeziefer macht sich breit. Die Speisereste locken Ratten an, der unangenehme Geruch verärgert die Familie und Nachbarn. Der langsame Abbau erzeugt Schimmelnester, sodass der Komposthaufen sich in eine übel riechende Halde verwandelt.

Der richtige Zeitpunkt – auf einen Blick
Komposthaufen ansetzen

Ideal:
Bei abnehmendem Mond in Stier, Jungfrau und Steinbock

Günstig:
Bei abnehmendem Mond, außer in Löwe

Ungünstig:
Bei zunehmendem Mond und in Löwe

Was es sonst noch zu sagen gibt

Kompostieren ist die älteste Form des »Recycling« und eine der wirksamsten und wertvollsten. Wie sehr das in Vergessenheit geraten ist, kann man jeden Herbst beobachten, wenn überall das Laub fortgekarrt wird. Laub wäre im Wurzelbereich der beste Dünger für den Baum, der es abgeworfen hat. Nur wo das Laub wirklich stört, sollte man es entfernen und auf den Kompost geben! Es lohnt sich für Sie und für den kleinen Fleck Natur, der Ihrer Pflege anvertraut worden ist.

Extra-Tipp

Lassen Sie den Kompost mindestens ein Jahr lang in Frieden, jedes vorzeitige Aufgraben und Umschichten würde die Umwandlungsprozesse bremsen.

Zwei Regeln für den richtigen Zeitpunkt, die Sie beherzigen sollten:

- Der Aufbau des Bretterkastens (bitte immer unten offen und aus unbehandeltem Holz!) und das Ansetzen des Komposthaufens sollten bei abnehmendem Mond erfolgen.

- Wenn der Komposthaufen zu schnell wächst (Grasschnitt, Laub), stampfen Sie ihn bei zunehmendem Mond fest, am besten einige Tage vor Vollmond. Manchmal hilft es auch, den Kompost mit dem Gartenschlauch zu gießen. Künstliche Verrottungshilfen sind unnötig, die Natur hilft sich selbst.

Ihre einzige Arbeit besteht darin, einmal jährlich, am besten im Frühjahr, die obersten Schichten neben den Kompost zu schieben, bis die unterste Schicht, die fertige Erde, zum Vorschein kommt. Sie finden dort keine Regenwürmer mehr. Diesen Humus können Sie für neue Gartenbeete, zum Umtopfen und als Dünger verwenden. Im Jahr darauf verfahren Sie genauso, nur schichten Sie jetzt alles auf den alten Platz zurück.

Über Gerüche brauchen Sie sich keine Sorgen zu machen, denn Kompost riecht nicht, solange Sie ein paar Grundregeln beachten. Sie sollten nur wirklich geeignete Dinge auf den Kompost geben, die verrotten können – nämlich alle pflanzlichen Abfälle, im Rohzustand und unbelastet von Schadstoffen. Auf dem Land kommt es manchmal vor, dass auch ein totes Kleintier auf dem Kompost landet, das meist in der Nacht vom Fuchs geholt wird. Diese »Methode« ist nicht zu empfehlen.

Geeignete Abfälle: Alle frischen Küchenabfälle, Frucht- und Gemüseabfälle, nicht essbare Salatblätter, Kartoffelschalen, überreife heimische Früchte und Gemüsesorten, Grasschnitt (eine Schicht von 5–10 Zentimetern genügt), Teekraut, Teebeutel, Kaffeesatz samt biologischem Papierfilter und so weiter.

Was keinesfalls auf den Kompost darf: Reste von gekochten Lebensmitteln ohne Ausnahme! Speisereste (Fleisch, Käserinden) locken unerwünschtes Ungeziefer oder gar Ratten an. Abfälle von exotischen Früchten wie Zitrusfruchtschalen, Bananen- oder Kiwischalen sind ebenfalls ungeeignet, ebenso Kohlstrunke (sie ziehen Drahtwürmer an!). Katzensand und -streu gehören aus gesundheitlichen Gründen auf gar keinen Fall auf den Kompost. Auch Disteln, Rosen- und Brombeerzweige nicht, weil die Stacheln nicht schnell genug verrotten und man sich daran verletzen kann. »Kompostierbare« oder »zersetzbare« Kunststoff- und Papiersäcke verwenden wir persönlich nicht. Sie enthalten zahlreiche Giftstoffe, Farben und Ähnliches.

Obstbäume schneiden

Eine freundliche Einladung an die Früchte

Wenn Sie den **richtigen Zeitpunkt** einhalten…

… verliert der Baum nicht an Kraft, die Fruchtbildung wird auf natürliche Weise angeregt, und die Ernte kann jedes Jahr erfolgen. Die Anfälligkeit für Pilze und andere Krankheiten verringert sich. Es entsteht kein Platzmangel durch falsche Blüten. Das Obst kann reifen, ohne dass Äste brechen, es ist widerstandsfähiger gegen lange Regenphasen und gegen lange Trockenheit. Auch sind die Früchte länger haltbar.

Wenn Sie eine **ungünstige Zeit** wählen…

… wird die Fruchtbildung gehemmt, manchmal bleibt die Ernte aus. Es tauchen zu viele männliche Blüten auf, die nicht befruchtet werden. Beim geringsten Frost fallen die kleinen Früchte ab, oder es verfaulen bereits die Blüten (ein länger als zwei Tage anhaltender Frost bereitet jedem Obstbaum Probleme!). Bei Sturm ist das Risiko für Astbruch erhöht. Sollte beim Schnitt gerade Vollmond in Krebs herrschen, kann sogar das Überleben des Baumes gefährdet sein!

Der richtige Zeitpunkt – auf einen Blick
Obstbäume schneiden

Ideal: In den Wintermonaten bei abnehmendem Mond und am letzten Fruchttag (Widder, Löwe, Schütze) vor Neumond

Ein guter Zeitpunkt: Generell bei abnehmendem Mond in Löwe oder Schütze

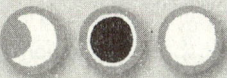

Ungünstig: Bei zunehmendem Mond, inklusive Neumond und Vollmond

Schlecht: Bei zunehmendem Mond in Krebs, Skorpion, Fische und Zwillinge, Waage, Wassermann

Baumspitzen schneiden

Gute Medizin für kranke Bäume

Wenn Sie den **richtigen Zeitpunkt** einhalten…

… erholen sich die Bäume gut. Der Baum wird noch kräftiger. Die Schnittflächen wirken nicht schwächend, sie schließen früh genug ab. Die Nahrungsaufnahme wird begünstigt. Der Saft kann aufsteigen, ohne an der Spitze auszutreten.

Wenn Sie eine **ungünstige Zeit** wählen…

… bleibt die Schnittfläche zu lange »wund«, und es kann dazu kommen, dass wertvoller Baumsaft ausfließt. Es entstehen Wülste, Bakterien haben leichteres Spiel. Die Bäume können verkümmern, eventuell sogar absterben. Die Wurzeln können nicht so viel Nahrung aufnehmen, wie verbraucht wird. Der Baum vertrocknet sogar manchmal trotz Bewässerung, oder er verfault.

Der richtige Zeitpunkt – auf einen Blick
Baumspitzen schneiden

Ideal:
Am letzten Krebs-, Skorpion- oder Fische-Tag vor Neumond

Auch sehr günstig:
Ein Tag vor Neumond, wenn nicht Zwillinge, Waage oder Wassermann herrscht

Ungünstig:
Bei zunehmendem Mond

Sehr schlecht:
Drei Tage vor Vollmond inklusive Vollmond

Hecken schneiden
Grünbunte Wälle errichten

Wenn Sie den **richtigen Zeitpunkt** einhalten ...

... bleibt die Hecke lebendig und verholzt nicht, das Blattwerk wächst schön dicht. Das Risiko der Lückenbildung ist gering. Zwischen verschiedenen Buscharten bilden sich schöne Übergänge.

Wenn Sie eine **ungünstige Zeit** wählen ...

... bekommen Hecken im Laufe der Zeit große Lücken und werden empfindlich gegen Stürme. Sie verholzen nach und nach und sterben ab. Stärkere Stämme lassen sich dann nicht problemlos zurückschneiden. Manchmal löst sich eine Hecke ganz auf, wenn man sie wiederholt zum falschen Zeitpunkt schneidet. Schädlinge machen sich so sehr breit, dass die Hecke abstirbt.

Der richtige Zeitpunkt – auf einen Blick
Hecken schneiden

Ideal:
Krebs, Skorpion oder Fische, wenn kurz vor Neumond

Günstig:
Abnehmender Mond in Krebs, Skorpion und Fische

Ungünstig:
Bei zunehmendem Mond

Aus dem Weg gehen:
Zunehmender Mond oder Vollmond in Stier,
Jungfrau und Steinbock

Veredeln und Pfropfen
Kräftig und edel verbinden

Wenn Sie den **richtigen Zeitpunkt** einhalten …

… können Sie auf einen guten Ernteertrag hoffen. Das Edelreis verbindet sich problemlos mit dem Untergrund und wächst kräftig heran, ohne Wucherungen. Der Baum bekommt viele weibliche Blüten, die auch befruchtet werden. Die spätere Fruchtbildung wird angeregt. Auch ist der Baum unempfindlicher gegen Spätfröste.

Wenn Sie eine **ungünstige Zeit** wählen …

… wird das Reis möglicherweise abgestoßen, die Schnittflächen trocknen zu schnell, bevor sich die Lebenskräfte verbinden können. Wucherungen entstehen. Die falschen Impulse werden gefördert: So tauchen zum Beispiel viele männliche Blüten auf, die nach der Blütezeit – auch ohne Frosteinwirkung – abfallen. Manchmal wuchern die Blätter so stark, dass die wenigen Früchte kaum Licht bekommen und verkümmern.

Der richtige Zeitpunkt – auf einen Blick
Veredeln und Pfropfen

Ideal: Bei zunehmendem Mond
in Widder, Löwe oder Schütze
Möglichst nahe an Vollmond veredeln! Es heißt:
Die Anzahl der Tage bis Vollmond entspricht der Anzahl der
Jahre, die der Baum braucht, um Früchte zu tragen

Günstig: Bei zunehmendem Mond

Ungünstig: Bei abnehmendem Mond inklusive Neumond und Vollmond

Schlecht: Bei abnehmendem Mond in Krebs,
Skorpion oder Fische. Reiser zum Veredeln
niemals vor dem 21. Januar
schneiden!

Mulchen und Laub rechen
Unterstützung zur Selbsthilfe

Wenn Sie den **richtigen Zeitpunkt** einhalten ...

... bleiben die Laubhaufen schön beieinander, das Laub kann sich organisch zersetzen und neue Erde bilden. Das Laub bleibt trocken und locker. Regen kann hindurchfließen, und darunter bleibt es feucht. Es kommt weder zu Schimmel noch zu stinkender Fäulnis.

> **Extra-Tipp**
>
> Zum richtigen Zeitpunkt Laub rechen und mulchen – dann fühlen sich die Regenwürmer wohl!

Wenn Sie eine **ungünstige Zeit** wählen ...

... verwehen Laub und Mulchmaterial bei stärkeren Winden. Gleichzeitig schädigt man beim Zusammenrechen oftmals andere Kleinpflanzen am Boden, das Laubwerk verfault, und gesundheitsschädliche Schimmelnester bilden sich. Das Laub riecht unangenehm.

Der richtige Zeitpunkt – auf einen Blick
Mulchen und Laub rechen

Ideal:
Bei abnehmendem Mond in Stier, Jungfrau und Steinbock

Günstig:
Bei abnehmendem Mond inklusive Neumond

Ungünstig:
Bei zunehmendem Mond inklusive Vollmond

Schlecht:
Bei zunehmendem Mond in Krebs, Skorpion und Fische

Häckseln

Klein, aber fein

Wenn Sie den **richtigen Zeitpunkt** einhalten ...

... bleibt das Häckselgut luftig und trocken. Sie können gleichzeitig größere Mengen verarbeiten, ohne sich Schimmel einzufangen. Holz trennt sich leichter von der Rinde. Auch die Häckselmaschine profitiert, denn es verklebt nichts. Sie können das Häckselgut als Mulch sofort dort ausbreiten, wo es gebraucht wird. Bei der Wahl der Maschine unbedingt auf gute Qualität achten!

Wenn Sie eine **ungünstige Zeit** wählen ...

... neigt der Häckselgut-Haufen zu Schimmelbildung. Äste und Zweige sind elastischer, es kommt häufiger zu gefährlichem Rückschlag. Das Zerkleinerungseisen verharzt stärker. Zudem ist gleichzeitig kein günstiger Zeitpunkt fürs Mulchen, also wäre ein sofortiges Ausbringen des Häckselguts keine gute Idee.

Der richtige Zeitpunkt – auf einen Blick
Häckseln

Ideal:
Bei abnehmendem Mond und Neumond in Widder, Löwe,
Schütze, Zwillinge, Waage oder Wassermann

Günstig:
Bei abnehmendem Mond und Neumond

Ungünstig:
Bei zunehmendem Mond in Krebs, Skorpion,
Fische und Jungfrau

Ernten zur Lagerung
Vorräte anlegen leicht gemacht

Wenn Sie den **richtigen Zeitpunkt** einhalten...

... bleiben Obst und Gemüse länger frisch und stehen besser im Saft. Der Saft bleibt beim Ernten erhalten und bringt beste Voraussetzungen für einen guten Geschmack und Haltbarkeit mit. Die Schale schließt das Obst sorgfältig ab, damit auch eine faule Frucht dazwischen nicht alles »ansteckt«. Das gute Aroma bleibt längere Zeit erhalten. Schalen, äußere Blätter und Ähnliches schützen die Ernte vor dem Austrocknen. Es kommt seltener zu Druckstellen.

Wenn Sie eine **ungünstige Zeit** wählen...

... besteht Fäulnisgefahr, alles bekommt sofort oder relativ bald einen faden Geschmack. Die Lagerfähigkeit ist geringer. Einzelne faule oder beschädigte Früchte stecken alle anderen leichter an, ganze Lagerbestände können so vernichtet werden. (Ein weiterer Grund, warum die Chemie bei der Gartenarbeit überhaupt zum Einsatz kam.)

Der richtige Zeitpunkt – auf einen Blick
Ernten zur Lagerung

Ideal: Bei abnehmendem Mond in Widder, Löwe und Schütze

Günstig: Bei abnehmendem Mond mit Ausnahme von Krebs, Skorpion, Fische und Jungfrau

Ungünstig: Bei zunehmendem Mond inklusive Vollmond und bei abnehmendem Mond in Krebs, Skorpion, Fische und Jungfrau

Sehr ungünstig: Bei zunehmendem Mond inklusive Vollmond in Krebs, Fische und Jungfrau

Konservieren, Einmachen und Lagern – Marmelade, Konfitüre, Chutneys & Co.

Wenn Sie den **richtigen Zeitpunkt** einhalten...

...verlängern Sie die Haltbarkeit der guten Dinge enorm! Das Aroma bleibt erhalten, ebenso wie die empfindlichen Vitamine. Die gefürchtete Schimmelbildung bleibt weitgehend aus. Werden Früchte und Beeren in großen Mengen reif, ernten und frieren Sie sie einfach an Fruchttagen (Widder, Löwe, Schütze) ein und verarbeiten Sie sie später an einem Fruchttag bei abnehmendem Mond.

Wenn Sie eine **ungünstige Zeit** wählen...

...lässt nicht nur die Haltbarkeit zu wünschen übrig, auch der Geschmack ist eher fade. Die Gefahr der Schimmelbildung ist größer, bei zunehmendem Mond in Jungfrau ist die Schimmelbildung geradezu programmiert.

Der richtige Zeitpunkt – auf einen Blick
Konservieren, Einmachen und Lagern – Marmelade, Konfitüre, Chutneys & Co.

Ideal:
Bei abnehmendem Mond in Widder, Löwe oder Schütze

Günstig:
Bei abnehmendem Mond inklusive Neumond,
außer in Krebs, Fische und Jungfrau

Ungünstig:
Bei zunehmendem Mond und in Krebs

Schlecht:
Bei Vollmond und in Jungfrau

Was es sonst noch zu sagen gibt

Fünf Jahre, sechs Jahre, sieben Jahre – so lange wartete eine selbst gemachte Pfirsichmarmelade in unserer Garage auf den Besuch des Journalisten. Dann öffneten wir eines der Gläser und zeigten ihm, was der richtige Zeitpunkt beim Marmeladeeinkochen bewirken kann – ohne Chemie, nur mit der Kraft des Mondes. Die Marmelade war aromatisch und köstlich wie frisch zubereitet.

Auch die Industrie wirbt mit der langen Haltbarkeit ihrer Produkte, sie arbeitet auf dieses Ziel hin. Dabei ist eine lange Haltbarkeit in diesem Fall ausschließlich der Beweis für Eigennutz: Je länger haltbar ein Produkt ist, desto besser verkauft es sich, und es gibt keine Ausfälle durch verdorbene Ware. Wir bezahlen mit unserer Gesundheit und dürfen uns über ständig steigende Krankenkassenbeiträge »freuen«.

Es sind nur wenige Tage im Monat, die den Lebensmitteln, die in dieser Phase verarbeitet wurden, schnelles Verderben bringen. Traurig ist, dass dafür auch alle anderen Tage »büßen« müssen, weil das Wissen um den richtigen Zeitpunkt vergessen oder ignoriert wird. Nein, eigentlich müssen nicht die Tage dafür büßen, sondern wir – wir bekommen die chemisch hergestellten Haltbarmacher ab.

In der Industrie geht es heute weniger um Kundenfreundlichkeit und echte Qualität, die den Menschen nähren und nützen würde. Es geht vielmehr um den Ausschluss von Haftung, falls etwas passiert. Wir sollten allmählich umkehren und wieder echte Lebensmittel herstellen, statt der absurd lange haltbaren

»Stopfblähfüllmittel«, die uns auf hinterhältige Weise süchtig nach immer mehr machen und unsere Waagen zum Explodieren bringen. Die Zukunft wird uns ohnehin zu einer Umkehr zwingen, warum also nicht die ersten Schritte freiwillig tun?

Der richtige Zeitpunkt beim Einkochen und Einmachen war und ist besonders wichtig für die Herstellung von Vorräten für den Winter. Naturgemäß gibt es in dieser Zeit kein frisches Obst und nur wenig frisches Gemüse. Vitamine brauchen wir aber auch im Winter. Entdecken Sie einfach, wie viel Spaß Einkochen machen kann und lassen Sie sich zu Experimenten einladen! Stellen Sie zu Beginn nur kleine Mengen her, bis Sie Ihren persönlichen Geschmack herausgefunden haben. Dann können Sie richtig loslegen.

Einmachgummis halten nicht ewig, sorgen Sie deshalb rechtzeitig für Nachschub. Es ist unangenehm, wenn die Marmelade schon köchelt und Sie dann erst feststellen, dass Sie nicht genug »Werkzeug« im Haus haben. Es ist durchaus sinnvoll, alle gekauften Gläser aufzuheben, aber leere Senf-, Gurken- oder Meerrettichgläser sollten Sie nur für saure oder süß-saure Chutneys verwenden. Das Aroma ist auch mit viel Spülmittel kaum zu beseitigen.

> **Extra-Tipp**
>
> Wenn das Wetter keine günstigen Tage fürs Ernten zulässt, dann warten Sie wenigstens mit dem Einmachen bis zum nächsten Fruchttag. Oder Sie frieren die Früchte ein, bis sich ein Fruchttag zur Verarbeitung anbietet.

Umgang mit Kräutern
Die Kraftwerke der Natur

Wenn Sie den **richtigen Zeitpunkt** einhalten ...

... bleiben die Kräuter viel länger haltbar und heilkräftig. Das gilt sowohl für den Sammel- als auch den Abfüllzeitpunkt. Die Kräuter bleiben schön trocken und schimmeln nicht. Ihr Aroma entfaltet sich bei der Verwendung und verflüchtigt sich nicht vorzeitig.

Wenn Sie eine **ungünstige Zeit** wählen ...

... besteht bei längerer Lagerzeit die Gefahr von Fäulnisbildung. Die Heilkraft lässt schneller nach oder ist gar nicht erst vorhanden, weil sich die ätherischen Öle verflüchtigt haben. Auch Ungeziefer kann die Kräuter befallen.

Der richtige Zeitpunkt – auf einen Blick
Kräuter sammeln I

Samen und Früchte
Ideal: Bei zunehmendem Mond in Widder, Löwe und Schütze

Wurzeln
Ideal: Bei Vollmond

Blüten
Ideal: Bei zunehmendem Mond in Zwillinge und Skorpion

Blätter
Ideal: Bei zunehmendem Mond in Skorpion

Der richtige Zeitpunkt – auf einen Blick
Kräuter sammeln II – alle Teile

Günstig:
Immer in Skorpion und bei zunehmendem Mond,
außer in Jungfrau und Fische

Ungünstig:
Bei abnehmendem Mond einschließlich Neumond

Schlecht:
Bei abnehmendem Mond in Jungfrau
und Fische

Der richtige Zeitpunkt – auf einen Blick
Kräuter abfüllen und lagern

Ideal:
Bei abnehmendem Mond in Zwillinge, Waage,
Wassermann oder Skorpion

Günstig:
Bei abnehmendem Mond

Ungünstig:
Bei zunehmendem Mond

Schlecht:
Bei zunehmendem Mond in Krebs, Fische,
Jungfrau oder an Vollmond

Was es sonst noch zu sagen gibt

Arzt, Apotheker, Chefkoch – alles in einer Person? Kein Problem. Sie müssen nur ein Plätzchen auf der Fensterbank, dem Balkon oder im Garten für eine kleine Auswahl unscheinbarer Pflanzen reservieren, auch »Kräuter« genannt. Danach werfen Sie einen Blick in ein gutes Kräuterbuch, verbinden das Gelesene mit dem Wissen um den richtigen Zeitpunkt zum Säen, Setzen und Ernten, und schon sind Sie auf dem besten Weg, Ihr eigener Heiler zu werden und nebenbei die genialsten Gerichte zu zaubern. Hier die wichtigsten Tipps:

Extra-Tipp

Beim Kräutersammeln nicht nur auf die Mondphase achten, sondern auch auf das Tierkreiszeichen der entsprechenden Körperregion!

- Zum Trocknen gehören die Pflanzen an einen schattigen Ort und sollten öfter gewendet werden (dabei Fische und Jungfrau meiden!). Als Unterlage eignet sich natürliches, luftdurchlässiges Material (ideal wäre ein Holzrost, aber auch Papier erfüllt die Aufgabe). Niemals auf luftdichten Folien trocknen!

- Pflanzen brauchen unterschiedlich lange, bis sie trocken sind. Bei zunehmendem Mond geerntete Kräuter sollten unbedingt bis in den abnehmenden Mond hinein trocknen, bevor man sie abfüllt.

- Dunkle Gläser und Papiertüten sind als Lagergefäße am besten geeignet. Die Pflanzen bleiben trocken, das Aroma hält sich lange, und die Inhaltsstoffe bleiben wirksam.

- Nicht bei allen Kräutern ist es erforderlich, die einzelnen Pflanzenteile separat zu trocknen. Bei vielen Heil- und Küchenkräutern (etwa Majoran, Thymian oder Liebstöckel) genügt es, wenn die ganze Pflanze wie ein Blumenstrauß kopfunter zusammengebunden an einen luftigen Ort gehängt wird. Nach dem Trocknen legen Sie ein großes, sauberes Tuch aus und rubbeln zwischen Ihren Händen die Kräuter darüber. Was herunterfällt, füllen Sie ab. Die Methode ist platzsparend, bietet einen schönen Anblick, und das Aroma der trocknenden Pflanzen sorgt für ein angenehmes Raumklima. Schnell trocknende Kräuter sind dazu am besten geeignet, weil das Zusammenbinden keine Fäulnisgefahr heraufbeschwört.

- Natürlich kann nicht jeder zum Kräutersammeln in die freie Natur spazieren oder auf einen Kräutergarten zurückgreifen. Auch die Pflanzen aus dem Kräuterhandel besitzen ihren Wert und helfen oft recht gut – zumindest besser als alle Präparate mit den herausgelösten »Wirkstoffen«. Wer die richtige Einstellung hat, dem hilft bei einer Erkältung manchmal schon das Kauen einiger Salbeiblätter. Nur bei chronischen Krankheiten sind die Frische der Kräuter und der richtige Sammelzeitpunkt besonders wichtig und sollten unbedingt Beachtung finden.

Extra-Tipp

Johanniskrautöl ist in seiner Wirkung und seinem Aussehen besonders abhängig vom Mondstand. Die tiefrote Farbe ergibt sich nur, wenn zum richtigen Zeitpunkt gesammelt wurde.

Schädlingsbekämpfung

... wenn es denn sein muss

Wenn Sie den **richtigen Zeitpunkt** einhalten ...

... können Sie auf dauerhaften Erfolg hoffen und vor allem auf den massiven Einsatz von Giften verzichten. Gifte bekamen nur deshalb eine Chance, weil herkömmliche Methoden oft nicht helfen, wenn der richtige Zeitpunkt unberücksichtigt bleibt.

Wenn Sie eine **ungünstige Zeit** wählen ...

... wirkt Ihre Arbeit manchmal sogar wie eine freundliche Einladung an die Schädlinge. Manchmal nehmen auch die »beschützten« Pflanzen Schaden, und man hat doppelte und dreifache Arbeit. Vergessen Sie niemals: Schädlinge sind oftmals große »Nützlinge«. Nur wenn die Natur aus dem Gleichgewicht ist, treten sie gehäuft auf: Wird der Boden ausgebeutet, will die Natur auf diese Weise einen Ausgleich schaffen.

Der richtige Zeitpunkt – auf einen Blick
Oberirdische Schädlinge bekämpfen

Ideal:
Bei abnehmendem Mond in Krebs

Günstig:
Generell bei abnehmendem Mond und von Zwillinge bis Schütze,
unabhängig von der Mondphase

Schlecht:
Bei zunehmendem Mond

Der richtige Zeitpunkt – auf einen Blick
Unterirdische Schädlinge bekämpfen

Ideal:
Bei abnehmendem Mond in Stier, Jungfrau und Steinbock

Günstig:
Bei abnehmendem Mond und Neumond

Schlecht:
Bei zunehmendem Mond

Was es sonst noch zu sagen gibt

Jeder Bauer und jeder Gärtner weiß es: Die richtige Pflanzengemeinschaft trägt viel dazu bei, Schädlinge von vornherein abzuwehren. Heute nennt man das »Mischkultur«. Es ist ein ungeheurer Vorteil, wenn sich Pflanzen gegenseitig helfen können, die Schädlinge in Schach zu halten.

Bei Bäumen und Sträuchern hilft manchmal nur ein radikaler Rückschnitt. Er sollte unbedingt weit im abnehmenden Mond oder idealerweise direkt bei Neumond erfolgen. In den meisten Fällen erholt sich die Pflanze dann wieder.

Welche Maßnahmen zur unmittelbaren Bekämpfung von Schädlingen am besten geeignet sind, dafür fehlt hier der Raum. Zudem wirken je nach Pflanze und Schädlingsart ganz unterschiedliche Mittel. Es würde zu weit führen, sie hier alle aufzuzählen (solche Detailinformationen finden Sie in unserem Buch *Der lebendige Garten*). Zum anderen ist Geduld oft die beste Art der Schädlingsbekämpfung: Mit unserer Arbeit wollen wir stets mithelfen, dass allmählich ein Umdenken stattfindet – weg vom »schnell Wirksamen«, hin zur Vorbeugung und zum Handeln mit Maß und Ziel und mit gesundem Menschenverstand.

Jedes Problem lässt sich lösen – bei Ihrer Topfpflanze, in Familie, Beruf und Alltag –, wenn Denken und Fühlen etwas mehr im Einklang mit den tatsächlichen Abläufen in der Natur stehen und alles mit Liebe und Vernunft begleitet wird. Wir wollen Ihnen keinen Weg zur Vollkommenheit weisen, sondern »nur« zu ein wenig mehr Heiterkeit und Gelassenheit angesichts der Unvollkommenheit.

Bienenzucht

Den wichtigsten Tieren der Welt gewidmet

Wenn Sie den **richtigen Zeitpunkt** einhalten ...

... bleibt das Bienenvolk ruhig und fleißig. Die Wächterbienen sind aufmerksam, und es entsteht weniger Aufregung und Hektik. Die Tiere können sich besser auf die Nektarsuche konzentrieren, Flugrouten werden schneller entdeckt. Der Bienenstock bleibt sauberer, und das Risiko für Krankheiten sinkt. Auch der Imker hat kaum Probleme mit angriffslustigen Bienen.

Wenn Sie eine **ungünstige Zeit** wählen ...

... nehmen die Bienen einen Stock nur zögernd oder gar nicht an. Völker wandern schneller ab. Krankheiten machen sich häufiger breit, und manchmal stirbt ein Volk aus. Die Honigentnahme ist schwieriger, weil die Bienen hektischer und angriffslustiger sind. Der Honigertrag sinkt merklich.

Der richtige Zeitpunkt – auf einen Blick
Bienenzucht

Bienen ansiedeln und umsiedeln

Ideal: Montags, mittwochs und samstags im zunehmenden Mond und nicht in Krebs und Löwe

Ungünstig: Dienstags und donnerstags, generell bei abnehmendem Mond und in Krebs und Löwe

Bienenstock reinigen

Ideal: Bei abnehmendem Mond

Bienenvolk aufpäppeln

Ideal: Bei zunehmendem Mond

Was es sonst noch zu sagen gibt

Mit der Imkerei haben wir persönlich keine große Erfahrung, unser Schwager Manfred Maierhofer aber umso mehr. (Wir danken herzlich für seine Mitarbeit an diesem Kapitel!)

- Der gute Zeitpunkt fürs Honigschleudern: Entnehmen Sie die Waben in aller Frühe am Morgen oder zeitig am Vormittag, die Bienen sind dann träge und erdulden das Abfegen von der verdeckelten Wabe leichter. Wenn zu viel Unruhe entsteht, sollte man den nächsten Stock nicht anrühren! Ideal wäre es, die Wabe direkt vom Stock in die Schleuder zu bringen, um die Stockwärme zu nutzen.

- Honig ist ein Lebensmittel, das bei wenig anspruchsvoller Lagerung zehn Jahre und länger haltbar ist. Voraussetzung: Er sollte in einem luftdichten Gefäß dunkel und kühl gelagert werden (Minusgrade sind kein Problem, bei Wärme würde der Honig Fremdgerüche annehmen).

- Das Einflugloch am Stock sollte in Richtung Sonnenaufgang weisen, vielleicht ein wenig nach Südost. Ein Schutz vor der Mittagshitze durch Schatten spendende Sträucher oder Bäume ist wünschenswert. Auch sollte das Flugloch nicht in eine Richtung weisen, die extremem Luftzug ausgesetzt ist.

Ein wichtiger Aspekt zuletzt: Wir haben uns von der Industrie überzeugen lassen, dass Honig flüssig sein muss. Das ist ähnlich unsinnig wie die Überzeugung, dass Salz »rieselfähig« sein muss. Alle natürlichen Honige (auch die Sortenhonige) kristallisieren nach einer gewissen Zeit. Das ist ein Zeichen von Qualität. Wenn Sie ihn ganz langsam erwärmen (nicht erhitzen!), wird er wieder flüssig.

IV.

DER MOND ALS HELFER IM HAUSHALT UND ALLTAG

> *Die großen Taten der Menschen,*
> *sind nicht die, welche lärmen.*
> *Das Große geschieht so schlicht*
> *wie das Rieseln des Wassers,*
> *das Fließen der Luft,*
> *das Wachsen des Getreides.*
>
> ADALBERT STIFTER

Großes geschieht immer zuerst im Kleinen. Jeder Nobelpreisträger müsste eigentlich einen Hauptteil seiner Redezeit dafür investieren, sich bei all denen zu bedanken, die seinen Triumph ermöglicht haben. Meist war deren Beitrag größer als der eigene. Den unentbehrlichen Menschen im Hintergrund sind die folgenden Seiten gewidmet.

Hausarbeit angemessen, menschenwürdig und mit Schwung, vielleicht sogar mit Freude zu erledigen, weil man sie einfach tun muss – das kann eine Herausforderung sein. Großes Organisationstalent, viel Geduld, die geheime Kunst, Routine mit Sinn zu erfüllen, Hingabe an Notwendiges, handwerkliches Geschick – die Liste der für eine Haushaltsführung notwendigen Fähigkeiten könnte noch länger sein und endet vielleicht mit Z wie Zauberei, weil es auch darum geht, aus allem immer das Beste zu machen und Wunder zu vollbringen. »Hausfrau« oder »Hausmann« – ein Berufsbild, dessen Anforderungen die vieler anderer Berufe in den Schatten stellt.

Fast muss man sich fragen, warum »Hausfrau« immer noch keine Berufsbezeichnung ist, die man stolz auf Visitenkarten druckt? Traurig, denn ein gut geführter, von Talent und Geist beseelter Haushalt, der für alle Bewohner zur Oase und Kraftquelle wird, ist ein großer Segen! Dass es auch im bestgeführten Haushalt ein Auf und Ab von Stimmung und Bereitschaft gibt, ist nur menschlich und kommt in jedem Beruf vor. Was aber tun, wenn die Hausarbeit beständig als Sisyphus-Arbeit empfunden wird, die den letzten Nerv raubt?

Sisyphus? Der hatte es leicht! Eine Kugel den Hügel rauf- und runterrollen? Kein Problem! Aber es gibt auch andere Herausforderungen: Hausputz, Wäsche waschen, bügeln, abspülen, Fenster putzen, sortieren, aufräumen, kochen, die Kinder für die Schule vorbereiten, Blumen gießen, Keller und Dachboden ausräumen, Haustiere pflegen und hegen – nein, die Liste ist noch lange nicht vollständig. Hausarbeit wäre für Sisyphus sicherlich ein größerer Albtraum gewesen, als die Kugel zu rollen – nicht nur weil er ein Mann war.

Was also tun, wenn man den inneren Zugang zur häuslichen Routinearbeit nicht findet? Wenn man beispielsweise ständig von dem Gefühl geplagt wird, etwas zu versäumen? Diese Arbeit beginnt ja immer von Neuem, sie nimmt kein Ende!

Vielleicht gelingt es uns auf den folgenden Seiten, Sie zu inspirieren und Ihnen eine neue Sicht der Dinge zu ermöglichen – ganz abgesehen von den großen Erleichterungen, die das Arbeiten zum richtigen Zeitpunkt mit sich bringt, körperlich wie seelisch.

Das alles wäre so wichtig! Hausarbeit ist nämlich auch eine Form der »Energiearbeit«. Etwas zu reinigen, sauber zu halten, durchlässig zu halten, leicht auffindbar zu machen, mit Schönheit zu verbinden, zu entrümpeln – wenn Ihnen all das im Haushalt gelingt, gelingt Ihnen das automatisch und unweigerlich auch in Ihrem ganzen Leben. Doch davon später mehr. Die gute Nachricht aus dem Wissensschatz unserer Vorfahren lautet jetzt und hier: *Hausarbeit in Harmonie mit den Mond-*

rhythmen ist leichter, müheloser, erfolgreicher und dauerhafter als zu anderen Zeiten erledigt!

Im Wesentlichen gibt es im Haushalt zwei Arbeitsfelder – die täglichen Pflichten und die saisonalen »Großprojekte«. Die Arbeit zum richtigen Zeitpunkt kann in jedem Bereich kleine Wunder wirken, aber bei den größeren Vorhaben ganz besonders. Dabei ist es gleichgültig, ob es darum geht, Schränke auszuräumen, Fenster zu putzen oder Holzböden neu einzulassen. Sie sparen sich viel Zeit, viel Ärger, viel Geld und der Umwelt eine große Belastung.

Junge Menschen können sich oft gar nicht vorstellen, dass es Zusammenhänge zwischen dem Mondstand und dem Erfolg einer Tätigkeit gibt. Aber das ist kein Problem, denn man muss eigentlich nur eins und eins zusammenzählen und lose Fäden in der Landkarte der Erinnerungen verknüpfen. Dass man beispielsweise beim Glasreinigen (dies betrifft besonders die Innenscheiben des Autos und Bildschirme!) unterschiedlichste Ergebnisse bekommen kann, ist jedem geläufig. Mal erstrahlt nach müheloser Arbeit tagelang alles in »streifenfreiem Glanz«, mal schrubbt und rubbelt man intensiv mit demselben Glasreiniger, und das Ergebnis ist nicht zufriedenstellend – schon der nächste Regenschauer oder das Beschlagen von innen hinterlassen so starke Spuren am Fenster, dass man von vorne beginnen möchte. Die Erklärung in fast allen diesen Fällen: der Mondstand während der Reinigungsarbeit.

Ob es darum geht, Schränke auszuwischen, Fenster und Schuhe gründlich zu putzen, die große Wäsche zu erledigen, Lampenschirme zu reinigen, die Vorratskammern neu zu sortieren, Vorhänge zu waschen oder Couch und Teppiche zu reinigen –

zum richtigen Zeitpunkt ausgeführt wird alles nicht nur schneller sauber, und der Materialeinsatz ist geringer, auch die Gewebe und Materialien werden geschont, und alles hält länger vor. Wer es gerne bequem und easy hat und gleichzeitig in angenehm sauberer Umgebung leben möchte, für den sind die Mondrhythmen eine Offenbarung, das können wir versprechen.

Dies gilt auch für Menschen, die sich mit Allergien herumplagen müssen! Bei abnehmendem Mond beispielsweise bleibt in der Wäsche viel weniger Waschmittel zurück als bei zunehmendem Mond – und schon haben Sie einen wichtigen Allergieauslöser zurückgedrängt. Viele Menschen haben sich in bester Absicht biologisch abbaubare Bio-Waschmittel zugelegt und waren dann mit dem Waschergebnis unzufrieden. Fortan können Sie die Bio-Waschmittel wieder verwenden, denn bei abnehmendem Mond wirken gerade diese so viel besser als bei zunehmendem Mond, dass man auch mit hohen Ansprüchen getrost umsteigen kann. Wenn Sie zum richtigen Zeitpunkt waschen, können Sie vielleicht sogar auf die unsinnigen Weichspüler verzichten, die in unserem Blutkreislauf nichts zu suchen haben – dort landen sie nämlich, denn ihr Hauptzweck ist ja gerade *nicht*, sich im Klarspülgang wieder ausspülen zu lassen. Eine »arme Haut« sind viele Babys und Kinder, die sich gegen diesen (gut gemeinten) Unsinn nicht wehren können und oftmals mit Husten, Kopfschmerzen und Allergien reagieren.

Der Blick in einen durchschnittlichen Putzschrank lässt einen erschrecken – dort wird so viel Chemie als »Durchlaufposten« gehortet und landet schließlich im Abwasser und im Meer. »Misten« Sie aus, steigen Sie um auf Bio und »Moon Power«!

Notieren Sie anfangs zum Spaß, was Sie wann erledigt haben, und behalten Sie das jeweilige Ergebnis im Auge. Die Erfahrung wird Sie langsam immer stärker motivieren, Tätigkeiten schon im Voraus zu fixieren – und den großen Hausputz von Anfang an auf den idealen Zeitpunkt zu legen. Bleiben Sie locker und arbeiten Sie zwischendurch ohne schlechtes Gewissen zum falschen Zeitpunkt, das lässt sich manchmal nicht vermeiden. Das Gute fanatisch zu betreiben, verwandelt es in Last und Mühe.

Freude an der Arbeit – das ist etwas sehr Wichtiges. Bleibt sie aus, sollte man sich unbedingt an die Detektivarbeit machen und herausfinden, welche Gründe es dafür gibt. Vielleicht der, dass kein Ende in Sicht ist? Vielleicht der, dass die Umgebung die täglichen Früchte dieser Arbeit als »selbstverständlich« in Empfang nimmt? Dass nie genug Geld für hochwertiges Arbeitsgerät da ist? Dass keiner Rücksicht nimmt? Nun, wenn Sie darauf warten, dass sich die Dinge von selbst zum Besseren wenden, werden Sie vermutlich bis an Ihr Lebensende frustriert sein. Weder durch Drohungen noch durch Gejammer können Sie auf eine Lösung hoffen – und der Rückzug in die Depression wird auch nichts daran ändern.

Beginnen Sie damit, zum richtigen Zeitpunkt zu putzen, zu waschen, Dinge zu reparieren und so weiter. Arbeiten aber, die täglich anfallen, verrichten Sie zunächst einfach ohne einen Blick auf den Mondkalender, damit die Lieblingsjeans auch bei zunehmendem Mond verfügbar sind. Sie werden sehen: Ein großes Aufatmen stellt sich ein. Lernen Sie, den Mondkalender als »Freund und Helfer« zu beschäftigen, und Sie werden sehen, dass vieles dann wie von selbst läuft. Ihre Freunde achten vielleicht schon längst selbst heimlich auf den

Mondstand und freuen sich, wenn Einladungen zukünftig nicht gerade auf die besten Putztage fallen.

Natürlich kommt es immer wieder einmal vor, dass etwas Notwendiges ansteht und dass man gleichzeitig »null Bock« hat. Diese Situation kennt jeder, und gesegnet ist, wer dann mentale Methoden kennt, um die Stunden nicht als »verschwendete Lebenszeit« abhaken zu wollen. Uns persönlich hilft immer, sich daran zu erinnern, wofür man dankbar sein kann. Das Glas ist halb voll, basta! »Es gibt immer Menschen, denen es viel schlechter geht als mir!« Wir vergessen viel zu oft, dass es im Leben nichts gibt, was selbstverständlich ist. Rein gar nichts. Wir haben immer Grund, dankbar zu sein. Und jetzt: Schmunzeln Sie sich hinein in das folgende Kapitel. Denken Sie sich Ihren Teil, und vergessen Sie nicht, vielleicht doch das eine oder andere auszuprobieren. Es könnte ja funktionieren!

《O》

Was also können Sie gewinnen,
wenn Sie im Bereich »Haushalt und Alltag«
den richtigen Zeitpunkt wählen?
Sie gewinnen Zeit, haben mehr Freude
an Routinearbeit und sind erfolgreicher,
weil alles länger vorhält, Sie sparen Geld.
Sie gewinnen mit einem Wort:
Lebensqualität.

《O》

Großer Hausputz und Frühjahrsputz

... aber mit Schwung!

Wenn Sie den **richtigen Zeitpunkt** einhalten ...

... geht alles leicht von der Hand, die Arbeit ist langfristig erfolgreich. Die Flächen trocknen schneller und gründlich, auch wenn mit viel Wasser gearbeitet wird. Es besteht keine Schimmelgefahr, natürliche Materialien wie Holz werden geschont.

Wenn Sie eine **ungünstige Zeit** wählen ...

... bekommt man schnell das Gefühl, Sisyphus-Arbeit zu leisten. Nach kurzer Zeit sind Fenster, Türen und Böden wieder unansehnlich. Länger verstaute Kleidung kann modrigen Geruch annehmen (Winterkleidung, Faschingskostüme, Badebekleidung und Ähnliches), Bakterien machen sich breit, und grundsätzlich wird alles leichter feucht.

Der richtige Zeitpunkt – auf einen Blick
Großer Hausputz und Frühjahrsputz

Ideal:
Bei abnehmendem Mond in Zwillinge, Waage und Wassermann

Günstig:
Bei abnehmendem Mond inklusive Neumond

Ungünstig:
Bei zunehmendem Mond

Schlecht:
Bei Vollmond in Jungfrau

Große Wäsche und Problemwäsche

Wirklich rein ohne Zauberei

Wenn Sie den **richtigen Zeitpunkt** einhalten ...

... wird Ihre Wäsche besonders sauber werden, Problemflecken lösen sich leichter, die Fasern werden geschont, und das Waschmittel lässt sich restlos ausspülen (wichtig für Allergiker!). Fast immer kommen Sie mit der Hälfte der empfohlenen Waschmittelmenge aus (deshalb niemals nur Waschmittel-Tabs kaufen!).

Wenn Sie eine **ungünstige Zeit** wählen ...

... brauchen Sie für das gleiche Ergebnis mehr Waschmittel. Problemflecken bleiben oft im Gewebe, und die Fasern werden stärker angegriffen. Das Waschmittel lässt sich nicht restlos ausspülen, was Allergien auslösen kann. Der Wunsch, immer das gleiche Waschergebnis zu erhalten, hat der aggressiven Waschmittelchemie Tür und Tor geöffnet, ohne Rücksicht auf die Langzeitfolgen für Mensch und Umwelt.

Der richtige Zeitpunkt – auf einen Blick
Große Wäsche und Problemwäsche

Ideal:
Bei abnehmendem Mond in Krebs, Skorpion und Fische

Günstig:
Bei abnehmendem Mond, mit Ausnahme von Löwe und Jungfrau

Ungünstig:
Bei zunehmendem Mond

Schlecht:
Bei Vollmond und an den drei Tagen zuvor,
sowie in Löwe und Jungfrau

Fenster und Glas reinigen
Wie Sie die Augen Ihres Heims zum Strahlen bringen

Wenn Sie den richtigen Zeitpunkt einhalten ...

... sparen Sie Zeit, Geld und Nervenkraft und der Umwelt viele Liter giftiger Chemikalien. Die Arbeit geht leicht von der Hand. Das wirksamste Werkzeug zur Reinigung besteht aus einer Sprühflasche mit Leitungswasser und einem Schuss Spiritus. Das Ergebnis hält länger vor, das Glas bleibt länger sauber.

Wenn Sie eine ungünstige Zeit wählen ...

... müssen Sie fürs Glas- und Fensterputzen viel Geduld und Gelassenheit mitbringen. Auch unter Einsatz chemischer Reinigungsmittel gelingt die Arbeit nicht so gut wie zum richtigen Zeitpunkt, und manchmal macht schon ein einziger Regenschauer alles wieder zunichte. Schlieren lassen sich nicht vermeiden, egal wie sehr Sie über das Glas rubbeln.

Der richtige Zeitpunkt – auf einen Blick
Fenster und Glas reinigen

Ideal:
Bei abnehmendem Mond in Zwillinge, Waage,
Wassermann, Widder, Löwe und Schütze

Günstig:
Generell bei abnehmendem Mond inklusive Neumond

Ungünstig:
Bei zunehmendem Mond

Schlecht:
An Vollmond

Was es sonst noch zu sagen gibt

Ein Blick auf eine glatte Glasfläche unter dem Mikroskop zeigt, dass auch Glas wie eine Kraterlandschaft aussieht, wenn man nur nahe genug herangeht. Man kann sich so besser vorstellen, wie scharfe Reinigungsmittel das Glas mit der Zeit milchig werden lassen. Sie reißen buchstäblich kleine Partikel aus der Oberfläche heraus und nehmen dem Glas den Glanz. Umso wichtiger wäre es, wertvolle Weingläser, empfindliche Bildschirme und Ähnliches zum richtigen Zeitpunkt zu reinigen – mit geringstem Einsatz chemischer Mittel und wenig Arbeitsaufwand wird alles strahlend sauber. Wer schon verrauchte Computer- oder Fernsehbildschirme zu reinigen hatte, wird die Regeln zum richtigen Zeitpunkt hier besonders zu schätzen wissen.

Wenn viel Arbeit ansteht und viele Fenster gleichzeitig geputzt werden sollen, machen wir es immer so:

Die Zutaten: Einen Eimer mit heißem Wasser füllen und einen Spritzer Geschirrspülmittel hineingeben, dazu ein paar saubere Putzlumpen nehmen. Eine leere, saubere Sprühflasche mit kaltem Leitungswasser füllen und etwa einen Fingerbreit Spiritus dazugeben. Dazu einen kleinen Stoß altes Zeitungspapier oder eine Küchenrolle verwenden.

Methode: Reinigen Sie zuerst die schmutzigen Fensterflächen mit dem heißen Wasser. Anschließend besprühen Sie die Flächen mit dem Spirituswasser und reiben mit zerknülltem Zeitungspapier nach. Diese Methode ist sehr zeitsparend, das gebrauchte Zeitungspapier kann ins Altpapier wandern.

Tipps zum richtigen Zeitpunkt: Wenn neben den Fenstern auch stark verschmutzte Fensterrahmen an der Reihe sind, würden Sie an einem Wassertag (Krebs, Skorpion, Fische) sowohl für Rahmen als auch für die Fenster gute Ergebnisse erreichen. Wenn es sich dabei um lasierte Naturholz- oder Mondholz-Rahmen handelt, ist das Achten auf den abnehmenden Mond doppelt so wichtig, denn das Holz soll gut trocknen. Das letzte Nachwischen sollte hier mit einem trockenen oder fest ausgewrungenen Tuch erfolgen.

Wenn Sie an einer verkehrsreichen Straße das Schaufenster eines Ladens putzen müssen, können Sie natürlich nicht immer auf den idealen Zeitpunkt warten. Zumindest aber können Sie dabei beobachten, wie unterschiedlich das Ergebnis ausfällt, und sich dadurch inspirieren lassen, andere Dinge in Ihrem Leben nach dem richtigen Zeitpunkt auszurichten.

Extra-Tipp

Beim Fensterputz-Papier auf die Qualität achten: Manche Küchenrollen fusseln sehr stark und hinterlassen Spuren auf dem Glas, die wie Staub wirken. Oder sie trocknen nicht sehr gut, was die Arbeitszeit verlängert.

Maschinen, Autos, Fahrräder und Geräte reinigen

... verlängert die Lebensdauer

Wenn Sie den **richtigen Zeitpunkt** einhalten ...

... werden die Geräte nicht nur sauber, auch das Oxidieren wird weitgehend verhindert. Schmutz löst sich schneller, und Sie brauchen viel weniger Zeit für die Reinigung. Der Nebeneffekt: Zum richtigen Zeitpunkt nimmt das Putzwasser viel mehr Schmutz auf, daher einfach öfter wechseln.

Wenn Sie eine **ungünstige Zeit** wählen ...

... bleibt das Putzwasser sauberer und die Geräte schmutzig. Hartnäckige Flecken lassen sich nur mit aggressiven Mitteln entfernen, deren Dämpfe bei zunehmendem Mond obendrein gesundheitsschädlicher sind. Alle gereinigten Objekte ziehen bald schon wieder Schmutz an und rosten schneller.

Der richtige Zeitpunkt – auf einen Blick
Maschinen, Autor, Fahrräder und Geräte reinigen

Ideal:
Bei abnehmendem Mond in Zwillinge, Waage, Wassermann, Widder, Löwe und Schütze

Günstig:
Bei abnehmendem Mond und Neumond

Ungünstig:
Bei zunehmendem Mond und Vollmond

Tastatur und Bildschirm reinigen

Die Finger zum Fliegen bringen

Wenn Sie den **richtigen Zeitpunkt** einhalten ...

... bleiben die Flächen länger sauber. Die Staub anziehende statische Aufladung fällt deutlich geringer aus. Auch die Elektrosmog-Werte liegen messbar niedriger. Das Arbeiten ist angenehmer für Kopf und Hände. Die Hände erwärmen sich nicht so schnell, und auch das unangenehme Hitzegefühl in den Fingerspitzen lässt länger auf sich warten.

Wenn Sie eine **ungünstige Zeit** wählen ...

... bleiben Ablagerungen hartnäckig bestehen. Manche Staub- und Schmutzschichten lassen sich gar nicht beziehungsweise nur mit chemischen Mitteln entfernen, die die Atemwege belasten. Rauchablagerungen lassen sich nur unvollständig entfernen. Manchmal entsteht ein unangenehmer Geruch, der sich nicht mehr dauerhaft beseitigen lässt. Bakterien siedeln sich in den feinsten Ritzen an.

Der richtige Zeitpunkt – auf einen Blick
Tastatur und Bildschirm reinigen

Ideal:
Bei abnehmendem Mond in Zwillinge, Waage,
Wassermann, Widder, Löwe und Schütze

Günstig:
Bei abnehmendem Mond und Neumond

Ungünstig:
Bei zunehmendem Mond und Vollmond

Reinigung und Pflege von Holz- und Parkettböden

Alte Methoden in neuen Ehren

Wenn Sie den **richtigen Zeitpunkt** einhalten ...

... wird alles schön sauber, und der Erfolg der Arbeit hält lange an – fast so, als ob ein Magnet neuen Schmutz abstößt. Naturholzböden sollten generell nur bei abnehmendem Mond gründlich geputzt werden. Holzaschenlauge eignet sich für diese Arbeit am besten (siehe Rezept Seite 234).

Wenn Sie eine **ungünstige Zeit** wählen ...

... kann bei einem Wasserzeichen (Krebs, Skorpion, Fische) im zunehmenden Mond die Feuchtigkeit in die Ritzen dringen. Das Holz verzieht sich oder fault gar nach längerer Zeit.

Der richtige Zeitpunkt – auf einen Blick
Reinigung und Pflege von Holz- und Parkettböden

Ideal: Bei abnehmendem Mond in Zwillinge, Waage, Wassermann, Widder, Löwe und Schütze

Günstig: Bei abnehmendem Mond inklusive Neumond

Ungünstig: Bei zunehmendem Mond inklusive Vollmond

Schlecht: Bei zunehmendem Mond und Vollmond in Krebs, Skorpion und Fische

Was es sonst noch zu sagen gibt

Bei zunehmendem Mond sollten Sie nur trocken kehren. Wenn Sie feucht wischen wollen, dann nur leicht und bei einem Lichtzeichen (Zwillinge, Waage, Wassermann).

Rezept für Aschenlauge und Anwendungshinweise: Geben Sie etwa 5–10 Esslöffel Buchenholzasche in einen sehr großen Kochtopf (das Mengenverhältnis Wasser zu Asche entspricht etwa dem von Teewasser zu Teeblättern), füllen Sie den Topf mit Wasser und lassen Sie die Mischung zugedeckt etwa 20 Minuten lang köcheln (nicht sprudelnd). Rühren Sie zwischendurch öfter um. Anschließend zugedeckt abkühlen lassen, bis sich die Asche auf dem Boden abgesetzt hat. Das klare Laugenwasser in Gläser oder Flaschen abfüllen und als Vorrat aufbewahren. Gut etikettieren, damit es zu keiner Verwechslung kommen kann.

Extra-Tipp

Holzböden im Außenbereich niemals mit Hochdruckreiniger säubern, weil sich sonst Splitter aufrichten.

Extra-Tipp

Auf Holzböden sollte jedes Verschieben von Möbeln oder Ähnliches vermieden werden. Das kann man sich nur bei Schiffslack leisten – und der wiederum macht alle guten Eigenschaften von Holz zunichte.

Wenn es ans Schrubben geht, kann das Putzwasser warm oder heiß sein, je nach Verschmutzung. Alte unbehandelte Böden können Sie bedenkenlos kräftig schrubben und dann mit einem Eimer klarem, kühlem (aber nicht eiskaltem!) Wasser nachwischen. Zweimal jährlich wäre ein guter Rhythmus.

Mit Aschenlauge können Sie alles putzen: Balkonböden, Fensterrahmen, Türstöcke, Gartenmöbel aus Holz und Ähnliches. Alte Terrassen können dadurch wie neu aussehen!

Chemische Reinigung von Stoffen, Polstern, Teppichen und Kleidung

Damit es der Preis wirklich wert ist

Wenn Sie den **richtigen Zeitpunkt** einhalten ...

... nimmt das Gewebe keinen Schaden, die Kleidung hält länger, und die Farben bleiben erhalten. Wolle verfilzt nicht und geht nicht ein, wenn sie richtig behandelt wird. Die Reinigungschemikalien bleiben nicht im Stoff zurück (eine gute Nachricht für Allergiker). Man vermeidet so auch den starken Geruch chemisch gereinigter Möbelstoffe und Kleidungsstücke, der sehr unangenehm sein kann. Die gefürchtete Glanzbildung bleibt aus. Wertvolle und empfindliche Kleidungsstücke – Lammfell, Leder, Daunen, Seide, klassische Trachtenkleidung und so weiter – halten länger.

Wenn Sie eine **ungünstige Zeit** wählen ...

... brauchen Sie mehr Chemie, um die Kleidung sauber zu bekommen. Weil die Firmen immer nach dem Resultat beurteilt werden, finden chemische Zusätze verstärkt Verwendung, was Mensch und Textil schadet. Steinbock bei zunehmendem Mond ist besonders ungünstig, denn Stoffe sehen dann häufig »abgewetzt« aus. Der gefürchtete Glanz auf den Kleidungsstücken kann nicht behoben werden. Allergiker sollten die ungünstigen Zeitpunkte einer chemischen Reinigung meiden.

Der richtige Zeitpunkt – auf einen Blick
Chemische Reinigung von Stoffen, Polstern, Teppichen und Kleidung

Ideal:
Bei abnehmendem Mond in Krebs, Skorpion und Fische

Günstig:
Bei abnehmendem Mond, außer in Steinbock

Ungünstig:
Bei zunehmendem Mond

Schlecht:
Bei zunehmendem Mond in Steinbock

Beseitigung von Feuchtigkeit und Schimmel

Das Übel an der Wurzel

Wenn Sie den **richtigen Zeitpunkt** einhalten ...

... sind alle Arbeiten zur Beseitigung von Feuchtigkeit und Schimmel begünstigt, die Trocknungsphase ist kürzer. Sanfte biologische Mittel würden, zum richtigen Zeitpunkt angewandt, oftmals schon den gewünschten Erfolg bringen. Entscheidend für den langfristigen Erfolg ist natürlich die Beseitigung der eigentlichen Ursachen!

Wenn Sie eine **ungünstige Zeit** wählen ...

... kommt die Feuchtigkeit meistens wieder zurück. Der Geruch bleibt hängen, Möbel werden angegriffen. Besonders Kinder und alte Menschen leiden bei feuchten Wänden unter Atembeschwerden bis hin zu Dauerhusten oder Asthma.

Der richtige Zeitpunkt – auf einen Blick
Beseitigung von Feuchtigkeit und Schimmel

Ideal: Bei abnehmendem Mond inklusive Neumond in Zwillinge, Waage, Wassermann oder Widder, Löwe und Schütze

Günstig: Bei abnehmendem Mond inklusive Neumond, außer in Krebs, Skorpion, Fische und Jungfrau

Ungünstig: Bei zunehmendem Mond und Vollmond und bei abnehmendem Mond in Krebs, Skorpion, Fische und Jungfrau

Schlecht: Bei zunehmendem Mond und Vollmond in Krebs, Skorpion, Fische und Jungfrau

Was es sonst noch zu sagen gibt

Was tun bei Schimmelbefall in der Wohnung? Das Wichtigste ist, zunächst die Ursache herauszufinden. Das können etwa moderne, dicht schließende Fenster sein, verbunden mit unzureichend wärmegedämmten Wänden. Die Wandoberflächen, besonders die Kältebrücken, können bei hoher Luftfeuchtigkeit zu Nährböden für Schimmel werden. Oft ist auch eine mangelhafte Drainage oder Dachrinne schuld. Feuchtigkeit kann sogar vom Nachbarn schräg über Ihnen stammen, weil Wasser »kriecht«.

Eine weitere häufige Ursache für feuchte Wandecken in Neu- und Altbauten: das Betonieren, Aufmauern und Verputzen zum falschen Zeitpunkt, nämlich bei zunehmendem Mond, womöglich auch noch kurz vor Vollmond in einem Wasserzeichen.

Wenn es sich um ein erstmalig auftretendes Problem handelt, kann man sich mit einfachsten Hausmitteln erfolgreich behelfen – aber nur zum richtigen Zeitpunkt. Bereiten Sie Essigwasser zu: pro Eimer Wasser etwa ein halber Liter Billigessig (keine Essigessenz!). Bürsten Sie nun mit einer in Essigwasser getauchten Wurzelbürste gründlich über die betreffenden Stellen. Schwer zugängliche Ecken und Ritzen am besten mit einer alten Zahnbürste bearbeiten. Anschließend trocknen Sie die Stellen mit einem Föhn, Gebläse oder Heizlüfter. Wenn es sich um ausgedehntere Flächen handelt beziehungsweise um einen ganzen Raum, sollte der Trocknungsprozess langsam erfolgen! Gleichzeitig muss in kurzen Abständen gut durchgelüftet werden. Unzugängliche Ecken erfordern manchmal trotz allem den Einsatz stärkerer chemischer Mittel.

Bei großen Schäden brauchen Sie ein Entfeuchtungsgerät,

das man auch mieten kann. Allerdings würden wir hier Fachleute ranlassen, die bestens für so etwas gerüstet sind. Bei der Bekämpfung von großflächigem Schimmel hilft leider oft nur die Chemie. Das ist mit einer schweren Lungenentzündung vergleichbar, die man nicht mehr nur mit Tee behandeln kann. Da müssen Antibiotika ran. Radikale Methoden wie der Einsatz chemischer Mittel sind bei der Schimmelbekämpfung eben manchmal das kleinere Übel.

Beseitigung von Geruch
Gutes für Ihre Nase

Wenn Sie den **richtigen Zeitpunkt** des Räucherns einhalten…

… bleibt das Zimmer lange frisch, und es entsteht ein besseres Raumklima. Das Räucherwerk reizt Augen und Hals nicht so stark. Voraussetzung dafür ist, dass Sie nur natürliche Substanzen verwenden.

Wenn Sie eine **ungünstige Zeit** wählen…

… entsteht oft unnötig viel Rauch, der Augen und Hals reizen kann. Man verbraucht mehr Räucherwerk als nötig, und nach kurzer Zeit ist der Effekt schon wieder verschwunden.

Der richtige Zeitpunkt – auf einen Blick
Beseitigung von Geruch

Ideal:
Bei abnehmendem Mond in Zwillinge,
Waage und Wassermann

Ungünstig:
Bei zunehmendem Mond

Was es sonst noch zu sagen gibt

Unangenehme Gerüche können einen zur Verzweiflung treiben. Der richtige Zeitpunkt kann sehr segensreich sein, denn die Wirkung von Räuchermaßnahmen oder Duftspendern mit biologischen ätherischen Ölen ist tiefgreifend und lang anhaltend. Bei hartnäckigen »alten« Gerüchen sollte man sich genau an den richtigen Zeitpunkt halten, während es bei einer akuten Geruchsbelästigung nicht unbedingt notwendig ist.

Es ist jederzeit möglich zu räuchern und Düfte anzuwenden, die für ein besseres »geistiges Klima« sorgen oder die Stimmung heben sollen. Es gibt heute Mischungen für die verschiedensten Anlässe und Absichten. Wir möchten noch darauf hinweisen, dass manche Menschen Räucherwerk bei zunehmendem Mond nicht besonders gut vertragen. Es hat dann eine ganz andere Wirkung und wird vom Körper intensiver aufgenommen.

> **Extra-Tipp**
>
> Räuchern hilft oft auch, wenn man spürt, dass an bestimmten Orten die Konzentration verloren geht. Manchmal ist es auch nach einem spannungsgeladenen Meeting sehr sinnvoll, den Raum auszuräuchern.

Methode: Weihrauch, getrockneten Salbei, Räucherwerk oder Ähnliches auf die Räucherkohle legen, die Räucherkohle wiederum auf eine feuerfeste Unterlage oder in spezielle Räucherschalen. Dabei auch darauf achten, dass die Hitzeentwicklung nach unten keinen Schaden anrichtet.

Natürlich gibt es Wandfarben, die alle Gerüche abdecken und einschließen (sie werden beispielsweise in Restaurants verwendet). Uns ist bis jetzt jedoch kein Anstrich mit dieser Eigenschaft bekannt, der umweltfreundlich in Herstellung und Anwendung wäre.

Zimmer- und Balkonpflanzen gießen

Wie Sie die grün-bunten Hausgenossen gesund erhalten

Wenn Sie den **richtigen Zeitpunkt** einhalten ...

... wachsen Ihre Zimmerpflanzen und Balkonpflanzen robust und sind widerstandsfähiger gegen Schädlinge aller Art. Wasser wird optimal aufgenommen, und die Pflanzen erholen sich, auch wenn sie schon etwas ausgetrocknet waren. Die Gefahr von Nässestau und damit von Fäulnis ist geringer. Die Blumen sind nicht verwöhnt und überstehen Trockenperioden, wenn das Gießen einmal vergessen worden ist. Kurze Urlaubsreisen (bis zu 14 Tage) können sie überdauern, ohne dass Sie einen »Babysitter« für die Pflanzen bemühen müssen.

Wenn Sie eine **ungünstige Zeit** wählen ...

... werden die Pflanzen empfindlich. Oft machen sich Schädlinge breit, besonders gerne die Läuse. Die Pflanzen faulen schnell oder sind ständig am Verdursten. Trotzdem steht das Wasser länger im Untertopf. Auch Umtopfen hilft dann oft nicht mehr.

Der richtige Zeitpunkt – auf einen Blick
Zimmer- und Balkonpflanzen gießen

Ideal:
Krebs, Skorpion und Fische

Ebenfalls günstig, bei sehr heißer Witterung:
Stier, Jungfrau, Steinbock, jeweils am ersten Tag

Ungünstig:
Zwillinge, Waage und Wassermann

Was es sonst noch zu sagen gibt

Die Pflege von Zimmerpflanzen in Harmonie mit den Mondrhythmen gehört zu den Aspekten des Mondwissens, die uns in kurzer Zeit von seiner Gültigkeit überzeugen können. Wer sich mit Pflanzen in Gefäßen umgibt, in Innenräumen, auf Balkon und Terrasse, der muss sie bewässern. Er hat dadurch meistens auch ein gutes Gefühl für seine grün-bunten Hausgenossen und kann sehr schnell erkennen, welchen Nutzen das Gießen zum richtigen Zeitpunkt für seine Pflanzen hat.

Nur Mut! Gewöhnen Sie Ihre Pflanzen langsam an den richtigen Zeitpunkt. Um die Umstellung zu erleichtern, können Sie anfangs auch an Stier, Jungfrau und Steinbock gießen, am besten immer mit kalkfreiem Regenwasser oder abgestandenem Wasser. Pflanzen, die sehr viel Wasser brauchen, am besten am ersten *und* zweiten Blatttag gießen.

Ausnahmen: Tropische und exotische Pflanzen brauchen eine komplexere Behandlung. Manche verlangen nach viel Wasser, andere brauchen fast gar keines.

Extra-Tipp

Nach einer längeren Urlaubsreise nicht gleich gießen, sondern auf einen Blatttag warten!

Extra-Tipp

Zimmerpflanzen ins Freie zu stellen, um sie dem Regen auszusetzen, kann sich ungünstig auswirken, weil die Blätter das direkte Befeuchten oft nicht vertragen.

Zimmerpflanzen im Urlaub

Wenn Ihre Pflanzen während Ihrer Abwesenheit von einem netten Nachbarn gegossen werden, statten Sie ihn am besten mit einem kleinen Terminplan aus, damit die Pflanzen nicht zu viel (und nicht zu wenig) gegossen werden. Das geht ganz einfach: Bevor Sie verreisen, werfen Sie einen Blick auf den Mondkalender und notieren Sie auf einer Liste alle Wassertage (Krebs, Skorpion, Fische), die während Ihrer Abwesenheit anstehen. Schreiben Sie diese Termine einfach auf, geben Sie sie dem »Pfleger« und bitten Sie ihn, Ihre Pflanzen ausschließlich an diesen Tagen zu gießen.

Entrümpeln

Alle Energiebahnen im Haus durchpusten

Wenn Sie den richtigen Zeitpunkt einhalten ...

... bleiben Räume deutlich länger »entrümpelt«. Die hartnäckige Gewohnheit, alle »aufnahmebereiten« Räume schnell wieder zu füllen, kehrt nicht so leicht zurück. Gleichzeitig wirkt der Raum frischer und luftiger. Schlechte Gerüche lassen sich durch Ausräuchern vertreiben.

Wenn Sie eine ungünstige Zeit wählen ...

... stehen die Räume wieder mit überflüssigen Dingen voll, bevor Sie bis drei zählen können. Wie von Zauberhand wird das Zimmer schnell wieder unansehnlich, gefolgt von dem zähen Gedanken: »Das kann ich auch später noch wegräumen.«

Der richtige Zeitpunkt – auf einen Blick
Entrümpeln

Ideal:
Bei abnehmendem Mond in Widder, Löwe und Schütze
und bei rückläufigem Merkur (das passiert etwa dreimal
im Jahr für jeweils drei Wochen. Bitte bei uns oder im Internet
anfragen, diese Rhythmen ändern sich jährlich)

Günstig:
Bei abnehmendem Mond inklusive Neumond

Ungünstig:
Bei zunehmendem Mond und Vollmond

Was es sonst noch zu sagen gibt

Gelegentlich sammeln sich in Wohn- und Arbeitsräumen Gegenstände an, die dort nicht hingehören. Im Laufe der Zeit wächst dann das unbestimmte Gefühl: »Ich ersticke, ich habe hier keinen Platz mehr.« Sortieren, Einordnen, Aufräumen, Ablegen, Entrümpeln – das wäre in einem solchen Fall die beste Medizin. Die dadurch frei werdende Energie ist nicht zu unterschätzen. Manche Menschen erleben danach einen solchen Aufschwung, dass sich ihr ganzes Leben zum Positiven verändert.

Jeder Gegenstand in Ihrer Wohnung oder in Ihrem Haus, der aus irgendeinem Grund ungeliebt ist, übt einen unmittelbaren, negativen Einfluss aus, ob Sie ihn nun direkt wahrnehmen oder ob er im Hintergrund nagt und wirkt – Gerümpel aus früheren Jahrzehnten, alte Schulbücher, Geschenke vom »besten Feind«, Dinge, die man aufhebt, weil man »sie ja irgendwann einmal brauchen kann« und eben auch Schmutz und Staub aller Art. Ein Beispiel: Das geschenkte Bild an der Wand, das aus einem Gefühl der Verpflichtung dort hängt. Es gefällt niemandem, weil der Maler nur seine Depressionen in dem Bild verewigt hat und es jedes Mal ein winziges Tröpfchen Gift in die eigene Welt absondert, wenn es einem im Vorbeigehen ins Auge fällt.

Hausarbeit ist Energiearbeit. Sorgfältig ausgeführt hat sie dieselbe Wirkung wie eine Schönheitskur für Haus und Seele. Sie dient der körperlichen und geistigen Gesundheit aller Bewohner. Dennoch horten manche Menschen schon nach kurzer Zeit wieder gleiches oder ähnliches Gerümpel. Dafür gibt es sicherlich unterschiedliche Gründe, aber eines erkennt man immer wieder: Der Zeitpunkt des Entrümpelns hat einen großen Einfluss darauf, wie lange das Ergebnis anhält.

Das Problem, Dinge zu horten, die sich dann in Wohnung oder Haus anstauen, durchzieht alle Gesellschaftsschichten, denn dahinter versteckt sich oft die Unfähigkeit loszulassen. Ältere Menschen, die noch die Kriegs- und Nachkriegsjahre erlebt haben, tun sich damit besonders schwer. (»Man könnte ja auch den rostigen Nagel noch irgendwann einmal gebrauchen ...«) Auch sie werden erkennen müssen, dass der Nutzen vieler Dinge bei Weitem geringer ist als die geistige Last, die diese bedeuten.

In erster Linie geht es hier um die Ansammlung alltäglicher Dinge, die schon länger nicht mehr in Gebrauch sind. Die Kommode beim Eingang, das Beistelltischchen im Flur, der Korb in der Ecke, das Fensterbrett, die Ablage vor dem Spiegel – täglich laufen wir an Möbelstücken vorbei, die überquellen, deren Last immer weiter wächst und die in uns den Gedanken auslösen: »Das müsste alles einmal durchgemistet werden.«

Nehmen Sie sich im abnehmenden Mond beim nächsten Mal ein wenig Zeit und packen Sie es an. Sie werden sehen, die »anfällige Stelle« bleibt länger »sauber«. Ein bisschen Willenskraft ist natürlich auch vonnöten, denn der Satz »Das könnte ich ja später noch einmal gebrauchen« wirkt wie Gift. Wenn Sie es später tatsächlich brauchen, holen Sie es einfach aus der Ecke, in die Sie es geräumt haben. Das geht viel schneller als das ewige Suchen. Ein paar Sekunden Überwindung, viele Stunden Zufriedenheit!

Saisonkleidung verstauen
Aus den Augen – mit Stil

Wenn Sie den **richtigen Zeitpunkt** einhalten ...

... bleibt die Kleidung sauber und riecht gut, vorausgesetzt Sie verstauen gewaschene Textilien. Die Kleidung nimmt dann auch keinen fremden oder modrigen Geruch an. Verteilen Sie eventuell zusätzlich Zirbenholzspäne im Schrank. Das riecht sehr gut und nicht zu aufdringlich und hält Ungeziefer und Motten fern. Mottenkugeln haben heutzutage zwar ausgedient, doch wer den Ersatzprodukten »Anti-Motten-Papier« und dergleichen misstrauisch gegenübersteht, für den ist der richtige Zeitpunkt das beste Rezept. Mottenmittel werden dadurch überflüssig.

Wenn Sie eine **ungünstige Zeit** wählen ...

... kann eingelagerte Kleidung nach einigen Monaten einen modrigen Geruch annehmen und Motten anlocken. Lagert man sie an Wassertagen ein, wird sie feucht. Manches Gewebe kann sogar brechen. Bestimmte Gerüche lassen sich nicht mehr vertreiben, weil einige Textilien nicht einfach gewaschen werden können (wie Trachten oder Lederwaren). Auch nach einer professionellen Reinigung bleibt oft ein Geruch zurück. Lederware kann reißen.

Der richtige Zeitpunkt – auf einen Blick
Saisonkleidung verstauen

Ideal:
Bei abnehmendem Mond in Zwillinge, Waage, Wassermann
oder Widder, Löwe und Schütze

Günstig:
Bei abnehmendem Mond, außer in Krebs, Skorpion, Fische und Jungfrau

Ungünstig:
Bei zunehmendem Mond inklusive Vollmond

Schlecht:
Zunehmender Mond und Vollmond in Krebs,
Skorpion, Fische und Jungfrau

Umzug von Menschen
Damit man sich willkommen fühlt

Wenn man den **richtigen Zeitpunkt** für Menschen einhält...

... dauert die Phase der Eingewöhnung nicht lange. Das ist besonders wichtig für Kinder, die sich neben einer neuen Umgebung und neuen Nachbarn auch an eine neue Schule gewöhnen müssen. Nur selten kommt es zu Problemen, was das Knüpfen von neuen Kontakten betrifft. Nervöse Zustände bei Babys bleiben aus, die Nächte verlaufen friedlich.

Wenn man eine **ungünstige Zeit** für den Umzug wählt...

... macht sich eine nervöse Grundstimmung breit. Manches wird einem zu viel, ohne den Grund dafür erkennen zu können. Kleinkinder reagieren verstört, manchmal sogar mit dem Ausbruch von Allergien. Ständiges Nörgeln und Jammern verunsichert die Eltern. Ältere Menschen gewöhnen sich manchmal gar nicht mehr um und kränkeln stärker.

Der richtige Zeitpunkt – auf einen Blick
Umzug von Menschen und Tieren

Ideal:
Bei zunehmendem Mond, außer in Krebs und Löwe
und immer mittwochs

Günstig:
Montags, mittwochs oder samstags, außer in Krebs und Löwe

Ungünstig:
Dienstags, donnerstags und sonntags sowie folgende Tage im Jahr
(unabhängig vom Mondstand):

Januar: 2 • 3 • 4 • 18   **Februar:** 3 • 6 • 8 • 16
März: 13 • 14 • 15 • 29   **April:** 19
Mai: 3 • 10 • 22 • 25   **Juni:** 17 • 30   **Juli:** 19 • 22 • 28
August: 1 • 17 • 21 • 22 • 29
September: 21–28   **Oktober:** 3 • 6 • 11
November: 12   **Dezember:** 1

Umzug von Tieren
Sicheres Geleit mit dem Mond

Wenn Sie den **richtigen Zeitpunkt** für Tiere einhalten …

… dauert die Phase der Eingewöhnung nicht lange. Besonders bei Nutztieren ist das Stressniveau viel geringer. Milchkühe beispielsweise geben schon am ersten Tag regelmäßig Milch und bleiben gesund. In der Nacht sind die Tiere ruhig, und auch der Appetit bleibt erhalten. Haustiere laufen nicht weg.

Wenn Sie eine **ungünstige Zeit** für Tiere wählen …

… werden die Tiere unruhig, und das kann bei großen Nutztieren gefährlich werden. Bei Milchkühen kann es zu einem Milchstau kommen. Besonders nachts herrscht keine Ruhe, was wiederum die anderen Tiere nervös macht. Katzen laufen manchmal viele Kilometer zu ihrem alten Wohnort zurück.

V.

DER MOND BEIM HAUSBAU, BEI DER RENOVIERUNG UND HOLZVERARBEITUNG

*Die Straße sei unter den wärmenden Strahlen der Sonne,
der Baum wie ein grünendes Dach, das den Rastenden
  Schatten spendet,
sanft sei der Wind, der den Rücken stärkt,
hell der Horizont, der zum Weiterwandern ermutigt.
Und ein Haus liege am Weg, das Herberge gibt
und Geborgenheit auf der weiten Reise –
schützend wie die Hand des Herrn, die uns hält.*

IRISCHER SEGENSSPRUCH

Man baut ja schließlich nur einmal im Leben!« Wenn vom Bau eines Eigenheims die Rede ist, hört man diesen Satz öfter. Manchmal wird er von einem tiefen Seufzer begleitet, wenn man gerade unvorhergesehene Kosten begleicht. Manchmal beschreibt jemand damit seinen Lebenstraum.

Wie auch immer, ob Ihr Lebenstraum ein eigenes Haus ist, ob es »nur« ums Renovieren einer kleinen Mietwohnung geht oder um die Frage, ob es teurer Dichtbeton oder günstiger Normalbeton fürs Fundament sein soll – auf Ihrem Weg zum Architekten, Handwerker oder Baumarkt können Sie guten und ehrlich gemeinten Rat immer gebrauchen! Und hier kommt schon unsere Nummer eins: Niemals billige Materialien verwenden! Das rächt sich später immer mit hohem Zeit- und Kostenaufwand! Hochwertige Materialien müssen keineswegs immer die teuersten sein.

Ob Sie auf Dauer mit dem Erworbenen zufrieden sind, hängt – und damit sind wir beim Thema – in vielen Fällen vom richtigen Zeitpunkt der Herstellung, der Verwendung und des Einbaus der Materialien ab!

Nehmen wir zum Beispiel das Holz: Wann wurde es geschlagen? Wie wurde es getrocknet – im Trockenkammer-Schnellverfahren oder, wie es sich gehört, auf natürliche Weise, sodass nur die Restfeuchte in der Trockenkammer beseitigt wurde? Wann wurde es weiterverarbeitet und als Holzboden, Dachstuhl oder Ähnliches eingebaut? Alle Antworten sagen etwas über seine Haltbarkeit, Langlebigkeit und die Anfälligkeit für Probleme aus.

»Holz arbeitet immer«, sagen die Fachleute. Das ist richtig und in vielen Situationen sogar sehr wünschenswert, beispielsweise bei hölzernen Dachschindeln, die sich bei Trockenheit aufdrehen und bei Regen schützend ebnen. Aber die Frage lautet: Wie sehr arbeitet es? Holz ist das zuverlässigste und gesündeste Baumaterial. Wenn bei Gewinnung und Einbau auf den richtigen Zeitpunkt geachtet wird, haben die Produkte der Plastikwelt gegen Holz keine Chance. Deren vermeintlichen Vorteile schwinden fast gänzlich, wenn man die Folgen ihrer Verwendung für Gesundheit und Umwelt genauer betrachtet. Würden die wahren Herstellungskosten von Kunststoff und die Folgekosten auf den ursprünglichen Preis aufgeschlagen, müsste man schon als Millionär geboren sein, um sie auch nur in Betracht zu ziehen.

Holz ist natürlich nicht das einzige Material im Bereich Hausbau und Heimwerken, dessen Herstellung und Verarbeitung vom richtigen Zeitpunkt profitieren kann. Die Liste ist lang – vom Beton und Mörtel über Putze, Lacke, Farben bis zu Klebstoffen und Mitteln zur Beseitigung von Schimmel. Beim Hausbau und beim Renovieren erlebt man ja die merkwürdigsten Dinge: Der Fassadenputz fällt in großen Stücken ab, Fliesen lösen sich nach kurzer Zeit, Schimmelbefall taucht auf, modriger

Geruch verbreitet sich, Spalten entstehen, Tapeten lösen sich und so weiter. Wenn Sie Pech gehabt haben, die Materialien billig hergestellt worden sind oder falsch gelagert wurden, kommt auch noch dieser Schaden hinzu.

Einige grundsätzliche Regeln können solche kleinen Katastrophen verhindern oder mildern:

- Akzeptieren Sie keine Schwarzarbeit.
- Kaufen Sie niemals im Billigladen.
- Arbeiten Sie zum richtigen Zeitpunkt.

Befolgen Sie diese Regeln, werden Sie ein Leben lang Freude haben und den Wert Ihrer vier Wände erhalten können. (Mit »Schwarzarbeit« ist selbstverständlich nicht die Hilfe guter Freunde gemeint.)

Als frischgebackener Hausbesitzer, aber auch als Mieter sollte man sich mit dem Gedanken anfreunden, dass Renovierungsarbeiten niemals aufhören. Sie haben ab jetzt die Wahl: Die Arbeit kann Freude machen und ständig neue Herausforderungen bringen – oder sie kann einen zur Verzweiflung treiben. Besser nervenschonend arbeiten, öfter einmal andere ranlassen, sich vergewissern, dass das gewählte Team sein Handwerk versteht und sich immer wieder klarmachen: Der Kunde ist König! Stellen Sie einen genauen Zeitplan in Harmonie mit den Mondrhythmen auf und bestellen Sie die Handwerker früh genug. Wir haben selbst ein Haus nach dem Mondkalender gebaut. Es war keinen Tag später beziehbar als ein normales Projekt, und hinterher waren manche der beteiligten Handwerker so begeistert, dass sie den richtigen Zeitpunkt zum Bestandteil ihres Angebots für neue Kunden machten.

Wenn Sie selbst wenig Ahnung vom Bauen und Renovieren haben, dann hilft nur eines: alle Arbeiten, Kostenvoranschläge, Aufträge und so weiter schriftlich fixieren und den Überblick über das Kleingedruckte behalten. Ganz entscheidend dabei: Bezahlen Sie erst nach Fertigstellung (wobei Vorauszahlungen selbstverständlich sind, weil Material eingekauft werden muss). Ob der Fachmann Hand anlegt oder Sie selbst, ob Sie mit Freunden arbeiten oder die Arbeit völlig aus der Hand geben – das ist alles zweitrangig! Wichtiger sind präzise Informationen, der genaue Überblick über die finanziellen Aspekte und die Beachtung des Mondstands. Das bringt Ergebnisse, mit denen jeder auf Dauer glücklich ist.

Sie müssen bei Ihren Handwerkern keine Überzeugungsarbeit leisten. Sie können ihnen Zeitpläne in die Hand drücken und sagen: Nur dann und zu keinem anderen Zeitpunkt soll gearbeitet werden. Warum? Weil Sie es so wünschen. Und wir wünschen viel Freude beim »Hand anlegen« zum richtigen Zeitpunkt!

《O》

Was also können Sie gewinnen,
wenn Sie im Bereich
»Hausbau, Renovierung und Holzverarbeitung«
den richtigen Zeitpunkt wählen?
Sie werden sich Unmengen an Geld
und sehr viel Zeit und Ärger sparen –
und unsere Umwelt und sich selbst
nicht mehr mit Giften und ärgerlichen
Gedanken belasten.

《O》

Drainagieren

Freundschaftsangebot an das Wasser

Wenn Sie den **richtigen Zeitpunkt** einhalten ...

... findet das Wasser seinen Weg in die Röhren und nimmt die Umleitung an. Das Wasser fließt gleichmäßig ab, ohne dass die Röhren versanden. Der Keller bleibt trocken, als Lager geeignet oder bewohnbar.

Wenn Sie eine **ungünstige Zeit** wählen ...

... ist das vergleichbar mit einem sich aufstauenden, blockierenden Impuls. Das Wasser sucht sich dann oft einen neuen Weg, der uns nicht immer angenehm ist. Röhren können verstopfen oder versanden. Der Weg in die Drainage wird auf Dauer nicht angenommen, und so sickert dann doch Feuchtigkeit durch die Hausmauern. Modriger Geruch dringt ins Haus, ohne dass die Ursache erkennbar wäre.

Extra-Tipp

Eine Baugrube sollte bei abnehmendem Mond ausgehoben, Drainage-Arbeiten bei zunehmendem Mond erledigt werden.

Der richtige Zeitpunkt – auf einen Blick
Drainagieren

Ideal:
Bei zunehmendem Mond in Krebs, Skorpion und Fische

Günstig:
Bei zunehmendem Mond, außer in Widder, Löwe und Schütze

Ungünstig:
Bei abnehmendem Mond

Sehr schlecht:
Bei abnehmendem Mond in Widder,
Löwe und Schütze

Beton und Estrich gießen
... für die Ewigkeit!

Wenn Sie den **richtigen Zeitpunkt** einhalten ...

... trocknet Beton gleichmäßig und verbindet sich fest mit dem Untergrund und anderen Flächen. Die Gefahr von Rissbildung ist sehr gering. Holzschalungen, die zuvor fachgerecht eingeölt wurden, lassen sich leichter lösen. Wenn zwar der richtige Zeitpunkt gewählt ist, aber große Hitze herrscht, sollten frei liegende Flächen alle paar Stunden mit Wasser besprengt werden, um ein gleichmäßiges Trocknen zu erzielen.

Wenn Sie eine **ungünstige Zeit** wählen ...

... trocknet der Beton zu rasch, die Gefahr der Rissbildung ist größer. Kurz vor Vollmond betonierte Flächen verbinden sich schlecht mit anderen Stoffen, auch mit bereits getrockneten anderen Betonflächen. Selbst die Verwendung von Fugenbändern erfüllt dann manchmal nicht die Erwartungen. Eingearbeitetes Eisen ist nicht so lange haltbar, es rostet schneller. Eine Spaltenbildung zwischen Hauswänden und angrenzender Betonterrasse ist fast unvermeidlich.

Der richtige Zeitpunkt – auf einen Blick
Beton und Estrich gießen

Ideal:
Bei abnehmendem Mond in Stier, Jungfrau und Steinbock

Günstig:
Bei abnehmendem Mond inklusive Neumond,
mit Ausnahme der Löwe-Tage

Ungünstig:
Generell bei zunehmendem Mond inklusive Vollmond, aber auch
bei abnehmendem Mond in Löwe

Schlecht:
Bei Vollmond in Löwe

Verputzen und Ausbessern
... für die Ewigkeit II

Wenn Sie den **richtigen Zeitpunkt** einhalten ...

... bleibt der Putz fest und dauerhaft. Die Ausbesserungsarbeit hält sehr viel länger, und es bilden sich schönere Übergänge zwischen neuem und altem Putz. Die Wände trocknen gleichmäßig aus, und es entstehen keine Risse.

Wenn Sie eine **ungünstige Zeit** wählen ...

... kann der Putz Risse bilden und sich schon nach kurzer Zeit wieder lösen. Bei Krebs haftet der Putz schlecht, Löwe ist ungünstig, weil die Trocknung zu rasch verläuft. Der Putz verbindet sich dadurch schlecht mit der Unterlage und bröckelt später wieder ab. Bei Krebs, Skorpion und Fische neigen die Wände zum Feuchtwerden.

Der richtige Zeitpunkt – auf einen Blick
Verputzen und Ausbessern

Ideal: Bei abnehmendem Mond in Zwillinge, Waage und Wassermann, jeweils am ersten Tag

Günstig: Bei abnehmendem Mond inklusive Neumond, außer in Krebs, Skorpion und Fische

Ungünstig: Generell bei zunehmendem Mond inklusive Vollmond, aber auch bei abnehmendem Mond in Krebs

Schlecht: Bei zunehmendem Mond und Vollmond in Krebs und Löwe

Fertigung und Einbau von Dachstühlen, Holztreppen und Wintergärten

Wenn Sie den **richtigen Zeitpunkt** einhalten...

... bleiben Dachstühle und Holztreppen ruhig und verziehen sich nicht. Es kommt weder zum Aufwerfen noch zum Schwund. Balken und Rahmen bleiben fest, beständig und wurmen und faulen nicht. Holztreppen knarren nicht und gehen nicht aus den Randfugen. Die Haltbarkeit ist hoch, Falze nehmen keine Feuchtigkeit an.

Wenn Sie eine **ungünstige Zeit** wählen...

... gleiten Holztreppen leichter aus den Fugen, bei Schütze nimmt man ein starkes Arbeiten und Knacksen wahr. Das Knacksen ist später nicht mehr abzustellen. Bei Löwe trocknet das Holz zu schnell (etwa durch hohe Luftfeuchtigkeit), daher springt es leichter. Der Dachstuhl kann sich heben oder verziehen, oder der Holzschwund ist so groß, dass Ziegel nicht mehr richtig sitzen.

Der richtige Zeitpunkt – auf einen Blick
Fertigung und Einbau von Dachstühlen, Holztreppen und Wintergärten

Ideal: Bei abnehmendem Mond in Steinbock

Günstig: Bei abnehmendem Mond inklusive Neumond, außer in Löwe, Schütze und Krebs

Ungünstig: Generell bei zunehmendem Mond inklusive Vollmond, aber auch bei abnehmendem Mond in Löwe, Schütze und Krebs

Schlecht: Bei zunehmendem Mond in Löwe, Schütze und Krebs und bei Vollmond

Verglasen und Einsetzen von Fenstern

Wenn Sie den **richtigen Zeitpunkt** einhalten ...

... bleiben die Scheiben klar und laufen nicht bei jeder feuchten Witterung an. Das Glas sitzt fest im Rahmen, der Rahmen verzieht sich später nicht. Die Fenster schließen zu allen Jahreszeiten gut, weil der Stock ruhig bleibt. Die Gefahr des Verrottens ist geringer.

Wenn Sie eine **ungünstige Zeit** wählen ...

... schließen die Fenster oft schlecht und klemmen bei Wetterumschwüngen. Bei hoher Luftfeuchtigkeit laufen häufig die Scheiben an. Die Rahmen sind anfällig und verrotten manchmal schon nach wenigen Jahren. Wenn sich Frost mit Tauwetter abwechselt, kann Feuchtigkeit in Ritzen dringen und den Stock zum Faulen bringen.

Der richtige Zeitpunkt – auf einen Blick
Verglasen und Einsetzen von Fenstern

Ideal: Bei abnehmendem Mond in Zwillinge und Wassermann

Günstig: Bei abnehmendem Mond inklusive Neumond, außer in Krebs, Skorpion und Fische

Ungünstig: Bei abnehmendem Mond in Krebs, Skorpion und Fische und generell bei zunehmendem Mond

Schlecht: Bei zunehmendem Mond inklusive Vollmond in Krebs, Skorpion und Fische

Hausbau, Renovierung und Holzverarbeitung

Verlegen von Bodenbelägen aller Art und von Holzdecken

Wenn Sie den **richtigen Zeitpunkt** einhalten ...

... passt sich jedes Material perfekt an den Untergrund an. Bei Holz gibt es kein Werfen und keine Fugenbildung. Beläge wölben sich auch bei starken Temperatur- und Luftfeuchtigkeitsschwankungen nicht. Kleber hält besser, Holz fault nicht und bleibt ansehnlich. Auch die Randleisten lösen sich nicht, die Nägel arbeiten sich nicht heraus.

Wenn Sie eine **ungünstige Zeit** wählen ...

... wächst bei Holzböden die Gefahr der Fugenbildung (besonders, wenn sie bei Krebs verlegt wurden) oder, umgekehrt, das Holz dehnt sich so stark aus, dass Wölbungen auftreten. In beiden Fällen kann der Boden unbrauchbar werden. Manchmal hält der Kleber schlecht. Schmutz, der sich in Fugen sammelt, ist kaum zu beseitigen. Starkes Knarren kann auftreten, besonders bei Wetterumschwung und Temperatur- und Luftfeuchtigkeitsschwankungen. Das Holz arbeitet stärker und kann sich spalten. Selbst wenn die Versicherung für den Schaden aufkommt, besteht keine Garantie, dass es beim nächsten Mal nicht wieder geschieht.

Der richtige Zeitpunkt – auf einen Blick

Verlegen von Bodenbelägen aller Art und von Holzdecken

Ideal: Bei abnehmendem Mond in Steinbock

Günstig: Bei abnehmendem Mond inklusive Neumond, außer in Löwe, Schütze, Krebs und Fische

Ungünstig: Generell bei zunehmendem Mond inklusive Vollmond

Schlecht: Bei zunehmendem Mond in Löwe, Schütze, Krebs und Fische und bei Vollmond

Was es sonst noch zu sagen gibt

Wenn ein neuer Boden angeschafft werden muss, lautet die erste Frage, welches Material in welcher Qualität es dafür sein soll. Bei kaum einem Produkt gilt so sehr: je billiger, desto giftiger und desto geringer die Haltbarkeit. Die Ausnahme: wenn ein bekannter Designer seinen Namen für einen bestimmten Bodenbelag hergibt. Dann bedeutet teuer leider noch lange nicht, dass der Boden auch qualitativ gut und gesundheitlich unbedenklich ist.

Vor vielen Jahrzehnten kam es mit der Verbreitung von Teppichböden zu einem gewaltigen Anstieg von Allergien. Es gibt sie immer noch, diese Beläge, deshalb ist beim Kauf viel Umsicht geboten! Wir persönlich verwenden seit über 20 Jahren nur noch biologisch imprägnierte Holzböden in unseren Räumen mit Ausnahme der Bäder und Toiletten. Man hat uns wegen der »aufwendigen Pflege« selbstverständlich immer wieder von den Holzböden abgeraten. Die Pflege ist aber kein Problem. Lauwarmes Putzwasser auf biologischer Basis, feucht wischen, trocken wischen, fertig! Vielleicht sollte man noch zweimal im Jahr bei abnehmendem Mond mit Aschenlauge wischen oder gezielt die eine oder andere Stelle säubern. Bei versiegelten Böden (in Küchen ein

Extra-Tipp

Wenn sich Kinder ungern in ihrem Bettchen aufhalten und immer wieder zu den Eltern kommen, ist manchmal die Ausdünstung der Böden oder Möbel schuld. Gehen Sie keine Kompromisse ein. Ein gesundes Wohnklima ist sehr viel wert.

Vorteil) ist Aschenlauge nicht nötig, bei unbehandelten Böden dagegen ist sie *das* Wundermittel! Alte Museen würden gut daran tun, die Tradition wieder aufleben zu lassen, bei abnehmendem Mond mit Aschenlauge zu putzen. Auch nach 100 Jahren wären die Böden noch wie neu (Aschenlaugen-Rezept siehe Seite 234)!

Wenn sich Teppichböden aufwellen, haben Sie beim Verlegen den falschen Zeitpunkt erwischt, oder der Teppich wurde nicht für einige Tage bei Zimmertemperatur gelagert. Im Winter also unbedingt darauf achten, dass der Boden Zeit hat, sich zu akklimatisieren. Beim Verlegen im Hochsommer bei hohen Temperaturen kann das Gegenteil geschehen: Im darauffolgenden Winter zieht sich der Belag zusammen, und am Rand bilden sich Fugen – der Boden kann sogar reißen, wenn der Kleber sehr stark ist.

Betonböden, Fliesen, Keramik und Ähnliches können in derselben Weise aufspringen, wie sich Teppichbeläge wölben oder zusammenziehen. Bei wenigen Tätigkeiten ist die Wahl des falschen Zeitpunkts so ärgerlich wie bei einem Bodenbelag. Eine falsch verputzte Wand lässt sich schnell reparieren, bei einem Boden muss meist alles verschoben oder ausgeräumt werden. Wird dabei nicht auf den richtigen Zeitpunkt geachtet, kann sich das Problem ein paar Jahre später erneut einstellen. Das ist der Grund, warum bei der Herstellung und Verarbeitung von Bodenbelägen mit so viel Chemie gearbeitet wird.

Malerarbeiten, Lackieren, Imprägnieren und Tapezieren
Schöne Kleider für die Wände

Wenn Sie den **richtigen Zeitpunkt** einhalten ...

... fügt sich alles nahtlos zusammen und bleibt fugenlos. Die Tapeten schlagen keine Wellen. Zum richtigen Zeitpunkt verarbeitet hält die Farbe länger, sie splittert nicht ab und ist witterungsbeständiger. Eventuelle giftige Ausdünstungen sind dann nicht so stark. Die Oberflächen werden glatter, der Materialverbrauch ist geringer. Es kommt kaum zu Übergangsstreifen.

Wenn Sie eine **ungünstige Zeit** wählen ...

... bricht die Farbe manchmal nach kurzer Zeit, sie kann sich ablösen oder schlecht trocknen. Die Farbe splittert ab und ist nicht besonders witterungsbeständig. Giftige Ausdünstungen wirken sich schädlicher auf den Organismus aus. Besonders Außenfassaden, die zum falschen Zeitpunkt gemalert wurden, blättern schneller ab. Lästige Übergangsstreifen bilden sich bei empfindlichen Oberflächen.

Der richtige Zeitpunkt – auf einen Blick
Malerarbeiten, Lackieren, Imprägnieren und Tapezieren

Ideal:
Bei abnehmendem Mond inklusive Neumond,
außer in Krebs, Skorpion, Fische und Löwe

Günstig:
Bei abnehmendem Mond

Ungünstig:
Bei zunehmendem Mond inklusive Vollmond

Schlecht:
Bei zunehmendem Mond in Krebs
und Löwe

Hausbau, Renovierung und Holzverarbeitung

Abbeizen

*Befreit vom alten Gewand –
in neuem Glanz erstrahlend*

Wenn Sie den richtigen Zeitpunkt einhalten ...

... . geht die Arbeit müheloser von der Hand, Farben lösen sich leichter. Giftige Dämpfe werden von der Lunge und vom Körper nicht so leicht aufgenommen. Manchmal gelingt das Abbeizen am einfachsten mit einer Heißluftpistole, die alte Lackschichten anlöst, sodass sie entfernt werden können (immer mit Maske arbeiten!) – diese Arbeitsmethode hängt jedoch vom Alter und der Zusammensetzung des Anstrichs ab.

Wenn Sie eine ungünstige Zeit wählen ...

... lassen sich Farbreste schwerer entfernen und verbinden sich möglicherweise sogar noch fester mit dem Untergrund. Holz wird beschädigt, giftige Dämpfe belasten die Lunge und den Körper stärker als bei abnehmendem Mond. Wenn Sie »rustikal« arbeiten, mit Hobel und Schleifpapier, kommt es bei zunehmendem Mond häufiger zu Verletzungen, weil Sie mehr Kraft aufwenden müssen. Farbreste haften hartnäckig am Material.

Der richtige Zeitpunkt – auf einen Blick
Abbeizen

Günstig:
Bei abnehmendem Mond und Neumond

Ungünstig und ungesund:
Bei zunehmendem Mond

Schlecht:
Bei zunehmendem Mond und Vollmond
in Krebs und Löwe

Hausbau, Renovierung und Holzverarbeitung

Zäune setzen

Wenn Sie den **richtigen Zeitpunkt** einhalten ...

... werden die Zaunpfähle von selbst immer fester und lockern sich nicht mehr. Sie halten Belastungen wie starken Regenfällen stand, und große Schneemengen können ihnen nichts anhaben. Die Bretter halten ebenfalls besser. Die Nägel verbinden sich so fest mit dem Holz, dass Schrauben überflüssig werden.

Wenn Sie eine **ungünstige Zeit** wählen ...

... lockern sich die Pfosten schon nach kurzer Zeit. Wie von Zauberhand treibt es Nägel wieder aus dem Holz, Bretter lösen sich, manche Nägel fallen ganz heraus. Der Zaun verlangt ständig nach Reparaturen. Unruhige Tiere können einen Zaun schnell zerstören.

Der richtige Zeitpunkt – auf einen Blick
Zäune setzen

Ideal:
Bei abnehmendem Mond oder Neumond in Stier,
Jungfrau oder Steinbock

Günstig:
Bei abnehmendem Mond und Neumond

Ungünstig:
Bei zunehmendem Mond

Sehr ungünstig:
Bei zunehmendem Mond in Krebs

Wegebau, Feldstraßen und Laufplatten

Wenn Sie den richtigen Zeitpunkt einhalten...

... bleiben die Wege lange sauber, stabil und begeh- und befahrbar. Nach starken Regenfällen sammeln sich keine Pfützen, die gefürchteten Schotterhaufen auf den Seiten bleiben aus. Es gibt keine Unterspülungen. Die Ablaufrinnen bleiben länger sauber, sie versanden auch nach Gewittern nicht.

Wenn Sie eine ungünstige Zeit wählen...

... halten Wege nicht viel aus und werden im schlimmsten Fall unterspült. Ständig müssen Löcher aufgefüllt werden, die nach einem starken Gewitter wieder ausgespült sind. Das Befahren wird nach kurzer Zeit zur Geduldsprobe und kann verheerende Auswirkungen auf die Fahrzeuge haben. Die Wegränder sind nicht unter Kontrolle zu bekommen – entweder wachsen sie ein (Gras erobert die Straße), oder der Schotter spült sich ins Feld (Schotter erobert das Feld).

Der richtige Zeitpunkt – auf einen Blick
Wegebau, Feldstraßen und Laufplatten

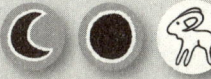

Ideal:
Bei abnehmendem Mond oder Neumond in Steinbock

Günstig:
Bei abnehmendem Mond oder Neumond

Ungünstig:
Bei zunehmendem Mond

Sehr ungünstig:
Bei zunehmendem Mond in Krebs

Brunnensuche, Quellenfassen und Wasserbau

Freundliche Aufnahme fürs Wasser

Wenn Sie den **richtigen Zeitpunkt** einhalten ...

... wird das Wasser schneller gefunden. Die Quelle lässt sich gut fassen und sprudelt gleichmäßig. Das Wasser bleibt klar und sauber. Der natürliche Kreislauf wird nicht gestört. In vielen wasserarmen Regionen hat diese Methode schon Gutes bewirkt.

Wenn Sie eine **ungünstige Zeit** wählen ...

... ist das Wasser schwer aufzufinden, auch wenn es vielleicht vorhanden ist. Eventuell muss man sehr viel tiefer bohren als eigentlich nötig. Selbst wenn man Wasser findet, besteht die Gefahr, dass es unregelmäßig fließt oder der Brunnen versandet. Gefasste Quellen unterliegen starken Schwankungen, das Wasser fließt nicht verlässlich. Es kann ganz verschwinden und sich einen neuen Weg suchen.

Der richtige Zeitpunkt – auf einen Blick
Brunnensuche, Quellenfassen und Wasserbau

Ideal:
Bei zunehmendem Mond in Fische;
je näher an Vollmond, desto erfolgreicher

Günstig:
Bei zunehmendem Mond in Krebs und Skorpion

Ungünstig:
Bei zunehmendem Mond, außer in Krebs, Skorpion oder Fische

Schlecht:
Bei abnehmendem Mond inklusive
Neumond

Was es sonst noch zu sagen gibt

Für die Landwirtschaft und den Landschaftsschutz ist es wichtig, dass eine Bach- und Flussbebauung zum Erosionsschutz der Ufer (Einbauen von Grundsteinen oder Grundbäumen) bei einem Wasserzeichen (Krebs, Skorpion oder Fische) im zunehmenden Mond vorgenommen wird. Bei abnehmendem Mond begonnen wird die Verbauung eher unterspült und das Flussbett ausgeschwemmt. Der Zusammenhang ist folgender: Beobachten Sie einmal die unterschiedliche Wirkung von Hochwasser in einem Bachbett. Bei Hochwasser im zunehmenden Mond lässt das Wasser viel Kies im Bachbett zurück, bei abnehmendem Mond schwemmt der Bach den Kies aus und führt ihn mit sich. Deshalb kommt es auch bei zunehmendem Mond öfters zu Überschwemmungen und bei abnehmendem Mond häufiger zu Erdrutschen.

Extra-Tipp

Drainage- und Abwasserarbeiten sowie die Reparatur von Brunnenleitungen sind ebenfalls bei zunehmendem Mond und an einem Wasserzeichen am erfolgreichsten.

VI.

DER MOND IN DER LAND- UND FORSTWIRTSCHAFT

> *»Was soll einem einfallen, wenn man sich an mich erinnert?*
> *Gute Frage. Wenn ich es genau überlege, möchte ich,*
> *dass ich im Gedächtnis bleibe als ein Mensch, der mithalf,*
> *das Vertrauen in die Menschheit wiederherzustellen.«*
>
> WILMA PEARL

Dieses Kapitel hätte es eigentlich verdient, das Buch zu eröffnen. Denn dem Bauernstand in aller Welt ist zu verdanken, dass das Mondwissen nicht gänzlich dem Ansturm des modernen Denkens zum Opfer gefallen ist. Wo äußere Umstände – Unwegsamkeit, kleine Anbauflächen, Berglagen und Ähnliches – dazu zwangen, die Dinge weiterhin zum richtigen Zeitpunkt zu tun, konnte das Mondwissen teilweise überleben. Und es konnte natürlich auch dort überdauern, wo gesunder Menschenverstand, positive »Bauernschläue« und unsentimentale Naturverbundenheit vorherrschten.

Leider haben die Industrialisierung und das Prinzip »Quantität statt Qualität« viele Bauern unter Druck gesetzt und in die Abhängigkeit geführt – und mit ihnen die Natur, die Böden, die Wälder. Die Rechtfertigung, man könne ohne industrielle Landwirtschaft, Pestizide und Chemiedünger die Menschheit nicht ernähren, klingt nur bei oberflächlichster Betrachtung plausibel. In Wahrheit ist sie schlicht eine unverschämte Lüge von *den* Seiten, die davon profitieren. Würde man zum Beispiel nur 10 Prozent weniger Fleisch produzieren, könnte man mit der gewonnenen Anbaufläche doppelt so viele Menschen ernähren wie derzeit auf der Erde leben.

Die Zusammenhänge sind für jedermann klar ersichtlich. Offene Augen und ein wenig Gespür für die Dinge hinter den Fassaden von Medienschall, Wissenschaftsrauch und Politiknebel – und schon liegt auf der Hand, dass sich ein echter Fortschritt des Menschen und das Märchen vom »Wachstum um jeden Preis« gegenseitig ausschließen. Die Zerstörung der Natur, betrieben durch die seelenlose industrielle Landwirtschaft, wird enden müssen. Auch ein Holzstapel, über den sich die Termiten hermachen, wird mit der Zeit verschwinden. Wenn wir nicht den Übergang vom Wachstum um jeden Preis zum echten Fortschritt schaffen, nämlich zur Bewahrung und Pflege unserer Welt, wird uns nichts von den Termiten unterscheiden, die sich in der Sicherheit wiegen, dass es »immer so weitergeht«.

Wir sind Menschen, keine Termiten. Wir haben eine unzerstörbare, unbestechliche Seele und genügend Verstand und Einsicht, um noch jede Fehlentwicklung umzudrehen, jede Katastrophe abzuwenden. Dazu ist nur ein wenig Selbstliebe und Nächstenliebe nötig – und einige wertvolle Informationen über Zusammenhänge, die wir vor blinder Wissenschaftshysterie einige Jahrzehnte lang ins Museum für überflüssige Kulturgüter verbannt hatten. Doch dieses Wissen über Zusammenhänge lässt sich mühelos wiederbeleben. Wir sollten nur nicht den Fehler machen, die Umkehr zum Guten jenen Kräften zu überlassen, die die Probleme von vorneherein verursacht haben. Über deren schwerverdauliche »Lösungen« und »Nebenwirkungen« können wir täglich in den Zeitungen lesen.

»Kunstdünger, Gentechnik und industrielle Landwirtschaft sind absolut notwendig« – das ist von Grund auf erlogen, ohne mildernde Umstände, denn die wissenschaftlichen Beweise für das Gegenteil existieren längst. Erlogen aus Gier, um uns Minderwertiges und Überflüssiges anzudrehen, oder aus falschem

Stolz, weil man den verkehrten Weg eingeschlagen hatte. Das beste Beispiel ist Bio-Treibstoff – guter Versuch, gute Absicht, aber nicht zu Ende gedacht, denn: Eine einzige Tankfüllung für einen modernen Geländewagen erfordert eine Anbaufläche, die eine vierköpfige Familie ein halbes Jahr lang ernähren würde. Ein weiteres Beispiel: Heute wird etwa die Hälfte aller Lebensmittel weggeworfen, weil sie angeblich verdorben sind oder weil überproduziert wurde. Vernünftiges Handeln sieht anders aus.

Sie sehen: Es ist alles eine Frage einer Kombination aus gutem Willen, Organisation und der Einsicht in die Zusammenhänge in der Natur. Wir alle können aus dem Hamsterrad aussteigen und den Lügenbaronen von der Schippe springen. Nicht von heute auf morgen. Geduld ist angesagt. Aber es ist machbar – mit einem viel geringeren Aufwand, mit weniger Stress und Anstrengung, als Sie jetzt vielleicht denken.

Zwar sind fortschrittliche Bio-Bauern, die sich vom Mond »beraten« lassen, noch in der absoluten Minderheit, aber ein deutliches Zeichen für die Wendung zum Guten haben wir schon erwähnt, die Tatsache, dass sich nach Erscheinen unseres ersten Buches *Vom richtigen Zeitpunkt* die Zahl der Bio-Bauern im deutschen Sprachraum innerhalb von sieben Jahren verzehnfacht hat. Sogar eine unserer damaligen »revolutionären« Ideen hat mittlerweile viele Anhänger gefunden, nämlich die, dass sich eine Handvoll Stadtbewohner zusammentun und »ihren« Bauern finden. Sie unterstützen ihn und erhalten im Gegenzug endlich echte Lebensmittel. Faire Preise und die Unabhängigkeit von staatlichen Hilfsmitteln – das zog aufseiten der Bauern und der Kunden. Dies ist eine gute Nachricht – die Zeichen einer Besserung sind da!

Der Kreis der kleinen Bauern, der schon vom Aussterben bedroht war, hat wieder eine Chance. Hochwertige Nischenprodukte, angefangen bei Bio-Kräutern, finden dauerhaft ihren Weg zum Kunden, wenn ihre Herstellung ernsthaft und ehrlich betrieben wird. Natürlich ist die Umstellung keine geringe Herausforderung, und es gilt, radikal umzudenken. Die Mondregeln werden Ihnen eine große Hilfe sein. Ein Umdenken ist *jetzt* notwendig, bevor wir durch immer größere Umwelt- und Wetterkatastrophen dazu gezwungen werden.

Nehmen Sie einen Mondkalender zur Hand: Tragen Sie im Winter, wenn Sie mehr Zeit haben, alle wichtigen Pflanztage ein. Das kann Arbeiten im Hausgarten betreffen, aber auch Arbeiten im größeren Stil. Wenn Ihre Anbauflächen so groß sind, dass Sie nicht alles in zwei Tagen schaffen, versuchen Sie, wenigstens den Großteil zum richtigen Zeitpunkt zu erledigen. Als Mitglied eines Maschinenrings wird der richtige Zeitpunkt zwar ein Lotteriespiel, aber vielleicht haben Sie ja Glück! Zumindest können Sie sich früh genug eintragen, denn noch glauben längst nicht alle Kollegen an die Kräfte des Mondes.

Wir möchten eines noch einmal klarstellen: Sämtliche Chemikalien, die uns heute in der Landwirtschaft krank machen, Bauern wie Konsumenten, sind überflüssig und könnten durch natürliche Alternativen ersetzt werden, wenn man sich nur ein wenig mehr mit Zusammenhängen und den Einflüssen des Mondes befassen würde. Wenn der richtige Zeitpunkt zur Lagerung noch unbekannt ist, liegt es auf der Hand, dass gespritzt werden muss, damit die Ernte den Transport übersteht. Der erste Schritt zur Umstellung ist also die Aufklärung und der *Mut* zur Umstellung – und die innere Unabhängigkeit, den gedankenlosen Spott unaufgeklärter Kollegen mit Gleichmut zu ertragen.

In der Forstwirtschaft haben wir eine vergleichbare Situation: Nur ein Umdenken wird hier zu langfristigem Erfolg führen. Eingeleitet ist der Wandel schon, der uns wieder weg von der Monokultur und dem Kahlschlagirrsinn führt, die der Natur nur Schaden zugefügt haben. Leider wird man wahrscheinlich in vielen Fällen noch warten müssen, bis bestimmte »Experten« in Pension gegangen sind und keinen Einfluss mehr auf die entsprechenden Entscheidungen haben.

Wenn Sie einen Waldabschnitt oder auch nur eine kleine Allee neu aufforsten müssen, etwa nach Unwettern, Hagelschlag, Feuer, Lawinen oder Ähnlichem, achten Sie auf den Mondstand. Nutzen Sie auf jeden Fall das Tierkreiszeichen Jungfrau, gleichgültig in welcher Mondphase. Oder Sie wählen einen Tag im zunehmenden Mond. Setzen Sie Flachwurzler neben Tiefwurzler, Laubbäume neben Nadelbäume. Und bei trockenen Böden setzen Sie zuerst unverwüstliche Büsche, die jungen Baumsetzlingen Schatten spenden.

Jede Region hat eine besondere Flora, und die gilt es zu achten und zu beachten. Sie wächst nicht ohne guten Grund an einem bestimmten Ort. Mit den Mondregeln haben wir auf allen Kontinenten schon die bemerkenswertesten Ergebnisse beobachten können. Es geht einem das Herz auf, wenn wieder Wald in Regionen entsteht, die alle Experten bereits für »tot« erklärt hatten. »In der Steiermark haben Tannen keine Chance«, hieß es einst. Johannas Schwester setzte vor 40 Jahren eine Tanne, zum richtigen Zeitpunkt natürlich, und sie ist inzwischen riesengroß und wunderschön. Die Schwester hat inzwischen ihren eigenen Mischwald hinter dem Haus – und nicht weit davon wachsen Zitronen – fast 2000 Meter über dem Meer...

Achten Sie also beim Setzen von Bäumchen auf den richtigen Zeitpunkt, und Sie können so manches Wunder erleben. Probieren Sie alles nur Denkbare aus. Letztlich zählen Ergebnisse und nicht das, was aus denkfauler Gewohnheit heraus »die Leute sagen«. Biologische Land- und Forstwirtschaft, in Harmonie mit den Mond- und Naturrhythmen und zum Nutzen aller Beteiligten – das wird die Zukunft sein. Vielleicht tragen Sie zu diesem Wandel zum Guten bei? Wir würden uns freuen!

《○》

Was also können Sie gewinnen,
wenn Sie im Bereich »Land- und Forstwirtschaft«
den richtigen Zeitpunkt wählen?
Der richtige Zeitpunkt öffnet Tür und Tor
für einen menschenwürdigen, naturnahen Umgang
mit der Erde, der ohne giftige Düngemittel
und Pestizide Erntefrüchte mit einer viel höheren
Qualität hervorbringt.
Echte Lebensmittel können die »Stopfblähfüllmittel«
der letzten Jahrzehnte ablösen.
Und Sie können Holz gewinnen,
dessen Qualität eine weitere Behandlung
mit Schutzmitteln überflüssig macht.

《○》

Getreideanbau

Wenn Sie den **richtigen Zeitpunkt** einhalten ...

... geht das Getreide schneller auf. Auf die Erträge kann man sich verlassen, das Getreide ist gesünder und haltbarer. Die Anfälligkeit für Ungeziefer und Fäulnis ist geringer. Es ist auch wetterfester, trocknet bei längeren Trockenperioden nicht so schnell aus und verfault auch nicht gleich bei einer längeren Regenzeit.

Extra-Tipp

Einige am 8. Juli ausgesäte Körner jeder Getreidesorte zeigen Ihnen am 20. Juli, welche Sorte im nächsten Jahr am besten gedeiht.

Wenn Sie eine **ungünstige Zeit** wählen ...

... ist das Getreide empfindlicher und geht langsamer auf. Der Ertrag ist geringer, und Krankheiten und Ungeziefer kommen häufiger vor. Die Widerstandskraft gegen extreme Wetterverhältnisse ist geringer. Auch die Lagerfähigkeit leidet.

Der richtige Zeitpunkt – auf einen Blick
Getreideanbau: Aussaat

Ideal:
Bei zunehmendem Mond in Widder und Schütze

Günstig:
Bei zunehmendem Mond, außer in Zwillinge

Ungünstig:
Bei abnehmendem Mond inklusive Neumond

Schlecht:
Bei abnehmendem Mond inklusive Neumond
in Zwillinge

Land- und Forstwirtschaft

Der richtige Zeitpunkt – auf einen Blick
Getreideanbau: Ernten und Einlagern

Ideal:
Bei abnehmendem Mond in Widder

Günstig:
Bei abnehmendem Mond in Widder, Löwe und Schütze

Ungünstig:
Bei zunehmendem Mond und Vollmond

Schlecht:
Bei zunehmendem Mond und Vollmond in
Krebs, Skorpion und Fische

Was es sonst noch zu sagen gibt

Löwe ist zwar ein günstiger Zeitpunkt für den Getreideanbau, aber auf sehr trockenen Feldern besteht die Gefahr des Austrocknens. Löwe-Tage eignen sich gut als Sätage, wenn das Feld von vornherein sehr feucht ist.

Zum Thema Ernten und Einlagern von Getreide: Gute Ergebnisse lassen sich erzielen, wenn man im aufsteigenden oder – als Alternative – im abnehmenden Mond ernten und einlagern kann, besonders an Widder oder an sonstigen Fruchttagen. Das Getreide ist dann viel länger haltbar und nicht so anfällig für Käfer- und Schimmelbefall. So ließen sich große Mengen an Pflanzengiften einsparen. Ungeeignet sind alle Wassertage (Krebs, Skorpion, Fische); das Einlagern sollte in dieser Zeit vermieden werden.

> **Extra-Tipp**
>
> Das Tierkreiszeichen Widder ist der beste Zeitpunkt zum Einlagern von Getreide, obwohl es im Herbst im zunehmenden Mond auftaucht.

Auch die Lagerstreu für die Tiere sollte in der Zeit des abnehmenden Mondes eingefahren werden. Als Alternative käme noch der aufsteigende Mond infrage. Die gesündeste Unterlage für den Stall ist übrigens immer noch Stroh oder trockenes Buchenlaub.

Das Ansetzen eines Heustocks sollte am besten bei abnehmendem Mond geschehen. Das Heu bleibt luftig und trocken, fault nicht, und die Gefahr einer Selbstentzündung ist viel geringer. Bei zunehmendem Mond wird das Heu leicht grau und schimmelig.

Stallpflege

Wenn Sie den **richtigen Zeitpunkt** einhalten ...

... bleibt der Stall länger sauber. Bakterien vermehren sich langsamer, und die Tiere sind weniger anfällig für Krankheiten. Nach den Reinigungsarbeiten trocknet alles schnell nach. Die Luft wird besser. Das Streichen der Stallwände sollte unbedingt bei abnehmendem Mond vorgenommen werden. An einem Lufttag (Zwillinge, Waage, Wassermann) gelingt die Arbeit besonders gut.

Wenn Sie eine **ungünstige Zeit** wählen ...

... bleibt der Stall länger nass und feucht. Schimmel kann sich an Wänden, Ecken und Böden sammeln. Die Tiere sind anfälliger für Krankheiten, und alles wirkt verschmutzter. Ein übler Geruch verbreitet sich. Wird eine Großreinigung wiederholt am falschen Tag durchgeführt, kränkeln die Tiere öfters. Die tägliche Reinigung sollte an ungünstigen Tagen einfach etwas weniger intensiv durchgeführt werden.

Der richtige Zeitpunkt – auf einen Blick
Stallpflege

Ideal für die Großreinigung: Bei abnehmendem Mond in Krebs, Skorpion und Fische

Günstig für Reinigung und Anstrich: Bei abnehmendem Mond und Neumond und in Zwillinge und Wassermann

Ungünstig: Bei zunehmendem Mond und Vollmond

Schlecht: Bei zunehmendem Mond und Vollmond in Jungfrau

Land- und Forstwirtschaft

Erster Viehaustrieb auf die Weide

Wenn Sie den **richtigen Zeitpunkt** einhalten...

... bleiben die Tiere gerne auf der Weide. In der Herde herrschen Ruhe und Ausgeglichenheit, die Tiere fressen fleißig. Es kommt kaum zu Futterneid. Kämpfe bleiben aus, wodurch sich die Verletzungsgefahr verringert. Während des Heimtriebs sind die Tiere satt und zufrieden. Bei Milchkühen steigt der Ertrag. Im Herbst sollte das Vieh bei zunehmendem Mond zum letzten Mal auf die Weide gelassen werden.

Wenn Sie eine **ungünstige Zeit** wählen...

... sind die Tiere aggressiver, die Kampfbereitschaft steigert das Verletzungsrisiko. Auch für die Umgebung birgt das Gefahren (Touristen!). Die Tiere fressen nicht so gerne und halten Ausschau, wann sie wieder in den Stall dürfen. Bei manchen entsteht Futterneid, wobei das Ziel nicht die Nahrung, sondern die Verteidigung des Platzes ist.

Der richtige Zeitpunkt – auf einen Blick
Erster Viehaustrieb auf die Weide

Ideal:
Waage und montags, mittwochs und samstags

Günstig:
Zwillinge, Jungfrau, Waage Skorpion und Schütze

Ungünstig:
Vollmond, Krebs und Löwe

Schlecht:
Dienstag, Donnerstag und Sonntag

Trächtigkeit

Wenn Sie den **richtigen Zeitpunkt** einhalten...

... nimmt das Tier zuverlässiger auf. Die Trächtigkeit verläuft unproblematisch, ebenso die Geburt. Das Muttertier kümmert sich geduldiger um den Nachwuchs. Trotzdem: Das Tier sollte nicht gleich danach wieder aufnehmen!

Wenn Sie eine **ungünstige Zeit** wählen...

... nimmt das Tier längst nicht so leicht auf. Es kommt häufiger zu Komplikationen, teilweise sogar zu Fehlgeburten. Das Muttertier verhält sich unbeholfener, und manchmal lässt es den Nachwuchs sogar im Stich.

Was es sonst noch zu sagen gibt

- Wenn Kühe etwa um Neujahr herum aufnehmen (= erfolgreiche Besamung), kommen die Kälber etwa im Oktober. Das werden die gesündesten Kälber, und der Tierarzt kann bei ihrer Geburt fast immer zu Hause bleiben. Wichtig ist es, darauf zu achten, dass die Kühe nicht schon kurz danach wieder aufnehmen.

- Auch für Hühner gibt es eine Mondregel. Werden die Eier von Hühnern oder in Wärmeöfen so bebrütet, dass die Küken bei Vollmond schlüpfen, wachsen diese zu den gesün-

Der richtige Zeitpunkt – auf einen Blick
Trächtigkeit

Ideal: Bei zunehmendem Mond am Jahresanfang

Günstig: Bei zunehmendem Mond in Löwe

Ungünstig: Bei abnehmendem Mond

Schlecht: Bei abnehmendem Mond in Krebs

desten Hühnern heran. Die Dauer des Brütens ist immer dieselbe, deshalb kann auch in Großbetrieben dieser Rhythmus ohne Schwierigkeiten berechnet und eingehalten werden.

Entwöhnung von Kälbern

Wenn Sie den **richtigen Zeitpunkt** einhalten ...

... bleiben die Kälbchen ruhig und schreien nicht nach der Mutter. Das Euter der Kuh bildet sich normal zurück, und sie gibt wieder gute Milch. Das Kälbchen hat keine Probleme mit dem Übergang zum »normalen Futter«.

Wenn Sie eine **ungünstige Zeit** wählen ...

... können Kälbchen und Muttertier verstört reagieren und oft tagelang schreien. Das Euter entzündet sich leichter. Das Kälbchen verweigert das Trinken. Manchmal magert es ab und wird krank. Beim Muttertier kommt es zum Milchstau. Bei Löwe werden die Kälber zu schreienden Tieren, bei Krebs möchten sie immer wieder zur Mutterkuh zurück, bei Jungfrau stieren sie später oft und werden durch unruhiges Verhalten und Rangeleien mit anderen Kühen zu einer Gefahr für die ganze Herde (besonders in den Bergen).

Der richtige Zeitpunkt – auf einen Blick
Entwöhnung von Kälbern

Ideal:
Kurz vor Vollmond, jedoch nicht im
Januar, Februar oder März!

Ungünstig:
Bei Neumond und in Krebs, Löwe
und Jungfrau

Land- und Forstwirtschaft

Bäume fällen – Holz ernten

Das Geheimnis des besten Baumaterials der Welt

Jahrtausendelang hat das Holz uns Menschen gedient und uns eine Vielzahl von wert- und kunstvollen Geschenken gemacht. Haben Sie schon einmal längere Zeit in einem Holzhaus gelebt oder einen Urlaub darin verbracht? Erinnern Sie sich noch an diese Zeit? Welche Gefühle verbinden Sie damit? Oder leben Sie vielleicht heute in einem Holzhaus und haben in der Vergangenheit schon einmal längere Zeit in einem Haus aus Beton und Stahl verbracht? Fühlen Sie einen Unterschied?

Es ist, als ob Holz eine Form von nährender Kraft besitzt, die uns vor zahllosen negativen Umwelteinflüssen und Strahlungen schützen kann. Es stärkt den Organismus des Menschen, der wie der Baum ein Lebewesen ist. Holz ist ein Stoff des Lebens. Beton, Erdöl und Metall dagegen, ja sogar das unterirdische Wurzelholz, rauben uns Kraft. Warum verzichten wir seit einiger Zeit weitgehend und leichten Herzens auf den wunderbaren Stoff Holz und ersetzen ihn durch Kunststoffe, die uns krank machen und die auch nach Jahrtausenden nicht in den Kreislauf der Natur zurückfinden?

Mit einem Teil unserer Arbeit wollen wir den Weg ebnen zu einer neuen Einsicht, zur Erinnerung daran, was uns entgeht, wenn wir den Wald und seine Geschenke weiterhin so nachlässig und schlecht behandeln. Die Wälder der Erde, die Quellen eines fast vergessenen Reichtums zu schützen und zu pflegen ist eine der wichtigsten Aufgaben unserer Zeit.

Viele unserer LeserInnen wissen inzwischen: Der richtige Zeitpunkt bei der Holzernte und -verarbeitung ist von immenser Bedeutung. Vielfach macht die Beachtung des Mondstands den Verzicht auf Chemie überhaupt erst möglich – sowohl bei der Waldpflege (Schädlingsbekämpfung, Düngung und so weiter) als auch bei der Holzverarbeitung. Allein durch die Wahl des richtigen Zeitpunkts beim Holzfällen und bei der Umwandlung in Bauholz, Brücken, Dachstühle, Fenster, Möbel und Ähnlichem gewinnt das Holz eine Festigkeit und Beständigkeit, die es Generationen überdauern lässt – *ohne chemische Holzschutzmittel*. Wenn Sie sich selbst überzeugen wollen, empfehlen wir Ihnen den Besuch in einem Museumsdorf mit Bauernhäusern, die beinahe tausend Jahre ohne Holzschutzmittel überstanden haben.

Extra-Tipp

Alle Holzregeln besitzen ihre Gültigkeit nur, wenn das Holz natürlich trocknen kann, d. h. im Freien – und nur zur Beseitigung der Restfeuchtigkeit in der Trockenkammer landet.

Generell gilt: Der Winter ist fast ausnahmslos die beste Zeit zur Holzgewinnung, besonders die Zeit zwischen dem 21. Dezember und dem 6. Januar. Nach dem 6. Januar sollte Holz im Winter nur noch bei abnehmendem Mond geschlagen werden.

Land- und Forstwirtschaft

Der richtige Zeitpunkt – auf einen Blick
Bäume fällen – Holz ernten: Grundregeln

**Ideal für
fast alle Zwecke:**
Alljährlich zwischen
21. Dezember und 6. Januar

Für Holz mit speziellen Eigenschaften gelten individuelle Regeln, die wir auf den nächsten Seiten vorstellen.

Was es sonst noch zu sagen gibt

Holz, das schnell verbaut werden soll, etwa beim raschen Wiederaufbau nach einem Brand, sollte am 24. Juni zwischen 11 und 12 Uhr mittags (12 und 13 Uhr Sommerzeit!) geschlagen werden. Dieses Holz ist das einzige Holz, das grün und ohne Trocknung eingebaut werden kann.

Der richtige Zeitpunkt – auf einen Blick
Nicht faulendes, hartes Holz gewinnen

Ideal:
Am 30. und 31. März, wenn der Mond gerade abnimmt und gleichzeitig im Tierkreiszeichen Fische steht

Günstig:
1. Januar • 7. Januar
25. Januar • 31. Januar
bis 2. Februar

Was es sonst noch zu sagen gibt

Aus dieser Art Holz dürften die Fundamente der »schwimmenden« Prachtbauten Venedigs bestehen. Wären sie nicht am richtigen Tag geschlagen worden, wäre die grandiose Stadt schon im Wasser versunken. Die heute notwendige Restaurierung der Fundamente sollte wieder mit solchem Holz erfolgen.

Auch für Landungsstege und hohe Pfahlbauten ist dieses Holz geeignet. Eine zeitliche Alternative sind warme Sommertage bei zunehmendem Mond: Das Holz eignet sich für Pfahlgründungen im Wasser, für Schiffs- und Badestege.

Der richtige Zeitpunkt – auf einen Blick
Nicht entflammbares Holz gewinnen

Ideal:
1. März nach Sonnenuntergang

Günstig:
Neumond in Waage (meist Oktober)
Ein Tag vor dem Neumond
im Dezember
Zwei Tage vor dem Neumond
im März

Was es sonst noch zu sagen gibt

Holz, das am 1. März nach Sonnenuntergang geschlagen wurde, ist nach dem üblichen Ablagern feuerbeständig! Ein Tischler und Holzfachlehrer aus unserem Bekanntenkreis hat diese Art Holz fachgerecht von einem wissenschaftlichen Institut testen lassen. Es erhielt die Feuerschutzklasse F 60 und darf somit ohne jede Feuerschutzbehandlung im Innenausbau verwendet werden!

Der richtige Zeitpunkt – auf einen Blick
Schwundfestes Holz gewinnen

Ideal:
Am 21. Dezember (am besten zwischen 11 und 12 Uhr)

Günstig:
Im Februar bei abnehmendem Mond nach Sonnenuntergang. Am 27. September und generell während der drei Tage nach Neumond. Am 15. August und am 8. September, wenn gleichzeitig Mond in Krebs. An Neumond, wenn in Waage

Was es sonst noch zu sagen gibt

In vielen Anwendungsbereichen darf Holz nicht schwinden, d. h. Umfang, Ausdehnung und Volumen dürfen sich nur um ein weniges verringern. Diese Art Holz schlägt man am besten am Thomastag (21. 12.) zwischen 11 und 12 Uhr. Dieser Tag gilt als der beste Holzschlagetag überhaupt. Im Februar nach Sonnenuntergang geschlagenes Holz wird steinhart.

Der richtige Zeitpunkt – auf einen Blick
Werkzeug- und Möbelholz gewinnen

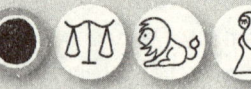

Ideal:
Während der acht Tage nach dem
Neumond im Dezember, wenn in Waage,
Löwe oder Jungfrau

Günstig:
Neumond im November,
wenn in Skorpion

Was es sonst noch zu sagen gibt

Bei Skorpion geschlagenes Holz sollte stets sofort entrindet werden, weil es sonst schnell vom Borkenkäfer befallen wird. Wer ansonsten auf den richtigen Zeitpunkt des Holzschlagens achtet (etwa die Zeit zwischen dem 21. 12. und dem 6. 1.), muss nicht sofort entrinden, weil der Käferbefall viel geringer ausfallen wird. Entrinden hat den Nachteil, dass das Holz bei längerer Sonnenbestrahlung feine Risse bekommt.

Bäume fällen – Holz ernten

Der richtige Zeitpunkt – auf einen Blick
Bretter-, Säge- und Bauholz gewinnen

Ideal:
Bei zunehmendem
Mond in Fische

Wenn Sie den **richtigen Zeitpunkt** einhalten ...

... werden die Bretter nicht von Schädlingen befallen. Sie müssen auch nicht ständig bewässert werden. Das Holz wird stabil und unempfindlich und ist leicht zu verarbeiten. Mit dem Alter wird es immer schöner.

Wenn Sie eine **ungünstige Zeit** wählen ...

... ist der spätere Befall mit Ungeziefer, Schimmel und Pilzen erheblich. Bretter und Balken bleiben trotz des Hobelns grob und faserig. Auch große Balken reißen und verziehen sich. In Billig-Baumärkten ist fast ausschließlich diese Art von Holz zu finden. Was anfangs gerade erscheint, wird sich nach kurzer Zeit stark verbiegen.

Der richtige Zeitpunkt – auf einen Blick
Boden- und Werkzeugholz gewinnen

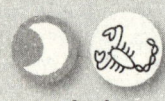

Ideal:
Bei zunehmendem Mond in Skorpion (August) und am ersten Tag nach Vollmond, wenn in Stier

Wenn Sie den **richtigen Zeitpunkt** einhalten ...

... liegt das Werkzeug gut in der Hand und Sie bekommen nicht so schnell Blasen. Das Holz wird glatt, leicht und stabil, und es gibt kein Reißen oder Splittern. Besonders Hammergriffe müssen starke Schläge aushalten können. (Bei Skorpion gewonnen muss der Baum wegen der Borkenkäfergefahr sofort entrindet werden!)

Wenn Sie eine **ungünstige Zeit** wählen ...

... wird das Holz rissig und schwer. An den Händen entstehen schneller Blasen, und bei starker Belastung brechen die Hölzer.

Bäume fällen – Holz ernten

Der richtige Zeitpunkt – auf einen Blick
Brennholz gewinnen

Ideal:
Die ersten sieben Tage nach Neumond im Oktober oder generell nach der Wintersonnenwende bei abnehmendem Mond. Der Wipfel muss bergab liegen

Wenn Sie den **richtigen Zeitpunkt** einhalten …

… brennt das Holz gut und lange. Brennholz muss gut trocknen und viel Energie abgeben. Das Holz eignet sich auch zum Anzünden und erlischt nicht gleich wieder. Es kommt zu keinem Funkenflug, nur zu romantischem Knistern.

Wenn Sie eine **ungünstige Zeit** wählen …

… bleibt das Holz schwer und feucht. Es eignet sich nicht zum Anheizen und erlischt ständig. Nur bei größter Hitze verbrennt es, dann aber schnell und ohne anhaltende Wärme zu erzeugen. Auch der Funkenflug kann zum Problem werden.

Land- und Forstwirtschaft

Christbaum fällen
Weihnachtsgeschenk des Mondes

Wenn Sie den **richtigen Zeitpunkt** einhalten...

... bekommen Sie ein robustes Bäumchen, das seine Nadeln lange behalten wird. Der Baum muss nicht gewässert, sondern nur bis Weihnachten kühl gehalten werden. Gestecke aus zum richtigen Zeitpunkt geschnittenen Ästen halten teilweise jahre-, ja jahrzehntelang.

Wenn Sie eine **ungünstige Zeit** wählen...

... kann es sein, dass schon am Weihnachtstag viele Nadeln unter dem Baum liegen. Bei jeder Berührung regnen viele weitere Nadeln herab, und manchmal ist der Baum schon am Dreikönigstag unansehnlich geworden.

Der richtige Zeitpunkt – auf einen Blick
Christbaum fällen

Ideal:
Drei Tage vor dem elften Vollmond im Jahr

Günstig:
Bei zunehmendem Mond; je näher an Vollmond,
desto besser

Ungünstig:
Bei abnehmendem Mond

Was es sonst noch zu sagen gibt

- Der elfte Vollmond im Jahr tritt meist schon mehrere Wochen vor Weihnachten ein. Der Zusatz »drei Tage vor Vollmond« ist jedoch auch für den zwölften Vollmond im Jahr gültig. Die alte Regel entstand wohl, weil die Schneehöhen früher um den zwölften Vollmond herum viel höher waren als um den elften. Wir empfehlen in unseren Kalendern immer auch die Tage vor dem zwölften Vollmond. Der Baum muss dann nicht so lange lagern, und für Käufer und Händler ist der Termin leichter einzuhalten. Der Haltbarkeit tut es keinen Abbruch, diese Bäume nadeln auch nach Jahren noch nicht. Natürlich werden die Nadeln im Laufe der Zeit meist heller oder richtig braun, aber sie bleiben, wo sie sind!

- Der dritte Tag vor dem elften Vollmond eignet sich nicht nur für Christbäume, sondern auch für Gestecke und Zweige, die dann besonders lange schön bleiben.

- Lagern Sie die Bäume bitte kühl und dunkel (ständiger Schatten genügt) und stellen Sie sie nicht ins Wasser, auch nicht später im Zimmer! In unserer Familie gibt es einen Christbaum, der seit über 40 Jahren jedes Jahr hervorgeholt wird. Seine Nadeln sind nur schwer abzuzupfen, und er duftet sogar heute noch. Wir haben ihn schon für das *Guinness Buch der Rekorde* vorgeschlagen.

- Leider halten manche unseriösen Christbaumverkäufer das Versprechen, die Bäume zum richtigen Zeitpunkt zu schlagen, nicht. Sinnvoll wäre es deshalb, nach dem genauen Datum des Schlagens zu fragen. Ein Tag im zunehmenden Mond genügt meist für den »Hausgebrauch«.

VII.
VOM RICHTIGEN ZEITPUNKT – SPEZIAL

Es geht das Märchen um, der Mensch sei im Grunde schlecht.
Denn warum wäre sonst wohl die Welt in diesem Zustand?
Wer so denkt, hat erstens vergessen,
dass der freie Wille tatsächlich existiert,
und zweitens hat er noch nicht den Mut gefunden,
die Gedanken eines Neugeborenen zu lesen.

RON FISCHER

Im Laufe der Jahrzehnte haben wir nicht nur das Wissen vom Handeln zum richtigen Zeitpunkt veröffentlicht, sondern auch viele weitere Aspekte des Lebens in Johannas Familie. Teilweise war uns gar nicht bewusst, wie sehr sie in Vergessenheit geraten waren, und das, obwohl ihre Kenntnis mithelfen kann, eine Vielzahl von Problemen der modernen Zeit zu lösen.

Zu diesen vergessenen Aspekten zählt das Wissen über das Tiroler Zahlenrad und den menschlichen Biorhythmus. Beider Einfluss, unter anderem auf die Lernfähigkeit von Schulkindern und Studenten, ist erheblich. Dazu zählen auch das Wissen darüber, wie man negative Gewohnheiten und Süchte in den Griff bekommt oder wie man im Leben einen Neuanfang erfolgreich in die Wege leitet, sowie zahlreiche Elemente dessen, was man unter dem Oberbegriff »gesunde Ernährung« und »Ernährungstyp« zusammenfassen kann – nicht zuletzt aber auch das Wissen über den Aderlass, eine der mächtigsten Heilmethoden, wenn man sie richtig und vor allem zum richtigen Zeitpunkt anwendet.

Wir denken deshalb, dass die folgenden Seiten in diesem Buch nicht fehlen dürfen, auch wenn die Bahn des Mondes dabei hin und wieder keine allzu große Rolle spielt. Die eine oder andere der folgenden Informationen wird genauso wertvoll für Sie werden wie die bisherigen und alles abrunden und vervollständigen.

Um es kurz noch einmal zusammenzufassen: Sie können zu jedem Zeitpunkt aus der Abwärtsspirale aussteigen, vielleicht sind Sie es ja bereits. Zeitlos gültige Informationen und der richtige Zeitpunkt sind entscheidend dafür, ob Ihre neue Richtung eine Chance hat und zum Erfolg führt.

Nur Mut, fangen Sie *heute* damit an!

Vom Aufgeben schlechter Gewohnheiten, vom Neuanfang und vom Beginn wichtiger Vorhaben

Sitten, Gebräuche, kulturelle Eigenarten, Routine, Gewohnheit – es gibt viele Bezeichnungen für menschliches Verhalten, das sich in mehr oder weniger regelmäßigen Abständen wiederholt. Ein großer Teil geschieht automatisch und ist lebensnotwendig, etwa alle Bewegungsvorgänge, die es uns ermöglichen, die richtigen Entscheidungen zu treffen, ohne darüber nachzudenken – beispielsweise beim Steuern eines Autos. Müssten wir dabei über jeden Handgriff immer wieder neu nachdenken, gäbe es nicht einmal Pferdekutschen.

Aber wir alle kennen auch das, was man eine »schlechte Gewohnheit« nennt, eine eingeschliffene Verhaltensweise oder vielleicht beinahe eine Sucht, die man nur sehr schwer ablegen kann – manchmal erst dann, wenn der Preis, den wir dafür zahlen, tatsächlich höher ist als der scheinbare Gewinn. Hunderte Bücher befassen sich mit diesem Thema, und es soll jedem Leser selbst überlassen bleiben, sich näher mit ihnen zu beschäftigen. In diesem Kapitel möchten wir Ihnen eine kleine Hilfe für Situationen bieten, in denen Sie eine belastende Gewohnheit ablegen wollen. Sie haben einen guten Vorsatz? Es gibt einen richtigen Zeitpunkt dafür, und dabei handelt es sich fast nie um den Neujahrstag!

Schlechte Gewohnheiten, davon lassen wir uns alle plagen, der eine mehr, die andere weniger. So mancher Erfolg im Leben lässt auf sich warten oder bleibt ganz aus, nur weil die schlechten Gewohnheiten in Körper und Geist so starke Wurzeln geschlagen haben, dass Ideen nicht umgesetzt oder Aufgaben nicht angemessen und zeitgerecht erledigt werden können.

Wer etwa zum Feierabend »sein Bier« oder sein Glas Wein braucht, kann sich schon mal damit abfinden, auf eine große Vielfalt interessanter Tätigkeiten verzichten zu müssen. Lebendige Spontaneität, Intuition und somit mehr Erfolg und echte Zufriedenheit liegen außer Reichweite. Wer bezahlt schon jemanden für seine Qualitäten als Fahrer, wenn er die Hälfte der Zeit ausfällt? Alkohol und somit Fahruntüchtigkeit werden immer ein Hindernis bleiben. Was dann oftmals zurückbleibt, sind hohle Stammtisch-Lebensträume und der allgegenwärtige Versuch, die Schuld am eigenen Dilemma anderen zuzuschieben.

Tatsächlich sind es oft kleine, »unscheinbare« und alltägliche Dinge, die wir zur Gewohnheit erstarren lassen und deren Auswirkungen uns nicht bewusst sind. Ein Beispiel: Der tägliche Konsum von Kaffee, selbst dann, wenn wir uns gar nicht müde fühlen. Die körperlichen Auswirkungen von Kaffee sind gravierend und tiefgreifend, genau wie die zahlreicher anderer »normaler« Lebensmittel, die uns nur müde machen, statt uns wirklich zu ernähren. Die Gewohnheiten haben schleichend Einzug gehalten, sie sind zu Automatismen geworden. Der Spruch »Das machen doch alle!« ist nichts als eine Ausrede, um den Kopf weiter in den Sand stecken zu können und sich nicht mit den Konsequenzen unseres Handelns auseinanderzusetzen.

Abends lässt uns das Wissen um diese Zusammenhänge nicht mehr ruhig schlafen, wir greifen zu einer »harmlosen« Schlaftablette – die nächste Gewohnheit! Es gibt keine harmlosen Schlaftabletten, genauso wenig wie es harmlosen Kaffee gibt. Entweder tut die Tablette ihre Dienste, dann ist sie nicht harmlos, oder sie wirkt nicht. Am nächsten Morgen dasselbe Theater: Ohne Kaffee geht nichts. Der zweite in der Arbeit, der dritte am Nachmittag, der »gemütliche«, begleitet von nährstoffbefreiten »Snacks«. Und abends wieder die Schlaftablette. Es gibt Millionen Menschen, die aufgrund dieses Kreislaufs so gut wie niemals ausgeschlafen und entspannt sind. Das ist gut für Kaffeeröster, Ärzte und Psychologen – und schlecht für Sie persönlich. Sich schlapp zu fühlen hat nichts mit Entspannung zu tun. Entspannung findet auch nicht vor dem Bildschirm statt, weder im Internet noch vor dem Fernseher.

Mancher ist besessen von Süßigkeiten. Diese Menschen können keinen Feierabend verbringen, keine Mini-Leistung vollbringen, ohne sich zu »belohnen«. Was aber ist das für eine Belohnung, die uns müde und reizbar macht, uns übersäuert und uns Übergewicht beschert, die uns morgens ebenfalls kaum aus dem Bett kommen lässt? Es ist wohl eher eine Strafe, oder? Die Industrie, die Werbung und die Pseudowissenschaft haben uns weismachen wollen, dass Süßigkeiten nicht für schlechte Träume, Unruhe und Allergien verantwortlich sind, speziell bei Kindern. Und natürlich auch nicht für eine Gewichtszunahme und Dauermüdigkeit…

Abhängigkeit, Sucht, Gewohnheit, Tick – was macht eigentlich den Unterschied aus? Erst wenn Sie auf eine Gewohnheit, sei es im Denken, im Handeln oder etwa beim Essen *verzichten*, können Sie beurteilen, ob es »nur« eine Kleinigkeit oder eine ausgewachsene Sucht war. Stellen sich nämlich Entzugserscheinungen ein, gleichgültig in welcher Schwere, hat es sich um eine Sucht gehandelt.

Wer nicht mindestens sieben Tage lang auf eine Gewohnheit verzichten kann, ohne einen Verlust an Lebensfreude und Lebensqualität zu empfinden, der hat Grund, sich die Sache näher anzuschauen und sich zu fragen: Wer ist hier eigentlich der Herr im Haus?

Schlechte Gewohnheiten haben schon so manche Ehe ruiniert, weil sie von demjenigen, der sie sich angewöhnt hatte, völlig unterschätzt worden waren. Es sind aber dennoch eher die täglichen Kleinigkeiten, die uns lieblos oder fürsorglich erscheinen lassen. Irgendwann läuft das Fass über, und die Achtung voreinander geht verloren, meist unwiederbringlich.

Was beinahe noch häufiger unterschätzt wird, ist der allmähliche Verlust an Selbstachtung, und dies wiederum verstärkt das Verhalten und die Gewohnheiten, die für andere, für die Familie und Kollegen auf Dauer untragbar sind.

Dabei wäre es meist so einfach, diese Kreise zu durchbrechen: *Sie sind ein selbstständiger, eigenverantwortlicher Mensch. Sie haben es nicht nötig, Ihr Leben zu verschwenden, indem Sie Ihr Verhalten ständig vor sich selbst und anderen rechtfertigen. Sie haben das Recht, Ihr eigenes, persönliches Glück zu schmieden, denn nur Sie selbst sind dazu in der Lage. Und Sie haben das Recht, nur mit den Menschen engere Bindungen einzugehen, die Ihnen Gutes wünschen und Sie mögen.* Wenn

Sie sich dessen bewusst sind und danach handeln, haben Sie schon einen großen Schritt getan. Und vergessen Sie nicht, dass es nichts nützt, jemandem nur helfen zu wollen. Derjenige muss es auch selbst wollen.

Lieben Sie sich selbst noch ein wenig stärker als bisher, seien Sie ein wenig mehr auf der Hut, arbeiten Sie an sich und an Ihren negativen Gewohnheiten. Und dann wählen Sie für die Beendigung des Schlechten und den Neuanfang einen der positiven Termine auf der nächsten Seite. Sie werden sehen, die Entzugserscheinungen halten sich in Grenzen. Sie werden es durchstehen.

Der richtige Zeitpunkt – auf einen Blick
Vom Aufgeben schlechter Gewohnheiten, vom Neuanfang und vom Beginn wichtiger Vorhaben

Ideal:
Bei Neumond im März sowie jedes Jahr am
2. Februar und am 1. September

Auch sehr günstig:
Bei Neumond

Eher ungünstig:
Bei abnehmendem Mond

Schlecht:
Am 1. August, bei rückläufigem Merkur
(siehe Seite 251) und leider meistens
auch am Neujahrstag

Vom richtigen Zeitpunkt – Spezial

Die Mondgymnastik

Ein Weg zu jugendlicher Fitness in jedem Alter

Fragen Sie einmal Menschen über 50, die schlank und fit, gelassen und lebensfroh geblieben sind, nach ihrem Geheimnis. Sie werden herausfinden, dass es fast ausnahmslos in einer Kleinigkeit besteht, die sie täglich durchführen. Es sind keine Besuche im Fitnessstudio, es ist keine besondere Diät oder etwas, das zähneknirschend und mit humorloser Disziplin betrieben wird. Die »Mondgymnastik« ist eine solche Kleinigkeit.

Josef Koller, Johannas Großvater, wurde 89 Jahre alt. Zeit seines Lebens musste er niemals einen Arzt aufsuchen. Bis zu seinem Tod arbeitete er auf dem Hof der Familie – mit einer Arbeitsleistung, die der der anderen Familienmitglieder in nichts nachstand. Viele seiner Geheimnisse für robuste Gesundheit und Tatendrang bis ins hohe Alter haben wir gelüftet, darunter auch die Mondgymnastik. Sie ist ein müheloser Weg zu jugendlicher Fitness und für jeden geeignet. Wir versprechen nicht zu viel: Drei Minuten Gymnastik in Harmonie mit dem richtigen Zeitpunkt sind genug!

Sie kennen die Regel mittlerweile: *Alles, was man für das Wohlergehen jener Körperregionen tut, die von dem Tierkreiszeichen regiert werden, das der Mond gerade durchwandert, ist doppelt so sinnvoll und wirkt mit doppelter Kraft.*

Mit anderen Worten: Es gibt Bewegungsabläufe, die zum richtigen Zeitpunkt optimal wirken und die Fitness steigern, während sie zu anderen Zeiten nichts nutzen oder gar schaden. Steht der Mond zum Beispiel im Tierkreiszeichen Schütze, liegen Schwingungen in der Luft, die besonders die Oberschenkel zum Leben erwecken, während andere Körperregionen zu dieser Zeit weniger von der speziellen Kraft profitieren. Die Übung für die Schütze-Tage wirkt dann wie ein Verstärker, der die Schwingungen bündelt und als besondere Weck- und Entwicklungsimpulse an die Oberschenkel »weiterreicht«.

Es hat also nicht viel Sinn, eine Gymnastik für die Hüfte an Fische-Tagen zu starten oder eine Übung für die Schultern an Wassermann. Nur wenn Zeitpunkt und Art der Übung im Einklang sind, fühlt der Körper ihren Sinn und Wert. Das ist das ganze Geheimnis!

Jeder kann zu jedem Zeitpunkt mit diesen Übungen beginnen, ob er nun acht oder 80 Jahre alt ist. Das Wissen um die Bewegung zum richtigen Zeitpunkt weist Ihnen einen einfachen und direkten Weg aus der Abwärtsspirale körperlicher Beschwerden. Ein leichter und zugleich erfolgreicher Weg mit einfachsten Mitteln, mühelos erlernbar in jedem Alter! Bewegen Sie sich täglich drei Minuten in Harmonie mit den Mondrhythmen. Eine längere Vorbereitung und Einübung ist dafür nicht nötig.

Entscheidend ist, dass die Mondgymnastik den Körper *auf Dauer* fit hält! Selbst wenn schon Schäden aufgetreten sind, können die Übungen zu Regeneration und Linderung und zur Befreiung von Beschwerden führen. Sie helfen, die Muskelgruppen von Kopf bis Fuß zu aktivieren und zu entspannen und jeder »Abnutzung« entgegenzuwirken.

So sehen die Zusammenhänge aus:

Mond im Tierkreis	Mondgymnastik erfolgreich für
Widder	Kopf, Augen, Meridiane
Stier	Ohren, Hals, Meridiane
Zwillinge	Schultern, Arme, Hände
Krebs	Brust, Lunge
Löwe	Herz, Kreislauf
Jungfrau	Verdauungsorgane, Bauchmuskeln
Waage	Hüftgelenke
Skorpion	Geschlechtsorgane, Blasenregion
Schütze	Oberschenkel
Steinbock	Kniegelenk
Wassermann	Unterschenkel
Fische	Füße, Zehen, Meridiane

Unabhängig von der Dauer und Intensität, mit der Sie die Übungen machen, werden Sie sich wohl und inspiriert fühlen. Langsam wird ein Körperbewusstsein entstehen – und damit das Selbstvertrauen gestärkt. Die Übungen müssen nicht genau drei Minuten dauern. Im Prinzip genügen sieben Sekunden, aber wenn Sie Freude daran haben, 15 Minuten lang zu üben, dann ist das auch in Ordnung. Fast alle Übungen können zu jeder Zeit an jedem Ort durchgeführt werden. Die Gymnastik für den jeweiligen Tag ist in kürzester Zeit absolviert, und Sie fühlen sich, als ob Sie eine Stunde lang fleißig waren.

Sie können sich die Übungen selbst zusammenstellen und die jeweils nach dem Mondkalender »akute« Körperregion trainieren. Oder Sie lassen sich von der Auswahl in unserem Buch *Die Mondgymnastik* inspirieren. In jedem Fall wünschen wir gutes Gelingen!

Die Kraft im Aderlass

Gewinn durch Verlust – Teil 2

Wenn Sie den **richtigen Zeitpunkt** einhalten...

...profitieren Sie von einer der erfolgreichsten Methoden zur Vorbeugung und Heilung, zur Entgiftung und Entstrahlung – sinnvoll und hochwirksam bei einer Vielzahl körperlicher und geistig-seelischer Probleme.

Wenn Sie eine **ungünstige Zeit** wählen...

... wirkt der Aderlass schwächend auf den ganzen Körper, es kann sogar zu dauerhaften Schädigungen kommen! Die Beachtung des richtigen Zeitpunkts ist gerade beim Aderlass äußerst wichtig, weil manchmal gute und schlechte Tage direkt aufeinanderfolgen oder sich abwechseln.

Aderlass – Die Berechnungsmethode

Um die Regeln auf der nächsten Seite genau einhalten zu können, müssen Sie zuerst den Tag und die genaue Uhrzeit des *letzten Neumondes* herausfinden. Beide Informationen sind in den beiliegenden Kalendern enthalten (die Sommerzeit ist darin deshalb nicht berücksichtigt!). Der Neumondtag für die Zählung berechnet sich wie folgt:

- Wenn der Neumond vor 12 Uhr mittags (13 Uhr Sommerzeit) eingetreten ist, zählt dieser Tag als Tag 1, der folgende Tag als Tag 2 und so fort. Beispiel: Samstag, 1. März 2014, Neumond um 9.02 Uhr = Tag 1, Donnerstag, 2. März 2014 = Tag 2.

- Wenn der Neumond nach 12 Uhr mittags (13 Uhr Sommerzeit) eingetreten ist, zählt dieser Tag als Tag 0 und erst der nächste Tag als Tag 1, der übernächste als Tag 2 und so weiter. Beispiel: Sonntag, 30. März 2014, Neumond um 19.47 = Tag 0, Montag, 31. März 2014 = Tag 1.

- Wenn Sie den Tag 1 nach diesen Angaben ermittelt haben, können Sie auf der nächsten Seite ablesen, welche Tage nach Neumond sich für einen Aderlass eignen.

Wichtig! Sie werden manchmal feststellen, dass sich Tag 30 und der nächste Neumondtag decken. Wenn an diesem Tag der Neumond vor 12 Uhr mittags eintritt, fällt der 30. Tag gleichsam aus, er zählt dann wieder als Tag 1. Mit anderen Worten: *Die Zählung beginnt immer bei Neumond!*

Der richtige Zeitpunkt – auf einen Blick
Aderlass

Sehr günstig:
Die Tage 17 und 22
nach der Neumond-Zählung

Günstig:
Die Tage
6 • 11 • 12 • 15 • 18 • 21 • 23 • 24 • 25 • 26 • 28
nach der Neumond-Zählung

Ungünstig:
Die Tage
1 • 2 • 3 • 5 • 7 • 8 • 9 • 10 • 13 • 14 • 19 • 20 • 29 • 30
nach der Neumond-Zählung sowie ausnahmslos folgende Tage im Jahr:
Januar: 2 • 3 • 4 • 18 **Februar:** 3 • 6 • 8 • 16 **März:** 13 • 14 •
15 • 29 **April:** 19 **Mai:** 3 • 10 • 22 • 25 **Juni:** 17 • 30
Juli: 19 • 22 • 28 **August:** 1 • 17 • 21 • 22 • 29
September: 21 bis 28 **Oktober:** 3 • 6 • 11
November: 12 **Dezember:** 1

Sehr schlecht:
Die Tage 4 • 16 • 27 nach der
Neumond-Zählung

Was es sonst noch zu sagen gibt

Sie werden vielleicht überrascht sein, in diesem Buch ein Kapitel über eine uralte Heilmethode zu finden, die unsere »aufgeklärte« Zeit längst in den Museumskeller mittelalterlicher Quacksalber-Methoden verbannt hat. Warum ist sie nicht mehr »in«, warum gilt ein Aderlass heute als Schwächung und Verlust? Unser Buch *Aus eigener Kraft* beschreibt die Gründe und Zusammenhänge ausführlich, aber wir geben hier gerne eine Zusammenfassung:

- Erstens besteht vonseiten der Wissenschaft, der Industrie und des Medizinbetriebs großes Interesse, den Museumskeller erfolgreicher alter Heilmethoden mit seinen zahlreichen Schätzen einzubetonieren und aus dem Gedächtnis und den Geschichtsbüchern zu streichen. Was hilft, bringt keinen Umsatz. Schwäche, Sucht und Abhängigkeit bringen das Geld ein.

- Zweitens wurde der Aderlass vielfach als letztes Mittel angewandt, wenn ein Mensch oder ein Tier offenkundig dem Tode nahe war. Die Erfahrungen mit dem Aderlass waren so positiv, dass man einfach wusste: Wenn der Aderlass nicht mehr hilft, dann hilft gar nichts mehr. Blieb bei einem Aderlass die erhoffte Wirkung aus, war schnell ein »Schuldiger« für die Todesursache gefunden. Mit der Zeit brachte man den Aderlass auf diese Weise nur noch mit Negativem in Verbindung. So kann langsam in Verruf kommen, was jahrtausendelang funktionierte.

- Dritter und wichtigster Grund für die Entwertung des Aderlasses ist die Tatsache, dass hierbei die *Methodik und der richtige Zeitpunkt von entscheidender Bedeutung* für den Erfolg sind! Wer nur eines der wenigen wichtigen Elemente außer Acht lässt, verwandelt den Aderlass bestenfalls in eine überflüssige Maßnahme, schlimmstenfalls aber in eine schädliche, den Körper schwächende Behandlung. Der Aderlass wird zum »russischen Roulette«.

Extra-Tipp

Wenn der Neumond zwischen 11:46 und 12:15 Uhr mittags eintritt, dann haben wir es uns zur Regel gemacht (auch in unserem PC-Programm und iPhone-App!), dass der Aderlass für den ganzen kommenden Monat nicht berechnet oder als »schlecht« markiert ist. Grund dafür sind kleine Unregelmäßigkeiten bei der genauen Bestimmung der Neumond-Minute. Mit unserer Maßnahme bleibt man auf der sicheren Seite.

Für wen ist ein Aderlass geeignet? Für alle Menschen zwischen 35 und 77, die bei guter Gesundheit sind, ist ein jährlicher Aderlass generell eine hervorragende vorbeugende und entgiftende Maßnahme. In Krankheits- und Notfällen gilt eine Altersspanne von 28 bis 84. Schlechte Blutwerte, ein ständig erhöhter Cholesterinspiegel, Allergien (oftmals ein Zeichen einer Blutvergiftung im weitesten Sinne), ständige Müdigkeit und Erschöpfungszustände, Rheuma, Depressionen, seelische Problemzustände aller Art, hoher Blutdruck – alle diese Störungen und Ungleichgewichte können durch einen Aderlass günstig beeinflusst werden, wobei die Aufzählung bei Weitem nicht vollständig ist.

Methode: Die gute Wirkung des Aderlasses ist in höchstem Maße abhängig vom richtigen Zeitpunkt und von der Beachtung einiger Grundregeln bei seiner Ausführung! Mit allem Nachdruck möchten wir Ihnen daher ans Herz legen, als Patient selbst auf diese Regeln zu achten, und als Arzt oder Heilpraktiker die Regeln zu befolgen:

Die wichtigste Regel: Das Blut muss frei aus der Vene fließen können! Es darf weder abgezogen noch im Fließen behindert werden. Erfolgt der Aderlass an einer Vene der Armbeuge, sollte der Arm wie bei einer normalen Blutentnahme anfangs abgebunden werden.

- Die abfließende Blutmenge kann zwischen 80 und 150 Milliliter betragen (etwa ein volles Joghurtglas, maximal ein Fünftel der Menge, die beim Blutspenden üblich ist). Das Blut hört fast immer von selbst zu fließen auf. Manchmal ist ein leichter Farbwechsel des Blutes zu beobachten – beenden Sie dann den Aderlass, unabhängig von der Menge, die schon abgeflossen ist.

- Der Aderlass sollte nüchtern erfolgen. Die Tageszeit ist unwichtig – die Atmosphäre während des Aderlasses dagegen wichtig: Sie sollte entspannt und gelassen sein. Man muss dem Blut erlauben, den Körper zu verlassen und dabei mitzunehmen, was man loswerden will. Ohne Druck, ohne Zwang, ohne Hektik, ohne überzogene Erwartungen.

Nebenwirkungen: Rechnen Sie an den zwei oder drei folgenden Tagen mit einer stärkeren Lichtempfindlichkeit. Setzen Sie sich in dieser Zeit keiner direkten Sonnenbestrahlung aus und tragen Sie eine Sonnenbrille, überanstrengen Sie sich nicht, weder körperlich noch geistig, und essen Sie nichts Belastendes, wenig Milchprodukte oder sonstige schleimbildenden Nahrungsmittel. Verzichten Sie zwei bis drei Tage lang auch auf ungewohnte Speisen.

Das Tiroler Zahlenrad

*Wer heute gleich handelt wie gestern
und dennoch ein anderes Ergebnis erwartet,
hat noch nicht seinen nächsten Schritt gemacht.*

RON FISCHER

Das »Tiroler Zahlenrad« gehört zu den eigenartigsten Elementen des Lebens in Johannas Familie, trotzdem ist es eines der wertvollsten. Wir haben zwei Bücher zum Thema geschrieben (*Das Tiroler Zahlenrad* und *Das Buch der Lebenschancen*), möchten Ihnen aber auch hier die Gelegenheit geben, kurz in diese Welt einzutauchen und vielleicht erfrischt und inspiriert zurückzukehren.

Gehen wir es an:

Jede Zahl in Ihrem Geburtsdatum (mit Ausnahme der Zahlen für das Jahrtausend und das Jahrhundert!) verweist auf ein ganz spezielles kleines »Paket« von Talenten und Fähigkeiten, die Sie von Geburt an mitbringen. Jede Zahl hat eine spezifische und weitreichende Bedeutung für das Leben und das Schicksal, für die Chancen und die berufliche Eignung und nicht zuletzt für die körperliche und seelische Gesundheit.

Das Fehlen bestimmter Zahlen im Geburtsdatum hat ebenfalls eine besondere Bedeutung: Die fehlenden Zahlen sind ein klarer Fingerzeig auf die Aufgabe im Leben – auf das, was fehlt, um den eigenen Charakter zu vervollständigen, auf die beson-

dere Herausforderung, die jeder Lebensweg bereithält. Das hat nun nichts mit Astrologie, Numerologie und Zahlenmystik zu tun. Es war Bestandteil des Alltagslebens dieser Tiroler Bauern-Großfamilie, war gelebtes, überliefertes Wissen, dessen Wert, Wirkung und Grenzen unmittelbar erfahren wurden. Um die Frage vorwegzunehmen: Das Zahlensystem selbst hatte in diesem Umfeld keinen eigenen Namen, und es gab auch keine Informationen über seine Herkunft, außer dass es bereits den Kelten bekannt gewesen ist.

Die Struktur des Zahlenrads kann mühelos erfasst werden (siehe Abbildung oben). Die Zahlen sind in Paaren und nach Himmelsrichtungen angeordnet, jedem Paar wird eine Farbe zugeordnet, und jedes weist ganz spezielle Eigenschaften auf. Insgesamt gibt es 31 mögliche Anordnungen, Signaturen genannt, je nach Zahlenverteilung im Geburtsdatum. Damit Sie jetzt schon von der Kenntnis Ihrer persönlichen Zahlen profitieren, folgt nun eine Zusammenfassung der jeweiligen Bedeutung. Wichtig: Die Null *vor* einem Tag oder Monat im Geburtsdatum zählt nicht! So bedeutet 9. Mai, dass man die Zahlen 9 und 5 im Geburtsdatum aufweist, nicht die Zahlen 09 und 05!

1 und/oder 6 im Geburtsdatum: erleichtern den Schritt in die Öffentlichkeit. Hier darf man nicht im Stillen arbeiten, man muss die eigenen Talente offen zeigen. Diese Zahlen vermitteln ein neugieriges Streben, visionäre Eigenschaften und Mut. Berufe: Schriftsteller, Anwalt, Politiker, in den Medien Tätige, Erfinder und so weiter. Farbe: Schwarz und Blau.

3 und/oder 8 im Geburtsdatum: bringen Sensibilität und die Fähigkeit, Menschen und Dinge zu durchschauen. Mitgefühl, Toleranz und Kreativität gehören hier zum Talentschatz. Berufe: Heiler, Musiker, Lehrer an Krankenpflegeschulen, Pfleger, Prediger, Sänger, Bio-Bauer und so weiter. Farbe: Grün.

7 und/oder 2 im Geburtsdatum: Die »Menschen des Südens« bringen viel Charisma und Lebenslust mit. Sie sind unterhaltsam, kommunikativ, unabhängig, energiegeladen und sparsam. Berufe: Architekt, Forscher, Maler, Priester, Tänzer, Philosoph und so weiter. Farbe: Rot.

4 und/oder 9 in Geburtsdatum: geben Ehrgeiz, Erfolgsorientierung und Effizienz mit auf den Weg. Man kann mit Zahlen umgehen, und nur selten fehlt das nötige Durchsetzungsvermögen. Berufe: Manager, Kunsthandwerker, Erfinder, Ingenieur, Sportler und so weiter. Farbe: Weiß.

5 und 0 im Geburtsdatum: vermitteln innere Stabilität und Selbstvertrauen. Nur wenig kann solche Menschen aus der Ruhe bringen. Sie sind großzügig, vernünftig, hilfsbereit, bleiben ihren Prinzipien treu und können praktisch denken. Berufe: Gärtner, Geologe, Förster, Bio-Bauer und alle Berufe, die Geduld erfordern. Farbe: Gelb.

Klingen die Angaben vertraut, wenn Sie die Beschreibung Ihrer eigenen Zahlen lesen? Wenn Sie das Zahlenrad erfassen, können Sie in nur fünf Minuten erkennen, warum Ihr Kind so ist und nicht anders, warum Ihre Eltern so ähnlich handeln wie ein Geschwisterteil, oder warum Ihnen scheinbar niemand zugehört hat als Kind. Warum sind Partner, Kinder, Nachbarn, Kollegen, Chefs, Opas und Omas so, wie sie sind? Warum sind manche Menschen immer erfolgreich? Warum ziehen andere immer die gleichen Probleme an und versuchen sich in den immer gleichen, untauglichen Lösungen? Auf solche und zahllose weitere Fragen gibt das Zahlenrad Antwort.

Ein Beispiel als Inspiration und Denkanstoß: Wenn Ihr Gegenüber in seinem Geburtsdatum eine Neun aufweist, Sie dagegen nicht, werden Sie auf Dauer immer den Kürzeren ziehen. Lesen Sie nach, was zu tun ist, und tragen Sie ab sofort häufiger weiße Kleidungsstücke. Wenn eines Ihrer Kinder eine Neun im Geburtsdatum aufweist, dann brauchen Sie nicht allzu viel an ihm herumzuziehen, denn es lässt sich ohnehin nicht viel von Ihnen sagen. Hier ist dann Gelassenheit angesagt. Lassen Sie das Kind so gut es geht selbstständig walten. Erst dann wird es von sich aus auf Sie zukommen.

Ändern Sie Ihre Taktiken mithilfe des Tiroler Zahlenrads, und Sie werden aus dem Staunen nicht mehr herauskommen. Ihre Mitmenschen übrigens auch nicht! Von der Kindererziehung bis zur Berufswahl auf Basis tatsächlich vorhandener, aber vielleicht noch unentdeckter Talente – bei alldem kann das im Tiroler Zahlenrad verborgene Wissen eine große Hilfe sein.

Neumond und Kontaktprobleme

Die Kraft des Neumondes lässt sich auch auf einem Gebiet nutzen, das auf den ersten und vielleicht auch auf den zweiten Blick kaum etwas mit dem Wissen um den richtigen Zeitpunkt zu tun hat: die Kontaktsuche bzw. -schwierigkeit vieler Menschen in der heutigen Zeit.

Wir leben mittlerweile in einer paradoxen Welt: Jeder ist zu jeder Zeit erreichbar, jeder kann mit jedem kommunizieren, die Kommunikationskanäle sind durch das Internet so vielfältig wie nie – von E-Mails über Twitter oder Facebook bis hin zu Skype. Gleichzeitig ist die Fähigkeit zu echter, aufrichtiger Kommunikation zwischen zwei Menschen, zu einem intimen Miteinander und zu verlässlicher Freundschaft auf einem solchen Tiefpunkt angelangt, dass man über das Ausmaß wirklich erschrecken muss. Kontaktprobleme sind schon fast die Norm, der Großteil der modernen Kommunikation zwischen zwei Menschen verläuft meist in eine Richtung, von oben nach unten oder von unten nach oben – von Arbeitgeber zu Arbeitnehmer, von Lehrer zu Schüler, von ratlosen Eltern zu Kindern, die sich unverstanden fühlen –, aber es wird nicht mehr *miteinander* kommuniziert. Für diesen Stand der Dinge gibt es sicherlich viele Gründe, aber einer der wichtigsten ist tatsächlich der, dass man sich als Kind nicht verstanden gefühlt hat. Langsam wandert man dann tiefer und tiefer in eine mehr oder weniger versteckte Form der Isolation. Oftmals weiß niemand so richtig, warum sich gerade *dieses* Kind, dieser Teenager (oder Erwachsene!) zurückzieht.

Es ist eine traurige Sache, dass wir noch immer in einer Welt der Tyrannei von Denk- und Verhaltensschablonen leben. Selbstverantwortung und eigenständiges Denken und Handeln sind sehr viel seltener gefragt, als es wünschenswert wäre, und noch viel seltener kommt es zu Situationen, in denen dieses Verhalten aktiv gefördert und belohnt wird. Firmen, Schulen, Organisationen oder Parteien könnten da viel dazulernen.

Heutzutage sind es vielfach die schleichenden Methoden der Gehirnwäsche, die zu Isolation und Einzelgängertum führen. Ein deutliches Zeichen für das Endergebnis: In fast allen Großstädten der Welt leben in mehr als 50 Prozent der Wohnungen »Singles«. Das Social-Media-Chaos verschleiert durch den allgegenwärtigen Internetzugang diese Isolation noch zusätzlich. Die Gewohnheit, Verantwortung abzuschieben, Abhängigkeiten und Süchte aller Art – das alles ist schon fast die Norm.

Ist man einmal in dieser Sackgasse gefangen, schleicht sich die Angst ein. Sie lähmt ganze Generationen, ohne dass wir uns dessen bewusst sind. Schon zu lange haben die Menschen in einer Scheinwelt gelebt und den gesunden Umgang mit Absagen, Zurückweisungen und dem »Anderssein« verlernt oder erst gar nicht *erlernt*. Ein klares Nein, eine Zurückweisung macht ihnen Angst. Solche Angst, dass die Anonymität und Pseudofreiheit im Internet ihnen attraktiver scheint. Wenn Sie sich selbst ein wenig in diesen Beschreibungen wiedererkennen, stellen Sie sich doch einmal die Frage, ob Sie wirklich so sehr »hinter dem Mond« wären, wenn Sie nicht jeden Trend mitmachten?

Fortschritt, Technisierung, Facebook... nichts davon wird Ihnen ersparen, früher oder später auf eigenen Beinen zu stehen und eine eigene Meinung zu entwickeln. Mitläufer bleiben – kein Problem, auch das ist möglich. Aber der Preis dafür ist hoch, diese Rechnung können und wollen Sie nicht bezahlen. Und für *diese* Kosten gibt es keine Versicherung.

Zur Lösung von Kontaktproblemen eignet sich besonders die Kenntnis des persönlichen Biorhythmus (siehe Seite 360). Sie können Begegnungen und Meetings aller Art so terminieren, dass Sie den negativen Einflüssen mit Sicherheit aus dem Weg gehen. Wahrscheinlich hat ein negatives Erlebnis dazu geführt, dass die Probleme überhaupt erst entstanden sind. Vergessen Sie nicht, dass jeder Mensch diese Probleme kennt, nur geht nicht jeder auf dieselbe Weise damit um. Wussten Sie, dass Extremsportler oftmals nur deshalb diesen Weg gewählt haben, weil sie darin eine Chance sehen, mit ihren Ängsten fertigzuwerden?

Fangen Sie klein an. Nehmen Sie sich jeden Tag ein Ziel vor. Steigern Sie diese Ziele, wenn Sie mit dem Biorhythmus gerade im Hoch sind, und reduzieren Sie aufs Notwendige, wenn Ihr Rhythmus ungünstig ist. Achten Sie zu Beginn besonders auf die Wellen des seelischen Rhythmus.

Suchen Sie zu Beginn die Begegnung mit völlig fremden Menschen. Suchen Sie nicht in Ihrer Wohngegend, so brauchen Sie keine Angst vor Vorurteilen zu haben. Wenn Sie dann erfahren, dass Sie nicht »gefressen« werden, auch wenn Sie einmal nicht der König der Schlagfertigkeit waren, wird Ihr Selbstbewusstsein langsam steigen.

Eine Erkenntnis allerdings ist zu allen Zeiten überlebensnotwendig: *Sie sind immer so gut oder so schlecht, wie Sie tatsächlich sind, nicht so, wie andere Menschen Sie sehen und auf Sie reagieren.* Der größte Fehler ist, Reaktionen anderer Menschen persönlich zu nehmen und überzeugt zu sein, dass deren Aussagen der Wirklichkeit entsprechen. Genau aus diesem Grund hat die Werbung Erfolg. Wir glauben vielleicht nicht so sehr an das Produkt, aber das Umfeld, in dem es inszeniert wird, hinterlässt Eindruck. Wir alle hoffen tief drinnen auf eine »heile Welt« und damit auch auf die »heile Reaktion« anderer Menschen. Obwohl wir genau wissen, wie viele Lügen in der Luft liegen, streben wir immer nach Antworten und Reaktionen, die uns in jenem Augenblick vermeintlich »guttun«. Das ist der Beginn chronischer Kontaktschwierigkeiten: Wir gehen kein gesundes Risiko mehr ein, und die Folgen sind verheerend.

Beginnen Sie also damit, sich jeden Tag ein sehr kleines Ziel zu setzen. Ein Beispiel: »Heute mache ich mir nichts draus, wenn ich am Bahnhof angestarrt werde.« Oder: »Heute stelle ich mich in die Schlange beim Bäcker, egal wie lange ich hinter dem gleichen Menschen stehe.« Oder: »Heute sage ich Nein zum Surfen im Internet und gehe in den Park.« Sie werden dort im Park nicht gleich »taxiert«, nur weil jemand Sie anschaut. Lernen Sie, solche kleinen Dinge auszuhalten, und es wird schnell bergauf gehen. Für Ihre erste Mutprobe achten Sie auf Ihren Biorhythmus oder wählen Sie einen Neumondtag. Dann ist ein guter Anfang in eine Richtung gemacht, die Ihrem Leben mehr Sinn und Tiefe geben wird.

Alpha und Omega – Ihr persönlicher Ernährungstyp

An vielen Stellen des Buches haben wir bereits darauf hingewiesen, dass Gesundsein und Gesundbleiben auf Dauer nur möglich ist, wenn Sie Ihre persönliche – die für Sie richtige – Ernährungsweise entdecken. Gesunde Ernährung ist Medizin. Aber um sich wirklich gesund zu ernähren, müssen Sie etwas Wichtiges beachten, das in den Ernährungsratgebern noch immer keine Beachtung findet. Es betrifft die Frage, welcher »Ernährungstyp« Sie sind.

Es gibt zwei Ernährungstypen: den *Alpha-Typ* und den *Omega-Typ*. Wir haben diese Begriffe selbst geprägt, weil es nach unserem Kenntnisstand keine populären und eingeführten Begriffe dafür gibt.

Johanna erzählt dazu: »*Bei uns zu Hause gab es keine genauen Bezeichnungen für die beiden Ernährungstypen. Wir wuchsen mit dem Wissen ebenso selbstverständlich auf wie mit den Mondregeln. Es lag einfach auf der Hand und war auch einsichtig, dass meine Mutter für Geschwister, Großeltern und so weiter unterschiedlich kochte. Jeder spürte die Notwendigkeit, und man fragte nicht nach. Sich so zu ernähren wie der jeweils andere Ernährungstyp, das wäre uns vorgekommen, als ob wir uns absichtlich schwächten, um uns vor irgendetwas zu drücken. Was die Ernährung betrifft, fragten wir uns also nicht, ›Was kann ich essen?‹, sondern vielmehr:*

›Was kann mein Körper umsetzen, um gesund und bei Kräften zu bleiben?‹ Hier verbirgt sich einer der Hauptgründe, warum das Allheilmittel der Nachbarin Ihnen selbst vielleicht nichts nutzt oder gar schadet. Oder warum manches Kind zum Problemkind wird, während ein anderes – bei gleicher Ernährung – gesund und munter heranwächst. Oder warum manche Mütter nach dem Abstillen an Gewicht zunehmen: Sie hatten sich instinktiv für das Kind richtig ernährt und hätten nach dem Abstillen wieder zu jener Ernährung zurückkehren sollen, die ihrem eigenen Ernährungstyp entspricht.«

Wenn ich mich nach allen Regeln der Kunst und der Natur gesund ernähre, kann es trotzdem geschehen, dass mein Körper nicht bekommt, was er braucht – nämlich dann, wenn ich meinen Ernährungstyp ignoriere. Um Ihren persönlichen Ernährungstyp aus eigener Kraft entdecken zu können, müssen Sie nach und nach herausfinden, welche Nahrungsmittel Sie vertragen und welche nicht. Dabei sollten Sie bedenken, dass Sie vielleicht schon seit Jahrzehnten regelmäßig Nahrungsmittel oder Getränke zu sich nehmen, obwohl sie Ihnen grundlegend schaden! Die folgende kurze Checkliste kann Ihnen auf die Spur helfen:

Sie vertragen ein bestimmtes Lebensmittel wahrscheinlich nicht ...

- *... wenn das Essen Sie regelmäßig ermüdet.* Das Gefühl, nach jedem Essen am liebsten ein Schläfchen machen zu wollen, ist ein absolut sicheres Zeichen dafür, dass Sie etwas nicht vertragen haben und dass es Ihnen langfristig schadet. Müdigkeit nach dem Essen ist eine Form von Allergie. Die

Ausnahme: die leichte Mattigkeit zwischen 13 und 15 Uhr, unabhängig davon, ob man gegessen hat oder nicht. Sie hängt mit dem Tagesrhythmus der Organe zusammen.

- *... wenn Sie regelmäßig unter saurem Aufstoßen, Sodbrennen, Völlegefühl, Blähungen oder Kopfschmerzen zu leiden haben.* Kopfschmerz und Migräne sind eine sehr häufige allergische Reaktion auf nicht vertragene Nahrungsmittel oder Getränke. Oftmals wird diese Reaktion nicht in Verbindung mit der untauglichen Nahrung gebracht, weil sie erst am nächsten Tag eintreten kann.

- *... wenn sich Ihre Laune 15 Minuten bis eine halbe Stunde nach der Essensaufnahme stark verschlechtert.* Diese Reaktion tritt besonders bei Kindern auf, nachdem sie Süßigkeiten gegessen haben. Aber auch bei Erwachsenen, etwa nach der Aufnahme von Mehlspeisen mit poliertem Weizenmehl.

- *... wenn Sie unter unbestimmbaren Rückenschmerzen leiden, besonders im Kreuzbereich.* Rückenschmerzen sind eine sehr häufige allergische Reaktion auf polierten Weizen (der Normalfall), weil die überlastete Niere über Nervenbahnen in die Wirbelsäule ausstrahlt.

Es gibt natürlich noch weitere Anzeichen für Unverträglichkeiten, aber das waren die wichtigsten. Wenn Sie nun eine kleine Liste mit Lebensmitteln vor sich haben, die sie nicht vertragen, können Sie vielleicht die Tabelle auf den nächsten Seiten leichter deuten und schon auf den ersten Blick erkennen, welcher Ernährungstyp Sie sind. Das wird so manches Aha-Erlebnis auslösen und Sie sicherlich einen Schritt weiterbringen.

Ernährungsempfehlungen für Alpha-Typ und Omega-Typ

Alpha-Typen vertragen besonders gut:

Getreide:
Dinkelmehl, Roggenmehl, Quinoa, Amaranth, Kamut und Produkte aus diesen Getreiden. Bei Glutenunverträglichkeit ist Quinoa ein Tipp, denn auch der so gesunde Dinkel ist nicht glutenfrei. Backen mit Dinkel ist nur zu Beginn gewöhnungsbedürftig.

Obst:
Kernobst wie **Äpfel, Birnen,** alle **Zitrusfrüchte** wie **Orangen, Mandarinen, Zitronen, Limonen, Grapefruit, Kiwi** usw.

Gemüse:
Gurken, Karotten, Zwiebeln, Lauch.

Getränke:
Säfte aus Kern- und Beerenobst sowie **Zitrusfrüchten. Wasser** ohne oder mit sehr wenig Kohlensäure. **Tee** von **Grüntee** bis **Kräutertee.** Alle Getränke für den Alpha-Typ sollten nicht sehr kalt sein.

Fette und Öle:
Butterschmalz (Ghee), Speck, und wer es mag **Schweineschmalz. Butter, Buttermilch, Ziegenmilch, Schafmilch, Sahne** oder **Kuhmilch** direkt vom Bauernhof (Milch ist kein Getränk, sondern ein Nahrungsmittel). Der Alpha-Typ verträgt **tierische Fette** besser als pflanzliche Öle.

Fleisch:
Eine Ernährung ohne tierisches Eiweiß wäre natürlich für unsere Welt und für die Gesundheit ideal. Als Alpha-Typ verträgt man jedoch Fleisch in Maßen recht gut. Gebratenes bekommt Ihnen besser als Gekochtes. Scharfe Gewürze und verschiedene Kräuter (Thymian, Rosmarin, Majoran etc.) machen Fleisch verträglicher.

Sonstiges:
Sie vertragen zwei bis drei **größere Mahlzeiten** täglich besser als mehrere kleine Portionen über den Tag verteilt. **Zwischen den Mahlzeiten** sollten bei Ihnen **mindestens vier Stunden** vergehen. Nur so kann Ihr Stoffwechsel optimal arbeiten.

Auch ein Alpha-Typ muss nicht immer auf Nachspeisen verzichten. Zum Süßen, etwa bei Müsli, Gebäck, Kuchen, ist Bio-Rohrzucker, Ahornsirup, Agavendicksaft in Maßen in Ordnung. Auch Salate dürfen durchaus mit wenig pflanzlichem Öl angemacht werden. Wichtig ist, nicht ständig mit Öl braten!

Schädliches für den Alpha-Typ:

Im Prinzip alles, was als besonders verträglich für den Omega-Typ gilt.

Die Dickmacher:
Zwischendurch essen, zu kalte Getränke, nach 18 Uhr essen. **Ständig süße Nachspeisen.** Herkömmliche **Süßigkeiten, Weißmehl** und **Zucker** sowie **pflanzliche Fette** und **Öle, Mayonnaise** etc. (Leider war die Fehlinformation der letzten Jahrzehnte über Öle nicht sehr hilfreich für den Alpha-Typen.) Generell **Eiweiß tierischer Herkunft.** Jede Form von **Chips. Fertigprodukte mit gesättigten Fettsäuren.** Oft wird auch **Honig** nicht vertragen.

Getreide:
Alle **Weizenmehlprodukte** (die meisten Weizenallergiker sind Alpha-Typen), **Hafer, zu viel Reis, zu viele Nüsse.**

Obst:
Steinobst (Pfirsiche, Aprikosen, Datteln, Mango usw.), Bananen (Alpha-Typen vertragen Bananen ab und zu, aber keine größeren Mengen und schon gar nicht täglich).

Gemüse:
Tomaten, zu viel **Knoblauch.**

Getränke:
Alle **eiskalten Getränke, Kaffee mit Milch, gezuckerte Säfte.** Wenn Verzicht auf Kaffee allzu schwerfällt, eventuell vorläufig auf Espresso umsteigen.

Sonstiges:
Zu wenig trinken zwischen 15 und 19 Uhr ist besonders für den Alpha-Typ negativ. **Mehr als drei Mahlzeiten täglich.**

Omega-Typen vertragen besonders gut:

Getreide:
Bio-Weizenmehlprodukte (Weizenallergiker sind meistens entweder Alpha-Typen oder auf das wertlose Weizen-Auszugsmehl allergisch), **Dinkel, Hafer, (Amaranth** und **Quinoa** sind fast immer verträglich). **Reis, Nüsse.** (Nussallergien kommen bei Omega-Typen fast nur von behandelten oder bestrahlten Nüssen. Bei Bio-Nüssen vergeht die Allergie meist nach einiger Zeit.) Weizenprodukte wirken oft deshalb als Allergieauslöser, weil billiger Industrieweizen enthalten ist.

Obst:
Generell **Bio-Steinobst (Aprikosen/Marillen, Kirschen, Pfirsiche, Datteln, Zwetschgen** usw.), **Bananen.**

Gemüse:
Tomaten, Knoblauch.

Getränke:
Säfte aus Stein- und Beerenfrüchten. Die meisten Omega-Typen vertragen kalte **Getränke** (»eiskalt« ist jedoch grundsätzlich ungesund). Wasser ohne oder mit wenig Kohlensäure, Tee, Kräutertees. Süße Getränke in Maßen. Getränke mit viel Zucker machen auch Omega-Typen müde und dick. Künstliche Süßstoffe sind immer schädlicher als Zucker, weil der Körper sie nicht umwandeln kann und deponieren muss. **Kaffee** (aber ohne Milch! Die Kombination löst im Stoffwechsel Chaos aus und wirkt leberbelastend).

Fette und Öle:
Alle **Bio-Pflanzenfette und -öle. Bio-Margarine.** Kaltgepresstes Öl nicht zum Braten verwenden! **Mayonnaise** in Maßen. Der Omega-Typ verträgt pflanzliche Öle und Fette besser als tierische Fette.

Fleisch:
Mageres Fleisch. **Gekochtes Fleisch** ist verträglicher als gebratenes. Niemals zu stark anbraten!

Sonstiges:
Der Omega-Typ braucht »Süßes« und darf auch zwischendurch Kleinigkeiten essen. Niemals sollte er tagsüber fasten und dann abends essen! Besser sind **fünf kleine Mahlzeiten** als drei große.

Schädliches für den Omega-Typ:

Im Prinzip alles, was als besonders verträglich für den Alpha-Typ gilt.

Die Dickmacher: Tierische Fette, Butter usw. **Milch und Milchprodukte** wie Käse, Joghurt usw.

Getreide: Roggen, jede Form von Auszugsmehl.

Obst: Kernobst, Zitrusfrüchte.

Gemüse: Karotten, Zwiebeln, Gurken.

Getränke: Zu viel Schwarz- und Grüntee.

Sonstiges: Zu heiße Getränke, besonders alle »Light«-Produkte.

Ernährungsempfehlungen für alle Typen

Alle Menschen vertragen fast immer:
Dinkel und Dinkelprodukte (außer bei Glutenunverträglichkeit), Gerste, Sesam, Feigen, Grüne Salate, Feldsalat. Generell Bio-Gemüse und Beerenfrüchte, Bio-Sojaprodukte, Sojamilch. Alle Hülsenfrüchte, Kartoffeln und pflanzliches Eiweiß.

Schädigend sind für alle Menschen:
Weißer Zucker, polierte Getreide, Weißmehl, zu viel Salz, künstliche Aroma- und Süßstoffe, Farbstoffe, Konservierungsmittel, bestrahlte Lebensmittel. Generell Obst und Gemüse aus Industrielandwirtschaft, Fast Food, zu viel tierisches Eiweiß.

Problematisch für alle Menschen:
- Wenn das Produkt Eier enthält
- Gehärtetes Fett
- »Light-Produkte« – sie täuschen wenig Zucker vor, der Körper kann sie nicht verstoffwechseln
- Mikrowellengerichte – ihre Schädlichkeit wird leider immer noch diskutiert. So viel ist sicher: Energie ist keine mehr enthalten.

So sehen also die Zusammenhänge aus. Jetzt nicht verzagen: Wenn Sie wirklich keine Zeit oder Geduld haben, Ihren eigenen Ernährungstyp zu ermitteln, helfen wir Ihnen (siehe Anhang, Seite 371)!

Sie erkennen an der Tabelle beispielsweise, warum Kernobst kombiniert mit Steinobst für viele Menschen nicht verträglich ist, vor allem wenn es um Mischsäfte aus beidem geht. Plausible Antworten gibt die Tabelle auch auf andere Fragen, z. B. warum manche Menschen von Torten nicht dick werden, während andere buchstäblich schon »vom Hinschauen« Pfunde zulegen. Oder warum viele Menschen das angeblich so gesunde Glas Orangensaft am Morgen nicht vertragen und mit Sodbrennen reagieren. Oder warum der »gesunde Apfel« von vielen Kindern in der Schulpause im Handumdrehen gegen etwas »Besseres« eingetauscht wird. Oder warum manche Menschen sich richtig satt essen können und dann lange nichts mehr brauchen, während andere ständig Kleinigkeiten zu sich nehmen müssen.

Diese Einteilung ist für jedermann einfach nachzuprüfen. Lassen Sie sich Zeit und legen Sie Ihre Vorurteile einmal kurz zur Seite – um Ihrer Gesundheit willen. Der Körper ist ja in der Regel ungeheuer robust. Wir können uns kleinere und auch größere Ernährungssünden scheinbar folgenlos leisten, manchmal über eine lange Zeit hinweg. Gerade in jungen Jahren »dürfen« wir uns oftmals regelrecht falsch ernähren, ohne dafür die Rechnung präsentiert zu bekommen. Die Müdigkeit nach dem Essen, die Kopfschmerzen und ein Kater hier und da, das Zwicken und Zwacken in den Gelenken morgens, der kleine Hautausschlag, der schnell vergeht, ein paar Kilo zu viel – so viele Symptome für Unverträglichkeiten nehmen wir schlicht und einfach in Kauf, ohne viel darüber nachzudenken.

Erst um die 40 summieren sich diese Sünden, und ihre Folgen lassen sich nicht mehr so leicht ignorieren.

Wenn Sie die Tabelle auf Ihre persönliche Erfahrung und Situation übertragen, ist es manchmal möglich, den eigenen Ernährungstyp auf Anhieb zu erkennen. Letzte Klarheit verschafft meist ein Sieben-Tage-Experiment: Ernähren Sie sich bei zunehmendem Mond einige Tage lang nur in die Omega-Richtung und anschließend ebenfalls bei zunehmendem Mond einige Tage lang wie ein Alpha-Typ (oder umgekehrt). Meist wird dieses Experiment schon nach zwei, drei Tagen ein deutliches Ergebnis bringen. Natürlich kommt es vor, dass man dann immer noch im Zweifel ist, aber für diese Fälle haben wir einen Fragebogen vorbereitet, den Sie bei uns bestellen oder herunterladen können (www.paungger-poppe.com) und den wir gegen geringe Kosten gerne für Sie auswerten.

Vielleicht können einige Beispiele aus dem Alltag die Zusammenhänge noch deutlicher machen: Angenommen, Sie wissen, dass Sie tierische Fette und Roggenmehl gut vertragen (Alpha-Typ) und schon immer gut vertragen haben. Aber Sie sind schon immer ein eingefleischter Kaffeetrinker gewesen. Die Wahrscheinlichkeit ist sehr groß, dass Ihnen Kaffee schadet. Probieren Sie es einmal einen Monat lang mit grünem Tee.

Oder Sie lieben und vertragen pflanzliche Öle (Omega-Typ) und trinken gleichzeitig häufig Saft aus Zitrusfrüchten. Probieren Sie, auf Wasser umzusteigen (ohne Kohlensäure, am besten Leitungswasser), und verzichten Sie einige Zeit lang auf dunkle Mehle. Achten Sie auf vollwertiges Weizenmehl.

Beobachten Sie, experimentieren Sie. Haben Sie tierisches Fett seit jeher gut vertragen, lassen Sie es sich von niemandem ausreden. Und gehen Sie dann davon aus, dass Roggenbrot »Ihr Brot« ist. Kein Mehl schadet Ihnen in einem solchen Fall mehr als Weizenmehl. Dieser gravierende Unterschied zwischen Alpha-Typ und Omega-Typ ist der Grund, warum Brot heutzutage von kaum jemandem wirklich gut vertragen wird – es handelt sich ja meist um Mischbrot.

Haben Sie hingegen pflanzliche Öle schon immer gut vertragen, dann ist Weizenmehl »Ihr Mehl«. Die viel geschmähten hellen Brötchen und knusprigen Baguettes brauchen Sie ab sofort nicht mehr heimlich zu essen, sondern Sie können sie mit Genuss und mit viel Marmelade oder einem anderen süßen Aufstrich verzehren. Wählen Sie aber immer Vollkorn-Weizenmehl in Bio-Qualität.

Lassen Sie sich von unseren Erfahrungen inspirieren und stellen Sie die Ernährung auf Ihren Typ um. Lassen Sie den Aha-Erlebnissen Experimente folgen. Wir kommen ja schon mit dieser Typ-Ausrichtung auf die Welt!

Babys sind vom ersten Tag an entweder Alpha- oder Omega-orientiert. (Alle Kinder vertragen Muttermilch, da sich die Mütter während der Stillzeit instinktiv den Bedürfnissen der Babys anpassen. Das ist genau der Grund, warum stillende Mütter oft Heißhunger auf völlig ungewohnte Lebensmittel bekommen.) Also beobachten Sie, was nach der Umstellung auf Ihren Ernährungstyp geschieht und genießen Sie die Veränderung.

Die Wissenschaft mahnt uns: Esst weniger Eiweiß, weniger Fett, weniger Salz! Sie hätte recht damit, wenn sie diese Empfehlungen nur für einen bestimmten Typ aussprechen würde. Dem Alpha-Typ schadet Butter nämlich nicht, während sie den Omega-Typ langsam und schleichend schwächt, bis sein Immunsystem sich gegen Störungen und Krankheiten aller Art nicht mehr wehren kann.

Eine ernste Krankheit bei dogmatisch »veganer« Lebensweise (ohne jedes Produkt tierischer Herkunft in der Ernährung) kann also ihre Ursache im Fehlen von Butter oder Butterschmalz haben. Die chronische Störung eines Speckliebhabers andererseits beruht vielleicht auf der Tatsache, dass er als Omega-Typ nur pflanzliches Fett gut verträgt, während das tierische Fett den Kreislauf belastet und zu Übergewicht führt. Auf Fett einfach zu verzichten ist nicht die Lösung, denn viele lebenswichtige Vitamine sind fettlöslich. Es würde zu Mangelerscheinungen führen und dazu, dass der Körper jedes versteckte Fett sofort speichert (Dickmacher!).

Behalten Sie immer im Auge: Niemand auf der Welt kann besser entscheiden als Sie, was gut für Sie ist und was nicht. Haben Sie den Mut, diese Entdeckungsreise aus eigener Kraft zu machen. Ihr Körper wird Sie belohnen. Im Laufe der vielen Jahre der Vorträge und der Zusammenarbeit mit interessierten LeserInnen haben wir immer wieder die Erfahrung gemacht, dass es oft nur ein wenig Überwindung kostet, um loszulegen. Der Erfolg wird Ihnen recht geben und Ihren Mut belohnen. Was kann es Schöneres geben, als unbeschwert das Richtige essen zu können und dabei auch noch sein Idealgewicht zu erreichen – ohne Hungern, ohne Kalorientabellen, ohne Waage und ohne zusätzliche Kosten!

Der Biorhythmus – Lernen zum richtigen Zeitpunkt

Fast alle Geschehnisse in der Natur verlaufen wellen- oder kreisförmig: Sonne und Mond, Tag und Nacht, Jahreszeiten, Sonnenwinde, Klimaveränderungen, das Pflanzenwachstum und die Lebensalter im Sieben-Jahres-Rhythmus. Eine dieser Wellenbewegungen »erben« wir am Tag unserer Geburt: unseren individuellen Biorhythmus, der drei verschiedene Ausprägungen aufweist – Körper, Geist und Gefühlswelt (die »Seele«).

Dieses Buch ist unserer Meinung nach nicht vollständig, wenn wir Ihnen diesen Rhythmus nicht nahebringen – zumindest in einer Form, die Ihre Neugier wecken könnte. Denn die Kenntnis des eigenen Biorhythmus ist im Alltag so wertvoll wie alles, was wir Ihnen bisher vermitteln durften. Weil hier nicht der Raum für eine allzu ausführliche Vorstellung ist, haben wir uns deshalb für einen kleinen Gutschein entschieden:

GUTSCHEIN

Schreiben Sie an vrz@aon.at, und wir senden Ihnen kostenlos eine **Anleitung für die Berechnung** Ihres persönlichen Biorhythmus zu (zum Eintrag in Kalender oder Ähnliches).

Worum geht es beim Biorhythmus genau? Vom Tag der Geburt an wirken die Kräfte des menschlichen Biorhythmus auf Körper, Geist und Seele. Sie färben und beeinflussen vieles von dem, was wir gerade tun, fühlen und denken. Sich diese Wirkungen bewusst zu machen und sie vorhersagen zu können kann in vielen Lebensbereichen, im Berufs- und Privatleben von großem Vorteil sein. Drei verschiedene Rhythmen sind es, die uns unser Leben lang begleiten, im Takt einer langsamen inneren Uhr:

- der körperliche Rhythmus mit einer Länge von 23 Tagen
- der seelische Rhythmus mit einer Länge von 28 Tagen
- der geistige Rhythmus mit einer Länge von 33 Tagen.

Jeder dieser Rhythmen beschert uns bis zur Hälfte seiner Dauer eine langsam bis zu einem Gipfelpunkt ansteigende Hochphase. Am Gipfelpunkt dann verläuft er abrupt abwärts zum Ausgangspunkt und geht dort in eine langsam absinkende Tiefphase über, bis ein Tiefpunkt erreicht ist. Von dort kehrt er ebenfalls scharf senkrecht nach oben zum Anfang zurück, wo der Rhythmus »Ansteigen-Hoch-Wechsel-Abfallen-Tief-Wechsel« von Neuem beginnt.

Die Muster-Grafik auf der nächsten Seite lässt den etwas merkwürdigen Verlauf dieser Kurven erkennen. In der Grafik sehen Sie, wie beispielsweise die gepunktete Linie des seelischen Rhythmus nach oben strebt. Am 14. Tag – dem ersten *Wechseltag* – sinkt sie scharf zum »Nullpunkt« ab und läuft dann fast 14 Tage lang auf den Tiefpunkt zu. Am 28. Tag, am zweiten Wechseltag, vollendet sich eine Welle, der Rhythmus beginnt von Neuem. Der Wechseltag im seelischen Rhythmus fällt übrigens immer genau auf den Wochentag Ihrer Geburt!

Vom richtigen Zeitpunkt – Spezial

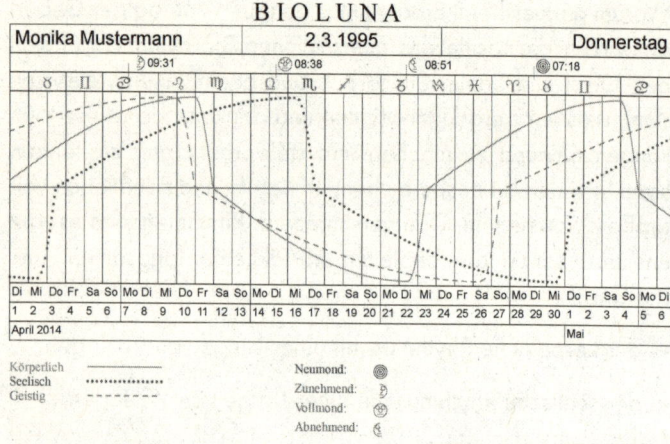

Der körperliche Rhythmus (durchgehende Linie) nimmt genau den gleichen Verlauf wie der seelische Rhythmus, die Hochphase endet jedoch schon nach 11 Tagen (der exakte Wechselpunkt ist nach 11,5 Tagen), der gesamte Ablauf ist nach 23 Tagen zu Ende. Die Kurve des körperlichen Rhythmus verläuft also steiler. Der geistige Rhythmus (gestrichelte Linie) beendet nach 16 Tagen die Hochphase (der exakte Wechselpunkt ist nach 16,5 Tagen) und wechselt dort. Die folgende Tiefphase erreicht nach insgesamt 33 Tagen den Ausgangspunkt eines neuen Zyklus. Von allen Rhythmen hat also seine Kurve die geringste Steigung und das geringste Gefälle.

Die *Wechseltage* sind bei allen Rhythmen von besonderer Bedeutung. Sie markieren eine kritische Zeitspanne, die einige Stunden, manchmal sogar einen Tag oder länger dauern kann. Ihre Wirkung auf Körper, Geist und Seele lässt sich mit einem raschen Klimawechsel vergleichen, ähnlich dem Kräftewechsel bei Vollmond. Eine kurze Zeitspanne, die Probleme mit

Konzentration, Müdigkeit oder Ausdauer mit sich bringt. In der Grafik können Sie auch erkennen, wie die drei Rhythmen miteinander verwoben sind und jeweils zur Verstärkung oder Abschwächung der Einflüsse beitragen. Das enge Zusammenspiel von Körper, Gefühlswelt und Geist hat zur Folge, dass sich die Wirkungen der drei Rhythmen nicht eindeutig und für jeden Menschen in derselben Weise bestimmen lassen.

Körperlicher Biorhythmus (23 Tage): Er ist besonders für Menschen interessant, die sich in irgendeiner Form vermehrt körperlich betätigen, ob im Sport oder im Beruf, etwa als Masseur, Tänzer oder Bauarbeiter. Während der Hochphase fühlt man sich in der Regel vital und ausdauernd. Am Wechseltag im Körperrhythmus ist man gesundheitlich etwas anfälliger als an anderen Tagen; Aufgaben, die ansonsten problemlos bewältigt werden, erfordern jetzt eine stärkere Konzentration. Die letzten Tage im Tief sollte man dann nutzen, um neue Kräfte zu sammeln.

Seelischer Biorhythmus (28 Tage): Er beeinflusst die innere und äußere Wahrnehmungs- und Empfindungskraft und generell die Gefühlswelt, Intuition und Schöpferkraft. In der Hochphase fällt es nicht schwer, eine optimistische Sicht auf das Leben zu gewinnen und zu behalten. Immer genau alle 14 Tage, am Wochentag Ihrer Geburt (manchmal schon einen Tag vorher, wenn man frühmorgens geboren wurde), beschert der seelische Rhythmus eine kurze, manchmal etwas konfuse Zeitspanne. In diesen Stunden können Sie mit einem gefühlsbedingten Durcheinander und seelischen Konflikten rechnen. Während der Tiefphase rutscht man leichter in eine pessimistische, ängstliche Grundstimmung und ist häufiger niedergeschlagen.

Geistiger Biorhythmus (33 Tage): Er berührt vor allem die Fähigkeit, geistig und planend zu arbeiten und beeinflusst die Lebensbereiche Logik, Verstand und Lernfähigkeit, vorausschauendes Denken, Kombinationsfähigkeit und innere wie äußere Orientierung – im wahrsten Sinne des Wortes die Geistes-Gegenwart. Die Wechseltage im geistigen Rhythmus hemmen die geistige Flexibilität und Konzentration.

Anwendung des Biorhythmus: In erster Linie ist die Kenntnis des Biorhythmus das ideale Instrument, wenn Kinder oder Erwachsene auf ein Lernziel hinarbeiten und dabei mit Lernschwäche oder nachlassender Gedächtnisleistung zu kämpfen haben. Ein ideales Instrument auch für Spitzensportler und deren Trainer, um Höchstleistungen zu erbringen und gleichzeitig die Verletzungsgefahr drastisch zu senken.

Natürlich gibt es Einwände: »Du meine Güte, wenn ich schon im Voraus weiß, dass ich schlecht drauf bin, geht's mir gleich noch schlechter« oder: »Meine Trainingsabläufe und die Wettkampfdaten sind vorgegeben, das kann ich mir nicht aussuchen.« Viele Menschen fühlen sich, wenn es um Körper und Gesundheit geht, mit dem Kopf im Sand tatsächlich wohler, und vertrauen darauf, dass es immer irgendwelche »Mittel« gibt, wenn mal etwas schiefgeht. Solche Menschen verzichten auf ein wesentliches Element des Menschseins – nämlich die Selbstverantwortung und Unabhängigkeit, die einen vor chronischen Enttäuschungen bewahrt.

Angenommen, Sie bereiten sich auf eine Prüfung vor. Der Termin steht fest. Die gute Nachricht: Ihr Biorhythmus kommt Ihnen nachhaltig zu Hilfe. Die schlechte Nachricht: Fans der »letzten Minute« sind dabei eher benachteiligt. Lernen Sie Ihren Prüfungsstoff früh genug, damit Sie an Ihren »schlechten

Tagen« bequem und ohne schlechtes Gewissen aussetzen können. An den »guten Tagen« – Ihr geistiger Rhythmus verläuft fern vom Schnittpunkt und befindet sich vielleicht sogar in der Aufwärtsbewegung zwischen Tag 1 und 16 – können Sie nicht nur schneller lernen, Sie werden den Stoff auch leichter behalten. Wer viel zu lernen hat, sollte besonders den geistigen Rhythmus im Auge behalten. Man kann natürlich auch an schlechten Tagen neuen Stoff durchgehen, aber das Gelernte wird schneller vergessen, und es bedarf der Übung und Disziplin, es parat zu haben, wenn es darauf ankommt.

Wenn Eltern bei einem ihrer Kinder mit Lernschwierigkeiten konfrontiert sind, sind sie oft froh, sich nicht nur auf einen einzigen Lösungsweg verlassen zu müssen. Lernen zum richtigen Zeitpunkt bedarf der intimen Kenntnis der Lebensumstände eines Kindes. Ein Lehrer kann diese niemals in dem Maße erwerben wie Eltern, Geschwister oder Großeltern.

Lernschwache Kinder und auch deren Eltern erkennen oft nicht, dass es nicht immer darum gehen kann, sich noch mehr »anzustrengen«. In schwierigen Fällen ist neben der Lern- und Arbeitsdisziplin fast ausnahmslos auch ein neuer Lernstil gefragt. Erst wenn das Kind den geistigen Zugang zum Lernstoff gefunden hat, hat es auch Erfolg. Ob dieser Zugang offen oder verschlossen ist, wird in hohem Maße vom individuellen Biorhythmus beeinflusst.

Zum körperlichen Rhythmus: Wir haben uns früher öfter einen Spaß daraus gemacht, den Ausgang von Weltmeisterschaften anhand der individuellen Biorhythmen der TeilnehmerInnen vorauszusagen, erstmals bei der Winterolympiade 1964. Es hat funktioniert. Alle TeilnehmerInnen sind mehr oder weniger

Weltklasse, und jeder ist an »guten Tagen«(!) in der Lage, jeden anderen zu schlagen. Bei den Voraussagen ist daher nur eines wichtig: Man muss die Sportler über einen gewissen Zeitraum hinweg beobachten, um seine oder ihre Vorlieben und Gewohnheiten zu erkennen. Denn mancher läuft zu Höchstleistungen auf, wenn sein geistiger Biorhythmus im Hoch ist, während andere im seelischen Gleichgewicht sein müssen, um die Nerven zu behalten.

Der seelische Rhythmus berührt zwar ebenfalls jeden Menschen, aber er macht oftmals besonders Jugendlichen schwer zu schaffen. In ihrem Leben geht sowieso vieles drunter und drüber, und wenn dann noch seelischer Tiefstand oder Wechseltag herrscht, ist ein »Durchdrehen« manchmal geradezu programmiert. Auch wir persönlich haben damit zu tun, kein Zweifel, aber die Kenntnis dieser Zusammenhänge bringt eine andere Atmosphäre ins Haus. »Lass ihn einfach, er hat seinen blöden Dienstag« – ein Satz, der bei uns so oder ähnlich oft zu hören ist und auf allen Seiten meist für Entspannung sorgt.

Im Reich des Biorhythmus gibt es keine pauschalen Aussagen. Wer sich aber auf die persönliche Erfahrung mit ihm einlässt, wird staunen, um wie viel leichter sich das Leben anfühlt. Immer dann, wenn Sie den Zeitpunkt wichtiger Arbeiten oder Vorhaben selbst bestimmen können, sollten Sie auf Ihren Biorhythmus achten und das jeweilige Vorhaben auf einen günstigen Tag legen. Immer dann, wenn ein wichtiges Ereignis an einem nicht verhandelbaren Tag stattfindet und Sie gerade ein Tief durchlaufen oder ein Wechseltag herrscht, können Sie sich dann zumindest besser darauf einstellen. Gut vorbereitet ist schon fast gewonnen.

ANHANG

Anhang

Was uns noch am Herzen liegt

Im Laufe der Jahre erreichten uns zahlreiche Zuschriften mit der Bitte um Adressen von guten Rutengehern bzw. Heilern und Ärzten, die nach den Mond- und Naturrhythmen behandeln. Zwar werden es täglich mehr, doch alle, die wir kennen, sind hoffnungslos überlastet. Wenn der Arzt Ihrer Wahl nicht auf Ihre Wünsche eingeht, suchen Sie sich einen anderen. Wir haben Verständnis dafür, dass dies auf dem Land nicht so einfach und gerade für alte Menschen schwer ist, die auf Mitfahrgelegenheiten angewiesen sind. Hier hilft dann nur mehr Mut, um mit dem Arzt zu reden. Vielleicht finden Sie eine Interessensgemeinschaft. Ein wirklich guter Arzt wird immer alles dafür tun, dass Sie gesund werden und auch bleiben. Wer dagegen ausschließlich nach Schablonen arbeitet, ist entweder nur am Geldverdienen interessiert, oder er handelt entgegen seiner eigenen Erfahrung, nämlich, dass Statistiken und auswendig Gelerntes den persönlichen Einzelfall nie ganz erfassen können.

Ein Großteil der Zuschriften enthielt Fragen nach den Bezugsquellen für bestimmte Leistungen oder Produkte im Umfeld unserer Arbeit. Viele fragten sich, wer sich in diesem Punkt überhaupt nach dem Mondrhythmus richte. Zuschriften solcher Art haben uns zum Mondversand inspiriert. Neben dem Schreiben von Büchern hat uns auch dies im Laufe der Zeit immer mehr Freude gemacht. Wir wollten einfach zeigen, dass es auch anders geht, dass auch heute noch menschenwürdiges Wirtschaften und Herstellen möglich ist und dass beispielsweise bei Weitem nicht so viele Haltbarmacher nötig sind, wie man meint. Wir haben uns nicht entmutigen lassen und den Schritt gewagt. Die Idee, nach dem Mondrhythmus zu arbeiten und zu produzieren und den ungünstigen Tagen damit aus dem Weg zu gehen, war geboren. Doch der Weg zu ihrer Verwirklichung war weit. Partner für eine Herstellungsweise zu finden, bei der monatlich bis zu 14 Tage oder mehr nicht produziert werden kann, war wirklich nicht einfach. Aber es gab und gibt sie, die Firmen und Hersteller, die einen Neuanfang wagen wollen. Heute haben wir genug Belege dafür, dass es möglich ist, zum Wohle aller. Dieses Abenteuer wäre ohne den Mut der LeserInnen und aller beteiligten Pioniere niemals geglückt. Heute können wir fast überall offen über die Mondrhythmen sprechen. Ärzte, Heilpraktiker, Tischlereien, Gärtnereien, Schulen, Bauunternehmer und viele mehr profitieren mittlerweile von der Wahl des richtigen Zeitpunkts – auch unser Mondversand und seine KundInnen.

Wenn Sie sich generell für unsere Arbeit, für Kalender, Bücher und gute Sachen rund um den richtigen Zeitpunkt interessieren und stets auf dem Laufenden bleiben wollen, schreiben Sie uns und fordern Sie kostenlos unseren kleinen Versandprospekt an. Unter der unten genannten Adresse können Sie auch alle Service-Leistungen, Alpha-Omega-Auswertungen, Biorhythmen und so weiter anfordern.

»Warum tut Ihr Euch so etwas wie den Mondversand eigentlich auch noch an?«, wollten so manche wohlmeinenden LeserInnen wissen. Nun, erstens wollen wir zeigen, dass unsere Vorfahren keine Narren waren, indem sie auf den Lauf des

Mondes und auf die Gesetze, die den »richtigen Zeitpunkt« bestimmen, achteten. Die Zukunft zwingt uns, wieder auf natürliche, umweltschonende und damit *menschenwürdige* Methoden der Herstellung von Lebensmitteln und Gebrauchsgegenständen zurückzugreifen. Wir tun es schon jetzt. Zweitens bemühen wir uns alle gemeinsam, Fairness walten zu lassen – wir bemühen uns um eine faire Herstellung ohne die Ausbeutung von Mensch und Natur und um ein faires Miteinander im Handel. Wir fördern ehrliche Arbeit und altes Handwerk. Immer mehr Menschen sollen verstehen: Durch Spekulation und Ausbeutung verdientes Geld ist menschenunwürdig und im wahrsten Sinne umweltschädlich. Das Gegeneinander in der Welt dient bestimmten Interessen. Nur echtes Miteinander löst die Probleme auf Dauer. Wenn wir und unsere LeserInnen dazu ein Stück beitragen können, hat sich das Abenteuer gelohnt.

Mondversand
Hauptstraße 34a
D-83730 Fischbachau
Telefon: (+49) 08028 904635
Telefax: (+49) 08028 9059958
E-Mail: mondversand@t-online.de
Website: www.paungger-poppe.com

Ihr Biorhythmus –
Ihr Ernährungstyp

Von entscheidender Bedeutung für die Umstellung auf eine gesunde Ernährung ohne Diätstress ist die Kenntnis des eigenen Ernährungstyps. Natürlich ist es manchmal schwierig, nach Jahrzehnten der Gewöhnung an bestimmte Nahrungsmittel den eigenen Ernährungstyp auf Anhieb zu erkennen. Hier unser Angebot: Wir ermitteln Ihren persönlichen Ernährungstyp anhand eines von uns ausgearbeiteten Fragebogens. Sie haben auch die Möglichkeit, den Ernährungstyp und den persönlichen Biorhythmus gemeinsam zu bestellen. Ein verkleinertes Beispiel für den Biorhythmus-Ausdruck finden Sie auf Seite 362.

Die Paungger-Poppe-Bücher

- **Vom richtigen Zeitpunkt**
  Das ist unser Klassiker, mit dem alles anfing – jahrelang auf den Bestsellerlisten und gemeinsam mit den übrigen Büchern mittlerweile in 25 Sprachen übersetzt.

- **Aus eigener Kraft**
  Gesundsein und Gesundwerden in Harmonie mit Natur- und Mondrhythmen – so lautet der Untertitel unseres zweiten Buches. Das Buch ebnet dem Leser den Weg zur unmittelbaren Erfahrung dessen, was ihn an Körper, Geist und Seele stärkt und schwächt – für ein gesundes und lebenswertes Leben.

- **Alles erlaubt!**
  Hier beschreiben wir die Wirkung und Anwendung der Mond- und Naturrhythmen auf Ernährung, Schönheit und Körperpflege. Wie kann ich mich gesund ernähren? Wie sieht eine natürliche Körperpflege aus, die meinem individuellen Typ entspricht und im Einklang mit den Mondrhythmen steht?

- **Der Mond im Haus**
  Besonders im Bereich von Renovierung, Hausbau und Holzverarbeitung können sich heute viele Menschen nicht mehr vorstellen, auf den »richtigen Zeitpunkt« zu verzichten. Das

Buch enthält die Grundregeln der wichtigsten Tätigkeiten aus diesen Bereichen sowie ausführliche Hintergrundinformationen.

- **Die Mondgymnastik**
  »Ich bin jetzt schon 81, aber seit ich die Mondgymnastik mache, musste ich nicht mehr zum Arzt«: ein Zitat aus einem der Briefe, die uns von LeserInnen unseres Buches *Die Mondgymnastik* erreicht haben.

- **Der lebendige Garten**
  Ob im Zimmer, auf dem Balkon, im Garten oder auf dem Feld – in diesem Buch zeigen wir den LeserInnen, wie lebenswichtig es für uns alle ist, eine neue Beziehung zur Erde aufzunehmen, geprägt von Weisheit und Vernunft, von der Liebe zu allem Lebendigen. Vor allem aber wollen wir zeigen, welche Freude damit verbunden ist.

- **Das Tiroler Zahlenrad**
  In diesem Buch zeigen wir, welche Bedeutung in den Zahlen unseres Geburtsdatums verborgen liegt und wie man damit seine Talente und Fähigkeiten besser einschätzen, große und kleine Veränderungen einleiten und zum richtigen Weg für sein Leben finden kann. Das Tiroler Zahlenrad eröffnet neue Einsichten über uns selbst und die Menschen um uns herum.

- **Lebenschance Tiroler Zahlenrad**
  Mit diesem Buch erweitern wir das Spektrum der Anwendungsmöglichkeiten des »Zahlenrads«. Es ist ein Schlüssel zur Zufriedenheit der Seele – in jedem Alter und in allen Lebenslagen! Ein Praxisbuch zum vertieften Verständnis dieses alten Wissensschatzes.

Das Paungger-Poppe-Mondkalenderprogramm

Unsere Bücher werden seit Jahren von unserem vielfältigen Mondkalenderprogramm ergänzt, weil man für die Anwendung des Mondwissens nur ein wenig Geduld – und einen Mondkalender braucht.

- NEU! **Das Mondjahr – Zeit für mich!** Seit dem Kalenderjahr 2017. Der Kalender bietet einen immensen Wissensschatz rund um die Schöhnheitspflege, Ernährung, Gesundheit und Fitness zum richtigen Zeitpunkt. Ein wertvoller Begleiter für jede Frau, im praktischen Handtaschenformat (11,5 x 16 cm).

- **Der Gartenkalender!** Der richtige Zeitpunkt kann Ihren Garten in ein Paradies verwandeln, wenn Sie ihn kennenlernen und beherzigen. Fürs Kennenlernen sind wir da, das Beherzigen ist Ihr persönliches Abenteuer. Seit 2017 auch in Großformat (14,8 x 21 cm) für die Wand, mit wunderbaren Garten- und Naturfotos zum Meditieren.

- Das bewährte **Mondjahr als Taschenkalender** in Schwarz-Weiß oder in Farbe.

- Der **Foto-Wandkalender.** Zwölf wunderschöne Landschaftsfotos mit Mond und sämtliche Symbole und Texte, die auch im Taschenkalender zu finden sind. Viel Mondwissen auf einen Blick im Format 28 x 32 cm (aufgeklappt: 56 x 32 cm).

- Der **Familienkalender.** Auf Wunsch unserer LeserInnen haben wir das Mondjahr auch im Familienkalender-Format ins Programm aufgenommen. Wir haben ihn selbst getestet und sind sicher, dass er sich zum unentbehrlichen Begleiter durch den Termindschungel der Familie entwickelt! Mit sämtlichen Symbolen und wunderschönen Mondfotos. Hochformat: 69 x 24,5 cm.

- Der **Spiral-Wandkalender.** Ein ganzer Monat auf einen Blick, mit farbigen Tätigkeitssymbolen und ausreichend Platz für Notizen. Ein Blickfang mit schönem Mondfoto im Jumbo-Querformat – das unentbehrliche Werkzeug hat die Maße 33 x 48,5 cm.

- Der **Wochenplaner** zum Aufstellen für den Schreibtisch mit allen Symbolen und Texten, die auch *Das Mondjahr* enthält. Im langen Querformat ideal fürs Büro: 32 x 11 cm.

- Der Original Paungger & Poppe **Abreißkalender.** Das *Mondjahr* für jeden Tag. Mit vielen kleinen Geschichten, die den LeserInnen das Wirken der Mondrhythmen leicht verständlich nahebringen, mit zeitlosen Weisheiten und natürlich mit den Grundregeln des Mondwissens. Enthält die vollständige Symbolsammlung. Format: 13 x 11,5 cm.

- Das **Mond-Jahrbuch.** Wir haben den beliebten Abreißkalender zusammengefasst und bieten Ihnen die Texte als handliches Taschenbuch an.

- Die **Jahresübersichten 2018–2028.** Zehn Jahre Mondkalender im Din-A5-Format, eine Loseblatt-Sammlung, wie sie auch unseren ersten Büchern beiliegt. Das unentbehrliche Werkzeug in seiner einfachsten Form.

Register

Abbeizen 280f.
Abfälle, kompostgeeignete 181
Abhängigkeit 17, 290, 327, 337, 346
Ablagerungen 77
Ableger 157
Abnehmen 36–39
Abnehmender Mond 21f.
Abstillen 48–51
Abwasserarbeiten 288
Abwehrkräfte, Pflanzen 144
Aderlass 322, 334–340
Aggressivität, Milchkühe 302
Alkohol 77, 102, 122, 325
Allergien 39, 75, 81, 147, 217, 222, 236, 256, 276, 326, 339, 350
Alltag 213–258
Alpha, Ernährungstyp 349–359
Angst 54f., 141, 346f., 363
Apfelmethode 64
Arbeit, Freude 218
Ärger 83
Arme 76, 332
Arnika-Globuli 102
Aroma 144, 194, 196, 198ff., 204f., 355
Astbruch 182
Asthma 147, 238
Atembeschwerden 238
Aufforsten 294
Aufklärung 293
Aufladung, statische 230
Aufstoßen, saures 351
Augen 72, 332
Augengymnastik 73
Ausbessern, Mauerwerk 268f.
Ausdünstungen, giftige 278
Aussaat, Getreide 296
Außenfassaden 278
Auszeit, Mütter 51
Autos reinigen 228f.

Babys 256
– Dauerschmerzen 85
– Normalkost, Umstellung auf 48
Bachbebauung 288
Bachblütentherapie 55
Bachler, Käthe 81
Badestege 311
Bakterien 300
Balkonböden 235
Balkonpflanzen 157
– Gießen 246–249
Bauchmuskeln 332
Bauchweh 42f., 147
Baugrube ausheben 264
Bauholz 31
Bäume
– fällen 308–317
– – Grundregeln 310
–, fruchttragende 150
– Schnittflächen 184
Baumspitzen schneiden 184f.
Beerenfrüchte siehe auch Früchte
Beton 261, 266f., 305
– Rissbildung 266
Betonböden 277
Bewässerung 142, 164, 184, 248, 315
Bienen
– ansiedeln/umsiedeln 211
– Krankheiten 210
Bienenstock
– Einflugloch 212
– reinigen 211

Bienenvolk aufpäppeln 211
Bienenzucht 210ff.
Billigessig 240
Billigladen 262
Bindegewebsmassage 116f.
Bio-Bauern 140, 292, 343
Bio-Früchte 44, 123
Bio-Produkte 38
Biorhythmus 322, 347, 360–366
Bio-Treibstoff 292
Blähungen 42f., 351
Blase 84, 86
Blasenentzündungen 87
Blasenregion 332
Blattentwicklung, düngen für 172
Blätter 144, 146, 154, 186, 188, 194, 201, 249
Blattgemüse 146, 151
Blatt(tag) 25, 146, 157, 248
Blumen 146, 153
Blut 54f., 106, 339f.
Blutdruck, hoher 339
Blutkäfer 339
Blütenentwicklung, düngen für 175
Blütensträucher 153
Blüten(tag) 25, 64, 144, 146, 154, 182, 188, 201
Blutkreislauf 24, 69, 217
Blutungsneigung 66
Blutwerte, schlechte 338
Bock«, »null 219
Bodenbeläge (Holz) verlegen 274–277
Bodenholz 316
Borkenkäfergefahr 316
siehe auch Ungeziefer
Brennholz gewinnen 317
Brennnesseln 160
Brennnesselwasser 121
Bretterholz 315

376

Bretterkasten für Kompost 180
Brombeerzweige 181
Brücken 97
Brunnenleitungen, Reparatur 288
Brunnensuche 286ff.
Brustbereich 78, 332
Bücherl, Siegfried 101
Buttermilch 352

Chemikalien 224
Chemotherapie 122
Cholesterinspiegel, erhöhter 338
Christbaum fällen 318ff.
Computerbildschirme 226, 230f.

Dachstühle 270f.
Dämpfe, giftige 280
Dankbarkeit 219
Darmprobleme 83
Dauermüdigkeit 326
Dauersorgen 54
Dauerwelle legen 124–127
Daumen, grüner 140
Daunen 236
Delarue, Fernand 59
Deosprays/-stifte 79
Depressionen 339
Dickmacher
– Alpha-Typ 353
– Omega-Typ 355
Dienstag 211, 257, 303
Disteln 181
Disziplin 365
Donnerstag 211, 257, 303, 335
Drahtwürmer 181
Drainagearbeiten 288
Drainagieren 264f.
Druckstellen 194
Drüsensystem 24, 93
Düngen 168–175

Eier 91
Eigenbluttherapie 52–55
Eigeninitiative 52
Eigenverantwortung 33
Einlagern, Getreide 298
Einmachen 196–199
Eisenpräparate 46f.
Eiweiß 25, 358

–, pflanzliches 38, 355
–, tierisches 38, 77, 91, 122, 352f., 355
Elemente, Tierkreiszeichen 25
Energiearbeit, Hausarbeit 215, 252
Energiebahnen (Meridiane) 95
Entgiftung 19, 40, 41, 44, 65, 67, 118, 122, 334, 338
Enthaarung 136f.
Entrümpeln 215, 250–253
Entschlusskraft 52
Entstrahlung 334
Entwöhnen 48–51
Entwicklung
Epilieren 136f.
Erdbeeren 146
Erde 25, 142f., 149, 156, 161, 168, 170f., 178, 180, 190
Ernährung
– als Medizin 439
–, falsche 73
Ernährungsempfehlungen
– Alpha-Typ 352f., 355
– Omega-Typ 354f.
Ernährungsgewohnheiten 122
Ernährungstypen, Alpha/Omega 349–359
Ernährungsweise 120
Erntefrüchte 295 siehe auch Früchte
Ernten
– Getreide 298
– zur Lagerung 194f.
Erosionsschutz, Ufer (Bäche/Flüsse) 288
Erschöpfungszustände 339
Essen, Müdigkeit 350, 356
Essigessenz 240
Estrich gießen 266f.
Euter, Entzündung 306

Fahrräder reinigen 228f.
Farben 261
Fasten 40f.
Fäulnis 164, 178, 190, 194, 200, 205, 246, 270, 272, 296
Fehlgeburten, Kühe 304
Felder/Freiland, Dünger 171

Feldstraßen 284f.
Fenster
– einsetzen 272f.
– reinigen 224–227
Fensterrahmen 235
Fernsehbildschirme 226
Fett 25, 30, 355, 358f.
Fettabsaugung 89
Fette
– Alpha-Typ 352
– Omega-Typ 354
Fettverzicht 359
Feuchte(tag) 25
Feuchtigkeit
– Beseitigung 238–241
Feuer 25
Feuerschutz, Holz 312
Fingerspitzen, Hitzegefühl 230
Fisch 91
Fische (, Mond in) 24f., 69
Fischer, Ron 140, 322, 341
Fitness siehe Mondgymnastik
Fleisch 38, 91
– Alpha-Typ 352
– Omega-Typ 354
Fliesen 261, 277
Flussbebauung 288
Forstwirtschaft 289–320
Freitag/freitags 128f.
Frost 182
Fruchtbildung 182, 188
Früchte 144, 146, 149, 181ff., 188f., 194, 196, 201, 218 siehe auch Bio-Früchte
Fruchtentwicklung, düngen für 173
Fruchtfolge 170
Frucht(tage) 25, 44, 146, 183, 196, 199, 299
Frühjahrsputz 220f.
Frühling 143
Frühstück 39, 75
Fugenbildung 274
Funkenflug 317
Füße 94, 332
–, kalte 54
Fußmassage 67
Fußreflexzonenmassagen 95
Futterneid 302

Gänseblümchen 160
Garten 139–212

Anhang

Gartenmöbel 235
Gebärmutterentfernung 87
Gebrauchsanweisung, Mondkalender 18–27
Geburt, Kühe 304
Geduld 105, 224, 284, 292
Gefangenschaft, seelische 107
»Gehirnwäsche« 32
Gelenkprobleme 77
Gelenkschmerzen 91
Gemüse
– Alpha-Typ 352f.
– Omega-Typ 354f.
Gemüsesorten
–, oberirdisch wachsende 145
–, unterirdisch wachsende 148
Gentechnik 291
Geräte reinigen 228f.
Gereiztheit 39
Geruch
– Beseitigung 242–245
Geschlechtsorgane 332
Geschmack 27, 127, 144, 162, 194, 196, 199
Geschmacksverstärker 16
Gesichtsmaske
–, aufbauende 114f.
–, reinigende 112f.
Gestecke 318f.
Gesundheitsvorsorge 40f.
Getränke
– Alpha-Typ 352f.
– Omega-Typ 354f.
Getreide
– Alpha-Typ 352f.
– Omega-Typ 354f.
Getreideanbau 296–299
Gewichtszunahme 39, 44, 326
Gewohnheiten 327
– ändern 106
– aufgeben, schlechte 329
–, schlechte 324–329
Gießen 142f., 157, 158, 163, 164, 166, 180, 215, 246–249
Gifte 40f.
Giftstoffe 116
Glas reinigen 224–227
Golfplätze 161

Grundstimmung, nervöse 256
Grünspan, Kartoffeln 149
Gymnastik 102

Haaransätze, entzündete 136
Haarausfall 120f.
Haare färben 126f.
Haare schneiden 120–123
Haarwachstum 123
Haarwurzeln 121
Häckseln 192f.
Hals 74, 332
Hals-Nacken-Probleme 75
Halsschmerzen 75
Haltbarkeit 194
Hämorrhoiden 93
Hände 76, 332
Hausarbeit/-halt 213–258
Hausbau 259–288
Hausputz 220f.
Haut 90, 110f.
Hautausschläge 356
Hautprobleme 91
Hautschuppen 134
Hecken schneiden 186f.
Heilkraft, Kräuter 200
Heilkräuter 146 siehe auch Kräuter
Heilung 334
Heißhunger 358
Herbst 157, 180, 299, 302
Herz 80, 332 siehe auch Kreislaufprobleme
Herzkrankheiten 83
Herzoperation 81
Heubäder 163
Hippokrates 39
Hochsommer 277 siehe auch Sommer
Höchstleistungen 366
Hochwasser 288
Holz 180, 192, 220, 227, 232, 235, 261, 270, 274, 280, 282, 295
– ernten 308–317
– Feuerschutz 312
– natürlich trocknen 309
–, nicht entflammbares 312
–, nicht faulendes, hartes 311
–, schwundfestes 313
Holzaschenlauge 232

– Rezept/Anwendung 234
Holzböden
–, imprägnierte 276
– Pflege 232–235
Holzdecken montieren 274–277
Holzgewinnung 309 siehe auch Holz ernten
Holzschalungen 266
Holzschlagetag 313
Holzschutzmittel, chemische 309
Holztreppen 270f.
Holzverarbeitung 259–288
Homöopathie 55
Honigertrag 210
Honiglagerung 212
Honigschleudern 212
Hormonhaushalt 122
Hornhautentfernung 132f.
Hüfte/Hüftgelenke 84, 332
Hüftoperationen 85
Hühner 304f.
Humus 181
Husten 217, 238

Imkerei 212
Immunsystem 52, 54, 106, 359
Impfen 56–59
Implantate 96f.
Imprägnieren 278
Impulse (Wirkimpulse), Mond 19–23
– Grundtabelle 24f.
Industrialisierung 290
Infektionen 96
Internet 346
Intuition 325

Jäten 176f.
Johanniskrautöl 205
Jo-Jo-Effekt 36, 40
Juckreiz 39, 110, 112, 114
Jungfrau (, Mond in) 24f., 69

Käferbefall 314
Kaffee 325f.
Kälber, Entwöhnung 306f.
Kalenderverfälschung 27
Kälte(tag)/kalt 25, 52, 54, 56, 87, 93, 140, 226, 235, 353f.
Kältebrücken 240

Kalzium 123
Kampfbereitschaft, Milchkühe 302
Kartoffeln 149
Kater 356
Katzen 258
Kältebrücken 240
Keramik 277
Kieferoperationen 99
Kinder
– Biorhythmus 59
– Eigenblutbehandlung 55
– Eingewöhnung in neuer Umgebung 256
– Lernschwierigkeiten 365
– Süßigkeiten 351
– Wohnklima 276
Kinderwunsch 87
Klebstoffe 261
Kleidung chemisch reinigen 236f.
Kleinkinder *siehe* Babys
Knarren 274
Knie/Kniegelenk 90, 332
Knieprobleme 91
Knoblauchmethode 63
Knochen 90
Knochenschmerzen 91
Knochenschwund 122
Kochsalz 33 *siehe auch* Salz
Kohlenhydrate 25, 38
Kommunikation, moderne 345
Kommunikationskanäle 345
Kompost 141, 163, 170f., 178–181
Konfuzius 104
Konservieren 196–199
Kontakte, neue 256
Kontaktprobleme, Neumond 345–348
Konzentration 244
Kopf 72, 332
Kopfsalat 146, 152
Kopfschmerzen 147, 170, 217, 351, 356
Körperbewusstsein 332
Körperpflege 103–137
Körperregionen/-zonen, Tierkreiszuordnung (Tabelle) 24, 69
Krampfadern 93
Kränkeln 256
Krankheiten, Bienen 210

Kräuter 200–205
Krebs (, Mond in) 24f., 69
Krebserkrankung 54, 81
Kreislauf 83, 332, 359
Kronen 97
Kübelpflanzen 157
Kühe 304
Kuhmilch 75 *siehe auch* Milchprodukte, Kuhmilch
Kunstdünger 15f., 141, 147, 162, 170f., 291

Lackieren 261, 278f.
Lagerfähigkeit 144, 149, 194, 296
Lagergefäße 204
Lagern 196–199
Lagerung, ernten zur 194f.
Lähmungserscheinungen 89
Lammfell 236
Landwirtschaft 289–320
Laub rechen 190f.
Laufplatten 284f.
Laune, schlechte 351
Läuse 246
Lebensqualität 219
Lederwaren 236, 254
Leiste 86
Lernschwierigkeiten, Kinder 365
Licht, künstliches 73
Lichtempfindlichkeit 340
Lichtenberg, Johann 30
Licht(tag) 25, 73, 93, 141, 164, 188
Lichtzeichen, Tierkreis 234
Liebstöckel 205
Löwe (, Mond in) 24f., 69
Löwenzahn 34, 160, 162
Lückenbildung, Hecken 186
Luft(tag)/luftig 25, 167, 168, 170, 192, 204f., 214, 250, 299, 300, 330f., 348
Luftfeuchtigkeit 240, 270, 272, 274, 270, 272, 274
Lunge 78, 332
Lustlosigkeit 39
Luther, Martin 13
Lymphdrainage 118f.

Mahlzeiten
– Alpha-Typ 352f.
– Omega-Typ 354

Majoran 205
Malerarbeiten 278f.
Mandelentzündungen 147
Mandeln 74f.
Maniküre 128f.
Marathonläufer 77
Maschinen reinigen 228f.
Materialien, hochwertige 260
Medikamente 32, 50, 91, 96, 101, 122f., 141
Meditation 83
Medizin 31, 39, 70, 102, 109, 140, 156, 162, 184, 252, 349
Meridiane 332
Merkur, rückläufiger 251, 329
Migräne 351
Milchallergie 75 *siehe auch* Allergien/Allergiker
Milchkühe 258, 302
Milchprodukte, Kuhmilch 33f., 38, 44, 51, 91, 122f., 258, 306, 340, 352–355
Milchstau 48, 258
– Mutterkuh 306
Mineralien 46f., 73, 122f., 170
Mischkultur 209
Mischwald 294
Mittagssonne 164
Mittwoch 211, 257, 303
Möbelholz 314
Mondgymnastik 330–330
– Körperregionen (Tabelle) 332
Monokultur 294
Montag/montags 211, 257, 303, 335
Morgenmuffel 39
Mörtel 261
Motten 254
Müdigkeit 39, 42, 326, 339, 350, 363
– nach dem Essen 356
Mulchen 190f.
Mundhygiene 98
Mut, fehlender 108
Mütter, Auszeit 51
Muttermilch 48, 50, 358

Anhang

Nächstenliebe 291
Nacken 74
Nägel korrigieren, eingewachsene 130f.
Nagelpflege 128f.
Nahrungsqualität, Tierkreiszeichen 25
Narben 134
Narbenbildung 66, 89
Nasennebenhöhlen 75
Nässestau 246
Natur, Zerstörung 291
Naturholzböden 232, 235
Nervenschmerzen 66
Nervensystem 24, 101
Neuanfänge 324–329
Neumond 20ff., 26
Nieren 46, 65, 69, 84, 86, 351
Nitratgehalt, Trinkwasser 168
Nörgeln 256
Notfallmedizin 33
Notoperationen 67

Oberkiefer 72
Oberschenkel 88, 332
Oberschenkelknochen mit Nägel/Schrauben 89
Obst siehe auch Früchte
– Alpha-Typ 352f.
– Omega-Typ 354f.
Obstbäume schneiden 182f.
Obsttage 42–45
Ohren 72, 332
Öle
– Alpha-Typ 352
– Omega-Typ 354
Omega, Ernährungstyp 349–359
Operationen 66–95
– Fische-Region 94f.
– Grundregeln 67–71
– Jungfrau-Region 82f.
– Krebs-Region 78f.
– Löwe-Region 80f.
– Schütze-Region 88f.
– Skorpion-Region 86f.
– Steinbock-Region 90f.
– Stier-Region 74f.
– Waage-Region 84f.
– Wassermann-Region 92f.
– Widder-Region 72f.
– Zwillinge-Region 76f.

Optimismus 52
Orangenhaut 122
Organsystem, Tierkreiszeichen 24

Parkettböden, Pflege 232–235
Pearl, Wilma 290
Pediküre 128f.
Peeling 134f.
Pestizide 15, 34, 44, 141, 143, 161, 290, 295
Pfahlgründungen im Wasser 311
Pflanzen 144–153
– trocknen 204
–, tropische/exotische 248
Pflanzenernährung 168–175
Pflanzenteil, Tierkreiszeichen 25
Pfropfen 189f.
Phantomschmerzen 66
Pilze, Befall 315
Plomben 97
Polster chemisch reinigen 236f.
Poren 110, 134
Problemwäsche 222f.
Prüfungstermin, Biorhythmus 364
Putze 261
Putzwasser wechseln 228

Quellenfassen 286ff.

Radieschen 146
Rasen
– anlegen/einsäen 158–163
– mähen 164–167
Rasenanlage, Tipps 163
Ratten 181
Rauchablagerungen 230
Räucherwerk 242
Regeneration 44, 95, 143, 331
Regenfälle/-phasen, lange/starke 182, 282, 284
Regenwürmer 167, 178, 180, 190
Reinigung, chemische 236f.
Renovierung 259–288
Restfeuchte, Holz 261, 309
Rheuma 91, 339
Roggenbrot 358

Rosenzweige 181
Rotkohl 152
Rötungen 112
Rückenprobleme 91
Rückenschmerzen 34, 46, 351
Rückschnitt, radikaler 209
Rucola 34

Säen 144–153
Safttage 42–45
Sägeholz 315
Saisonkleidung verstauen 254f.
Salbei 244
Salbeiblätter 205
Salbeitee 51
Salz 25, 33, 212, 355, 358 siehe auch Kochsalz
Samstag/samstags 128f., 211, 257, 303, 335
Schädlinge 186, 206–209, 246, 309, 315 siehe auch Ungeziefer
Schafgarbe 160f.
Schafmilch 352
Schimmelbildung 178, 190, 192, 196, 200, 220
– Beseitigung 238–241
– Ursache 240
Schlafplatz, verstrahlter 73
Schlaganfall 89
Schöllkraut 160
Schöllkrautmethode 64
Schulmedizin 33
Schultern 76, 332
Schütze (, Mond in) 24f., 69
Schwäche 337
Schwund (Holz) 270
Sehkraft 73
Seide 236
Sellerie 170
Setzen 144–153
Skorpion (, Mond in) 24f., 69
Sodbrennen 351
Sojamilch 355
Sommer 132, 311
Sommerzeit 310, 335
Sonnenblumen 170
Sonntag/sonntags 257, 303, 335
Spätfröste 188
Spirituswasser 226

Register

Spitzwegerich 161
Spontaneität 325
Sport 102
Stallmist 171
Stallpflege 300f.
Starkzehrer 170
Stecklinge 157
Steinbock (, Mond in) 24f., 69
Steine aufsammeln 166
Steiner, Ingeborg 95
Stier (, Mond in) 24f., 69
Stifter, Adalbert 214
Stillzeit 358
Stoffe chemisch reinigen 236f.
Sträucher, fruchttragende 150
Stress 83, 87, 105f., 108, 147, 258, 292
Sucht 199, 327, 337
Süßigkeiten 122, 326, 351, 353

Tabak 122
Tagesqualität, Tierkreiszeichen 25
Tageszeit, Pflanzenkräfte 157
Tapeten 262, 278
Tapezieren 278
Tastatur 230f.
Teeblätter 234
Temperaturschwankungen 274
Teppichböden 276f.
Teppiche chemisch reinigen 236f.
Thymian 205
Thymianbäder 89
Tierkreiszeichen
 – Körperregionen/-zonen (Tabelle) 24, 69
 –, Mondstand im 22
Tiroler Zahlenrad 341–344
Tomaten 146
Trächtigkeit 304f.
Träume, schlechte 326
Trennkost 37f.
Trinken 87
Trinkwasser 168
Trockenheit 182, 246
Türstöcke 235

Übergewicht 83, 359
Übersäuerung 91
Umsetzen/Umtopfen 154–157
Umweltschutz 38, 216, 222, 224, 245, 261, 263, 293, 370
Umzug, 256f., 257f.
Unabhängigkeit 31, 142, 292f., 364
Unentschlossenheit 108
Ungeziefer 144, 171, 178, 181, 200, 254, 296, 315
 siehe auch Schädlinge
Unkrautregulierung 176f.
»Unkräuter« 161
Unruhe, innere 54, 326
Unterkiefer 74
Unterschenkel 92, 332
Unterspülungen 284
Unverträglichkeiten 351
 –, Symptome für 356
Urlaub, Zimmerpflanzen 249

Verdauungsorgane 82, 332
Veredeln 188f.
Vergiftung 15, 46, 122, 147, 339
Verglasen 272f.
Verletzungsgefahr/-risiko, Milchkühe 302
Vernarbungen 79
Verputzen 268f.
Verrotten, Gefahr 272
Versandung 286
Viehaustrieb, erster 302f.
Vitamine 46f., 54, 73, 122f., 196, 199, 359
Völlegefühl 351
Vollmond(tag) 18, 20f., 23, 26
Vorräte anlegen 194f.
Vorsorgeuntersuchung 87

Waage (, Mond in) 24f., 69
Wärme(tag)/warm 25, 212, 317
Warzen entfernen 60–65
Wäsche, große 222f.
Wasserbau 286ff.
Wassermann (, Mond in) 24f., 69
Wassertriebe 168

Wechseltage 362
Wegebau 284f.
Weichspüler 217
Weihrauch 244
Weisheitszähne 96
Weißkohl 152
Weißmehl 34
Weizen 351
Werkzeugholz 314, 316
Widder (, Mond in) 24f., 69
Widerstandsfähigkeit/-kraft 158, 182, 246, 296
Winter 149, 183, 199, 277, 293, 309
Wintergärten 270f.
Wintersonnenwende 317
Wirbelsäule 90
Wirkimpulse (Mond), Grundtabelle 23–27
Wucherungen 188
Wurmbefall 270
Wurzelentwicklung 174
Wurzeln/Wurzelwerk 146, 154, 157, 170, 176, 180, 184, 201, 325
Wurzel(tag) 23, 25
Wüstenregion, Urlaub in 93

Yoga 102

Zahlenrad, Tiroler 341–344
Zahnarztbesuche 96
Zahnersatz 101
Zahnoperation 102
Zahnreinigung 98
Zahnspangen 100
Zahnziehen 99
Zäune setzen 282f.
Zehen 94, 332
Ziegenmilch 352
Zimmerpflanzen 246–249
Zirbelholzspäne 254
Zitrusfrüchte 354f., 357
 siehe auch Bio-Früchte sowie Früchte
Zucker 91
Zugluft 75, 212
Zunehmender Mond 18, 20, 26
Zurückweisung 346
Zwillinge (, Mond in) 24f., 69

Anhang

Januar	Februar	März
M 1 ♊ Neujahr 1	D 1 ♌	D 1 ♌
D 2 ♋ ○ 03.24 Berchtoldstag	F 2 ♍	F 2 ♍ ○ 01.51
M 3 ♋	S 3 ♍	S 3 ♍
D 4 ♌	S 4 ♎	S 4 ♎
F 5 ♌	M 5 ♎ 6	M 5 ♎ 10
S 6 ♍ Hl. Drei Könige	D 6 ♎	D 6 ♏
S 7 ♍	M 7 ♏ ☾	M 7 ♏
M 8 ♎ ☾ 2	D 8 ♏	D 8 ♐
D 9 ♎	F 9 ♐	F 9 ♐ ☾
M 10 ♏	S 10 ♐	S 10 ♐
D 11 ♏	S 11 ♐	S 11 ♑
F 12 ♏	M 12 ♑ Rosenmontag 7	M 12 ♑ 11
S 13 ♐	D 13 ♑ Faschingsdienstag	D 13 ♒
S 14 ♐	M 14 ♒ Aschermittwoch	M 14 ♒
M 15 ♑ 3	D 15 ♒ ● 22.05	D 15 ♒
D 16 ♑	F 16 ♒	F 16 ♓
M 17 ♑ ● 03.17	S 17 ♓	S 17 ♓ ● 14.11
D 18 ♒	S 18 ♓	S 18 ♈
F 19 ♒	M 19 ♈ 8	M 19 ♈ 12
S 20 ♓	D 20 ♈	D 20 ♈
S 21 ♓	M 21 ♉	M 21 ♉
M 22 ♓ 4	D 22 ♉	D 22 ♉
D 23 ♈	F 23 ♉ ☽	F 23 ♊
M 24 ♈ ☽	S 24 ♊	S 24 ♊ ☽
D 25 ♉	S 25 ♊	S 25 ♋
F 26 ♉	M 26 ♋ 9	M 26 ♋ 13
S 27 ♊	D 27 ♋	D 27 ♌
S 28 ♊	M 28 ♌	M 28 ♌
M 29 ♋ 5		D 29 ♍ Gründonnerstag
D 30 ♋		F 30 ♍ Karfreitag
M 31 ♌ ○ 14.27		S 31 ♎ ○ 13.35

2018 ♈ Widder ♊ Zwillinge ♌ Löwe ♎ Waage
♉ Stier ♋ Krebs ♍ Jungfrau ♏ Skorpion

Jahresübersicht

April	Mai	Juni
S 1 ♒ Ostersonntag	D 1 ♈ Maifeiertag	F 1 ♑
M 2 ♈ Ostermontag 14	M 2 ♐	S 2 ♑
D 3 ♈	D 3 ♐	S 3 ♒
M 4 ♈	F 4 ♐	M 4 ♒ 23
D 5 ♐	S 5 ♑	D 5 ♒
F 6 ♐	S 6 ♑	M 6 ♓ ☾
S 7 ♑	M 7 ♒ 19	D 7 ♓
S 8 ♑ ☾	D 8 ♒ ☾	F 8 ♈
M 9 ♑ 15	M 9 ♒	S 9 ♈
D 10 ♒	D 10 ♓ Christi Himmelfahrt	S 10 ♈
M 11 ♒	F 11 ♓	M 11 ♈ 24
D 12 ♓	S 12 ♈	D 12 ♈
F 13 ♓	S 13 ♈ Muttertag	M 13 ♊ ● 20.42
S 14 ♓	M 14 ♈ 20	D 14 ♊
S 15 ♈	D 15 ♈ ● 12.47	F 15 ♋
M 16 ♈ ● 02.56 16	M 16 ♊	S 16 ♋
D 17 ♈	D 17 ♊	S 17 ♌
M 18 ♈	F 18 ♋	M 18 ♌ 25
D 19 ♊	S 19 ♋	D 19 ♍
F 20 ♊	S 20 ♋ Pfingstsonntag	M 20 ♍ ☽
S 21 ♋	M 21 ♌ Pfingstmontag 21	D 21 ♎
S 22 ♋ ☽	D 22 ♌ ☽	F 22 ♎
M 23 ♌ Welttag des Buches	M 23 ♍	S 23 ♏
D 24 ♌ 17	D 24 ♍	S 24 ♏
M 25 ♍	F 25 ♎	M 25 ♏ 26
D 26 ♍	S 26 ♎	D 26 ♐
F 27 ♍	S 27 ♏	M 27 ♐
S 28 ♎	M 28 ♏ 22	D 28 ♑ ○ 05.53
S 29 ♎	D 29 ♐ ○ 15.20	F 29 ♑
M 30 ♏ ○ 01.57 18	M 30 ♐	S 30 ♑
	D 31 ♐ Fronleichnam	

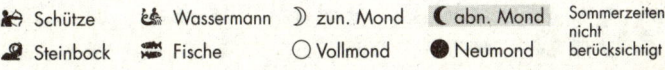

♐ Schütze   ♒ Wassermann   ☽ zun. Mond   ☾ abn. Mond   Sommerzeiten nicht berücksichtigt
♑ Steinbock   ♓ Fische   ○ Vollmond   ● Neumond

Anhang

Juli	August	September
S 1 ♎	M 1 🇨🇭 Schweizer Nationalfeiertag	S 1 ♉
M 2 ♎ 27	D 2 ♈	S 2 ♉
D 3 ♉	F 3 ♈	M 3 ♊ ☾ 36
M 4 ♉	S 4 ♉ ☾	D 4 ♊
D 5 ♉	S 5 ♉	M 5 ♋
F 6 ♈ ☾	M 6 ♉ 32	D 6 ♋
S 7 ♈	D 7 ♊	F 7 ♌
S 8 ♉	M 8 ♊	S 8 ♌
M 9 ♉ 28	D 9 ♋	S 9 ♍ ● 19.01
D 10 ♊	F 10 ♋	M 10 ♍ 37
M 11 ♊	S 11 ♌ ● 10.57	D 11 ♎
D 12 ♋	S 12 ♌	M 12 ♎
F 13 ♋ ● 03.47	M 13 ♍ 33	D 13 ♏
S 14 ♌	D 14 ♍	F 14 ♏
S 15 ♌	M 15 ♎ Mariä Himmelfahrt	S 15 ♏
M 16 ♍ 29	D 16 ♎	S 16 ♐
D 17 ♍	F 17 ♏	M 17 ♐ ☽ 38
M 18 ♎	S 18 ♏ ☽	D 18 ♑
D 19 ♎ ☽	S 19 ♐	M 19 ♑
F 20 ♎	M 20 ♐ 34	D 20 ♑
S 21 ♏	D 21 ♐	F 21 ♎
S 22 ♏	M 22 ♑	S 22 ♎
M 23 ♐ 30	D 23 ♑	S 23 ♉
D 24 ♐	F 24 ♎	M 24 ♉ 39
M 25 ♑	S 25 ♎	D 25 ♉ ○ 03.52
D 26 ♑	S 26 ♎ ○ 12.54	M 26 ♈
F 27 ♑ ○ 21.19	M 27 ♉ 35	D 27 ♈
S 28 ♎	D 28 ♉	F 28 ♉
S 29 ♎	M 29 ♈	S 29 ♉
M 30 ♎ 31	D 30 ♈	S 30 ♊
D 31 ♉	F 31 ♈	

2018   ♈ Widder   ♊ Zwillinge   ♌ Löwe   ♎ Waage
         ♉ Stier   ♋ Krebs   ♍ Jungfrau ♏ Skorpion

384

Jahresübersicht

Oktober	November	Dezember
M 1 ♒ 40	D 1 ♓ Allerheiligen	S 1 ♑
D 2 ♓ ☾	F 2 ♓	S 2 ♒ 1. Advent
M 3 ♓ Tag der Dt. Einheit	S 3 ♑	M 3 ♒ 49
D 4 ♓	S 4 ♑	D 4 ♓
F 5 ♓	M 5 ♒ 45	M 5 ♓
S 6 ♓	D 6 ♒	D 6 ♓
S 7 ♑	M 7 ♓ ● 17.01	F 7 ♐ ● 08.20
M 8 ♑ 41	D 8 ♓	S 8 ♐ Mariä Empfängnis
D 9 ♒ ● 04.46	F 9 ♐	S 9 ♑ 2. Advent
M 10 ♒	S 10 ♐	M 10 ♑ 50
D 11 ♓	S 11 ♐	D 11 ♑
F 12 ♓	M 12 ♑ 46	M 12 ♒
S 13 ♐	D 13 ♑	D 13 ♒
S 14 ♐	M 14 ♒	F 14 ♓
M 15 ♑ 42	D 15 ♒ ☽	S 15 ♓ ☽
D 16 ♑ ☽	F 16 ♒	S 16 ♓ 3. Advent
M 17 ♑	S 17 ♓	M 17 ♈ 51
D 18 ♒	S 18 ♓	D 18 ♈
F 19 ♒	M 19 ♈ 47	M 19 ♉
S 20 ♓	D 20 ♈	D 20 ♉
S 21 ♓	M 21 ♈ Buß- und Bettag	F 21 ♊
M 22 ♓ 43	D 22 ♉	S 22 ♊ ○ 18.47
D 23 ♈	F 23 ♉ ○ 06.39	S 23 ♓ 4. Advent
M 24 ♈ ○ 17.46	S 24 ♊	M 24 ♓ Heiliger Abend 52
D 25 ♉	S 25 ♊	D 25 ♓ 1. Weihnachtsfeiertag
F 26 ♉ Österr. Nationalfeiertag	M 26 ♓ 48	M 26 ♓ 2. Weihnachtsfeiertag
S 27 ♊	D 27 ♓	D 27 ♑
S 28 ♊	M 28 ♓	F 28 ♑
M 29 ♊ 44	D 29 ♓	S 29 ♒ ☾
D 30 ♓	F 30 ♑ ☾	S 30 ♒
M 31 ♓ ☾ Reformationstag		M 31 ♒ Silvester 1

♐ Schütze ♒ Wassermann ☽ zun. Mond ☾ abn. Mond Sommerzeiten nicht berücksichtigt
♑ Steinbock ♓ Fische ○ Vollmond ● Neumond

385

Anhang

Januar	Februar	März
D 1 Skorpion Neujahr	F 1 Schütze	F 1 Widder
M 2 Skorpion Berchtoldstag	S 2 Widder	S 2 Widder
D 3 Schütze	S 3 Widder	S 3 Stier
F 4 Schütze	M 4 Stier ● 22.04	M 4 Stier Rosenmontag
S 5 Widder	D 5 Stier	D 5 Stier Faschingsdienstag
S 6 Widder ● 02.27 Hl. Drei Könige	M 6 Stier	M 6 Krebs ● 17.01 Aschermittwoch
M 7 Widder	D 7 Krebs	D 7 Krebs
D 8 Stier	F 8 Krebs	F 8 Widder
M 9 Stier	S 9 Widder	S 9 Widder
D 10 Krebs	S 10 Widder	S 10 Widder
F 11 Krebs	M 11 Widder	M 11 Stier
S 12 Krebs	D 12 Stier ☽	D 12 Stier
S 13 Widder	M 13 Stier	M 13 Zwillinge
M 14 Widder ☽	D 14 Zwillinge	D 14 Zwillinge ☽
D 15 Stier	F 15 Zwillinge	F 15 Krebs
M 16 Stier	S 16 Krebs	S 16 Krebs
D 17 Stier	S 17 Krebs	S 17 Krebs
F 18 Zwillinge	M 18 Löwe	M 18 Löwe
S 19 Zwillinge	D 19 Löwe ○ 16.51	D 19 Löwe
S 20 Krebs	M 20 Jungfrau	M 20 Jungfrau
M 21 Krebs ○ 06.14	D 21 Jungfrau	D 21 Jungfrau ○ 02.43
D 22 Löwe	F 22 Waage	F 22 Waage
M 23 Löwe	S 23 Waage	S 23 Waage
D 24 Jungfrau	S 24 Skorpion	S 24 Skorpion
F 25 Jungfrau	M 25 Skorpion	M 25 Skorpion
S 26 Waage	D 26 Schütze ☾	D 26 Schütze
S 27 Waage ☾	M 27 Schütze	M 27 Schütze
M 28 Skorpion	D 28 Schütze	D 28 Widder ☾
D 29 Skorpion		F 29 Widder
M 30 Schütze		S 30 Widder
D 31 Schütze		S 31 Stier

2019

- Widder
- Stier
- Zwillinge
- Krebs
- Löwe
- Jungfrau
- Waage
- Skorpion

Jahresübersicht

April	Mai	Juni
M 1 ♒	M 1 ♓ Maifeiertag	S 1 ♈
D 2 ♓	D 2 ♓	S 2 ♈
M 3 ♓	F 3 ♓	M 3 ♊ ● 10.59
D 4 ♓	S 4 ♈ ● 23.45	D 4 ♊
F 5 ♓ ● 09.47	S 5 ♈	M 5 ♋
S 6 ♓	M 6 ♈	D 6 ♋
S 7 ♈	D 7 ♊	F 7 ♌
M 8 ♈	M 8 ♊	S 8 ♌
D 9 ♊	D 9 ♋	S 9 ♍ Pfingstsonntag
M 10 ♊	F 10 ♋	M 10 ♍ Pfingstmontag
D 11 ♊	S 11 ♌	D 11 ♍ ☾
F 12 ♋ ☽	S 12 ♌ ☽ Muttertag	M 12 ♎
S 13 ♋	M 13 ♍	D 13 ♎
S 14 ♌	D 14 ♍	F 14 ♏
M 15 ♌	M 15 ♎	S 15 ♏
D 16 ♍	D 16 ♎	S 16 ♐
M 17 ♍	F 17 ♏	M 17 ♐ ○ 09.34
D 18 ♎ Gründonnerstag	S 18 ♏ ○ 22.12	D 18 ♑
F 19 ♎ ○ 12.16 Karfreitag	S 19 ♏	M 19 ♑
S 20 ♏	M 20 ♐	D 20 ♑ Fronleichnam
S 21 ♏ Ostersonntag	D 21 ♐	F 21 ♒
M 22 ♐ Ostermontag	M 22 ♑	S 22 ♒
D 23 ♐ Welttag des Buches	D 23 ♑	S 23 ♓
M 24 ♑	F 24 ♒	M 24 ♓
D 25 ♑	S 25 ♒	D 25 ♓ ☽
F 26 ♑ ☽	S 26 ♒ ☽	M 26 ♓
S 27 ♒	M 27 ♓	D 27 ♓
S 28 ♒	D 28 ♓	F 28 ♈
M 29 ♓	M 29 ♓	S 29 ♈
D 30 ♓	D 30 ♓ Christi Himmelfahrt	S 30 ♊
	F 31 ♓	

♐ Schütze   ♒ Wassermann   ☽ zun. Mond   ☾ abn. Mond   Sommerzeiten nicht
♑ Steinbock   ♓ Fische   ○ Vollmond   ● Neumond   berücksichtigt

Anhang

Juli	August	September
M 1 ♊ 27	D 1 ♌ ● 04.09 Schweizer Nationalfeiertag	S 1 ♎
D 2 ♊ ● 20.13	F 2 ♌	M 2 ♎ 36
M 3 ♋	S 3 ♍	D 3 ♏
D 4 ♋	S 4 ♍	M 4 ♏
F 5 ♌	M 5 ♎ 32	D 5 ♏
S 6 ♌	D 6 ♎	F 6 ♐ ☽
S 7 ♍	M 7 ♏ ☽	S 7 ♐
M 8 ♍ 28	D 8 ♏	S 8 ♑
D 9 ♎ ☽	F 9 ♐	M 9 ♑ 37
M 10 ♎	S 10 ♐	D 10 ♒
D 11 ♏	S 11 ♐	M 11 ♒
F 12 ♏	M 12 ♑ 33	D 12 ♒
S 13 ♐	D 13 ♑	F 13 ♓
S 14 ♐	M 14 ♒	S 14 ♓ ○ 05.32
M 15 ♐ 29	D 15 ♒ ○ 13.29 Mariä Himmelfahrt	S 15 ♈
D 16 ♑ ○ 22.38	F 16 ♒	M 16 ♈ 38
M 17 ♑	S 17 ♓	D 17 ♈
D 18 ♒	S 18 ♓	M 18 ♉
F 19 ♒	M 19 ♈ 34	D 19 ♉
S 20 ♓	D 20 ♈	F 20 ♊
S 21 ♓	M 21 ♈	S 21 ♊
M 22 ♓ 30	D 22 ♉	S 22 ♊ ☾
D 23 ♈	F 23 ♉ ☾	M 23 ♋ 39
M 24 ♈	S 24 ♊	D 24 ♋
D 25 ♉ ☾	S 25 ♊	M 25 ♌
F 26 ♉	M 26 ♋ 35	D 26 ♌
S 27 ♉	D 27 ♋	F 27 ♍
S 28 ♊	M 28 ♌	S 28 ♍ ● 19.26
M 29 ♊ 31	D 29 ♌	S 29 ♎
D 30 ♋	F 30 ♍ ● 11.35	M 30 ♎ 40
M 31 ♋	S 31 ♍	

2019

♈ Widder ♊ Zwillinge ♌ Löwe ♎ Waage
♉ Stier ♋ Krebs ♍ Jungfrau ♏ Skorpion

Jahresübersicht

Oktober	November	Dezember
D 1 ♐	F 1 ♐ Allerheiligen	S 1 ♒ 1. Advent
M 2 ♐	S 2 ♑	M 2 ♒ 49
D 3 ♐ Tag der Dt. Einheit	S 3 ♑ ☽	D 3 ♒
F 4 ♐	M 4 ♒ 45	M 4 ♓ ☽
S 5 ♑ ☽	D 5 ♒	D 5 ♓
S 6 ♑	M 6 ♒	F 6 ♈
M 7 ♑ 41	D 7 ♓	S 7 ♈
D 8 ♒	F 8 ♓	S 8 ♈ 2. Advent/Mariä Empf.
M 9 ♒	S 9 ♈	M 9 ♉ 50
D 10 ♓	S 10 ♈	D 10 ♉ ○ 06.10
F 11 ♓	M 11 ♈ 46	M 11 ♊
S 12 ♓	D 12 ♉ ○ 14.32	D 12 ♊
S 13 ♈ ○ 22.07	M 13 ♉	F 13 ♊
M 14 ♈ 42	D 14 ♊	S 14 ♋
D 15 ♉	F 15 ♊	S 15 ♋ 3. Advent
M 16 ♉	S 16 ♋	M 16 ♌ 51
D 17 ♉	S 17 ♋	D 17 ♌ ☾
F 18 ♊	M 18 ♌ 47	M 18 ♍
S 19 ♊	D 19 ♌ ☾	D 19 ♍
S 20 ♋	M 20 ♌ Buß- und Bettag	F 20 ♎
M 21 ♋ ☾ 43	D 21 ♍	S 21 ♎
D 22 ♌	F 22 ♍	S 22 ♐ 4. Advent
M 23 ♌	S 23 ♎	M 23 ♐ 52
D 24 ♍	S 24 ♎	D 24 ♐ Heiliger Abend
F 25 ♍	M 25 ♐ 48	M 25 ♐ 1. Weihnachtsfeiertag
S 26 ♎ Österr. Nationalfeiertag	D 26 ♐ ● 16.11	D 26 ♑ ● 06.15 2. Weihnachtsfeiertag
S 27 ♎	M 27 ♐	F 27 ♑
M 28 ♐ ● 04.40 44	D 28 ♐	S 28 ♑
D 29 ♐	F 29 ♑	S 29 ♒
M 30 ♐	S 30 ♑	M 30 ♒ 1
D 31 ♐ Reformationstag		D 31 ♓ Silvester

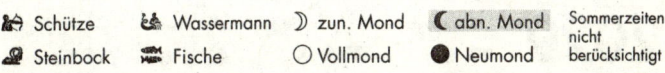

♐ Schütze   ♒ Wassermann   ☽ zun. Mond   ☾ abn. Mond   Sommerzeiten
♑ Steinbock   ♓ Fische   ○ Vollmond   ● Neumond   nicht berücksichtigt

Anhang

Januar	Februar	März
M 1 ♋ Neujahr	S 1 ♈	S 1 ♉
D 2 ♋	S 2 ♉ ☽	M 2 ♊ ☽
F 3 ♈ ☽	M 3 ♉	D 3 ♊
S 4 ♈	D 4 ♊	M 4 ♊
S 5 ♉	M 5 ♊	D 5 ♋
M 6 ♉	D 6 ♋	F 6 ♋
D 7 ♉	F 7 ♋	S 7 ♌
M 8 ♊	S 8 ♌	S 8 ♌
D 9 ♊	S 9 ♌ ○ 8.30	M 9 ♍ ○ 18.45
F 10 ♋ ○ 20.17	M 10 ♌	D 10 ♍
S 11 ♋	D 11 ♍	M 11 ♎
S 12 ♌	M 12 ♍	D 12 ♎
M 13 ♌	D 13 ♎	F 13 ♏
D 14 ♍	F 14 ♎	S 14 ♏
M 15 ♍	S 15 ♏ ☾	S 15 ♐
D 16 ♎	S 16 ♏	M 16 ♐ ☾
F 17 ♎ ☾	M 17 ♐	D 17 ♐
S 18 ♏	D 18 ♐	M 18 ♐
S 19 ♏	M 19 ♐	D 19 ♐
M 20 ♐	D 20 ♐	F 20 ♑
D 21 ♐	F 21 ♑	S 21 ♑
M 22 ♐	S 22 ♑	S 22 ♒
D 23 ♐	S 23 ♑ ● 16.33	M 23 ♒
F 24 ♐ ● 22.42	M 24 ♒	D 24 ♒ ● 10.28
S 25 ♑	D 25 ♒	M 25 ♈
S 26 ♑	M 26 ♈	D 26 ♈
M 27 ♑	D 27 ♈	F 27 ♉
D 28 ♒	F 28 ♈	S 28 ♉
M 29 ♒	S 29 ♉	S 29 ♉
D 30 ♈		M 30 ♊
F 31 ♈		D 31 ♊

2020 ♈ Widder   ♊ Zwillinge   ♌ Löwe   ♎ Waage
♉ Stier   ♋ Krebs   ♍ Jungfrau   ♏ Skorpion

Jahresübersicht

April	Mai	Juni
M 1 ♒ ☽	F 1 ♓ Maifeiertag	M 1 ♈ Pfingstmontag 23
D 2 ♒	S 2 ♓	D 2 ♈
F 3 ♓	S 3 ♈	M 3 ♉
S 4 ♓	M 4 ♈ 19	D 4 ♉
S 5 ♈	D 5 ♈	F 5 ♐ ○ 20.14
M 6 ♈ 15	M 6 ♈	S 6 ♐
D 7 ♈	D 7 ♉ ○ 11.48	S 7 ♑
M 8 ♈ ○ 3.34	F 8 ♉	M 8 ♑ 24
D 9 ♉	S 9 ♐	D 9 ♑
F 10 ♉ Karfreitag	S 10 ♐	M 10 ♒
S 11 ♐	M 11 ♑ 20	D 11 ♒
S 12 ♐	D 12 ♑	F 12 ♓
M 13 ♐ Ostermontag 16	M 13 ♒	S 13 ♓ ☾
D 14 ♑ ☾	D 14 ♒ ☾	S 14 ♈
M 15 ♑	F 15 ♒	M 15 ♈ 25
D 16 ♒	S 16 ♓	D 16 ♈
F 17 ♒	S 17 ♓	M 17 ♈
S 18 ♓	M 18 ♈ 21	D 18 ♈
S 19 ♓	D 19 ♈	F 19 ♊
M 20 ♓ 17	M 20 ♈	S 20 ♊
D 21 ♈	D 21 ♈	S 21 ♊ ● 7.37
M 22 ♈	F 22 ♈ ● 18.36	M 22 ♒ 26
D 23 ♈ ● 3.23	S 23 ♊	D 23 ♒
F 24 ♈	S 24 ♊	M 24 ♓
S 25 ♈	M 25 ♊ 22	D 25 ♓
S 26 ♊	D 26 ♒	F 26 ♈
M 27 ♊ 18	M 27 ♒	S 27 ♈
D 28 ♒	D 28 ♓	S 28 ♈ ☽
M 29 ♒	F 29 ♓	M 29 ♈ 27
D 30 ♒ ☽	S 30 ♈ ☽	D 30 ♉
	S 31 ♈	

♐ Schütze   ♒ Wassermann   ☽ zun. Mond   ☾ abn. Mond   Sommerzeiten nicht berücksichtigt
♑ Steinbock   ♓ Fische   ○ Vollmond   ● Neumond

Anhang

Juli	August	September
M 1 ♏	S 1 ♐ Schweizer Nationalfeiertag	D 1 ♍
D 2 ♏	S 2 ♐	M 2 ♎ ○ 6.22
F 3 ♐	M 3 ♑ ○ 17.01 32	D 3 ♎
S 4 ♐	D 4 ♑	F 4 ♈
S 5 ♐ ○ 5.48	M 5 ♑	S 5 ♈
M 6 ♐ 28	D 6 ♎	S 6 ♈
D 7 ♑	F 7 ♎	M 7 ♉ 37
M 8 ♑	S 8 ♈	D 8 ♉
D 9 ♎	S 9 ♈	M 9 ♊
F 10 ♎	M 10 ♈ 33	D 10 ♊ ☾
S 11 ♎	D 11 ♉ ☾	F 11 ♊
S 12 ♈	M 12 ♉	S 12 ♋
M 13 ♈ ☾ 29	D 13 ♊	S 13 ♋
D 14 ♉	F 14 ♊	M 14 ♌ 38
M 15 ♉	S 15 ♊	D 15 ♌
D 16 ♉	S 16 ♋	M 16 ♍
F 17 ♊	M 17 ♋ 34	D 17 ♍ ● 11.57
S 18 ♊	D 18 ♌	F 18 ♎
S 19 ♋	M 19 ♌ ● 3.38	S 19 ♎
M 20 ♋ ● 18.29 30	D 20 ♍	S 20 ♏
D 21 ♌	F 21 ♍	M 21 ♏ 39
M 22 ♌	S 22 ♎	D 22 ♐
D 23 ♌	S 23 ♎	M 23 ♐
F 24 ♍	M 24 ♏ 35	D 24 ♐ ☽
S 25 ♍	D 25 ♏ ☽	F 25 ♐
S 26 ♎	M 26 ♐	S 26 ♐
M 27 ♎ ☽ 31	D 27 ♐	S 27 ♑
D 28 ♏	F 28 ♐	M 28 ♑ 40
M 29 ♏	S 29 ♐	D 29 ♎
D 30 ♐	S 30 ♐	M 30 ♎
F 31 ♐	M 31 ♑ 36	

2020

♈ Widder ♊ Zwillinge ♌ Löwe ♎ Waage
♉ Stier   ♋ Krebs   ♍ Jungfrau ♏ Skorpion

Jahresübersicht

Oktober	November	Dezember
D 1 ≈ ○ 22.05	S 1 🐏	D 1 ♊
F 2 ♌	M 2 🐏 45	M 2 ♊
S 3 ♌ Tag der Dt. Einheit	D 3 ♊	D 3 ♋
S 4 🐏	M 4 ♊	F 4 ♋
M 5 🐏 41	D 5 ♋	S 5 ♐
D 6 🐏	F 6 ♋	S 6 ♐
M 7 ♊	S 7 ♋	M 7 ♑ 50
D 8 ♊	S 8 ♐ ☾	D 8 ♑ ☾
F 9 ♋	M 9 ♐ 46	M 9 ♑
S 10 ♋ ☾	D 10 ♑	D 10 ♓
S 11 ♋	M 11 ♑	F 11 ♓
M 12 ♐ 42	D 12 ♓	S 12 ♒
D 13 ♐	F 13 ♓	S 13 ♒
M 14 ♑	S 14 ♒	M 14 ♐ ● 17.19 51
D 15 ♑	S 15 ♒ ● 6.08	D 15 ♐
F 16 ♓ ● 20.30	M 16 ♐ 47	M 16 ♒
S 17 ♓	D 17 ♐	D 17 ♒
S 18 ♒	M 18 ♒	F 18 ♒
M 19 ♒ 43	D 19 ♒	S 19 ♒
D 20 ♐	F 20 ♒	S 20 ≈
M 21 ♐	S 21 ♒	M 21 ≈ 52
D 22 ♒	S 22 ♒ ☽	D 22 ♌ ☽
F 23 ♒ ☽	M 23 ≈ 48	M 23 ♌
S 24 ♒	D 24 ≈	D 24 ♌
S 25 ♒	M 25 ♌	F 25 🐏 1. Weihnachtsfeiertag
M 26 ≈ Österr. Nationalfeiertag	D 26 ♌	S 26 🐏 2. Weihnachtsfeiertag
D 27 ≈ 44	F 27 ♌	S 27 🐏
M 28 ≈	S 28 🐏	M 28 ♊ 53
D 29 ♌	S 29 🐏	D 29 ♊
F 30 ♌	M 30 ♊ ○ 10.28 49	M 30 ♋ ○ 4.25
S 31 🐏 ○ 15.48		D 31 ♋

♐ Schütze ♒ Wassermann ☽ zun. Mond ☾ abn. Mond Sommerzeiten
♑ Steinbock ≈ Fische ○ Vollmond ● Neumond nicht berücksichtigt

Anhang

Januar	Februar	März
F 1 ♌ Neujahr	M 1 ♍ 5	M 1 ♎ 9
S 2 ♌	D 2 ♎	D 2 ♎
S 3 ♌	M 3 ♎	M 3 ♏
M 4 ♍ 1	D 4 ♏ ☾	D 4 ♏
D 5 ♍	F 5 ♏	F 5 ♐
M 6 ♎ ☾	S 6 ♐	S 6 ♐ ☾
D 7 ♎	S 7 ♐	S 7 ♐
F 8 ♏	M 8 ♑ 6	M 8 ♑ 10
S 9 ♏	D 9 ♑	D 9 ♑
S 10 ♐	M 10 ♑	M 10 ♒
M 11 ♐ 2	D 11 ♒ ● 20.05	D 11 ♒
D 12 ♑	F 12 ♒	F 12 ♓
M 13 ♑ ● 05.59	S 13 ♓	S 13 ♓ ● 11.20
D 14 ♒	S 14 ♓	S 14 ♓
F 15 ♒	M 15 ♈ 7	M 15 ♈ 11
S 16 ♓	D 16 ♈	D 16 ♈
S 17 ♓	M 17 ♈	M 17 ♉
M 18 ♓ 3	D 18 ♉	D 18 ♉
D 19 ♈	F 19 ♉ ☽	F 19 ♉
M 20 ♈ ☽	S 20 ♊	S 20 ♊
D 21 ♉	S 21 ♊	S 21 ♊ ☽
F 22 ♉	M 22 ♊ 8	M 22 ♋ 12
S 23 ♉	D 23 ♋	D 23 ♋
S 24 ♊	M 24 ♋	M 24 ♌
M 25 ♊ 4	D 25 ♌	D 25 ♌
D 26 ♋	F 26 ♌	F 26 ♌
M 27 ♋	S 27 ♍ ○ 09.17	S 27 ♍
D 28 ♋ ○ 20.17	S 28 ♍	S 28 ♍ ○ 19.46
F 29 ♌		M 29 ♎ 13
S 30 ♌		D 30 ♎
S 31 ♍		M 31 ♏

2021   ♈ Widder   ♊ Zwillinge   ♌ Löwe   ♎ Waage
♉ Stier   ♋ Krebs   ♍ Jungfrau   ♏ Skorpion

Jahresübersicht

April	Mai	Juni
D 1 ♑	S 1 ♑ Maifeiertag	D 1 ♒
F 2 ♐ Karfreitag	S 2 ♑	M 2 ♓ ☾
S 3 ♐	M 3 ♒ ☾ 18	D 3 ♓
S 4 ♑ ☾	D 4 ♒	F 4 ♈
M 5 ♑ Ostermontag 14	M 5 ♒	S 5 ♈
D 6 ♒	D 6 ♓	S 6 ♈
M 7 ♒	F 7 ♓	M 7 ♉ 23
D 8 ♓	S 8 ♈	D 8 ♉
F 9 ♓	S 9 ♈	M 9 ♊
S 10 ♓	M 10 ♈ 19	D 10 ♊ ● 11.52
S 11 ♈	D 11 ♉ ● 19.59	F 11 ♊
M 12 ♈ ● 03.30 15	M 12 ♉	S 12 ♋
D 13 ♉	D 13 ♊	S 13 ♋
M 14 ♉	F 14 ♊	M 14 ♌ 24
D 15 ♉	S 15 ♊	D 15 ♌
F 16 ♊	S 16 ♋	M 16 ♌
S 17 ♊	M 17 ♋ 20	D 17 ♍
S 18 ♋	D 18 ♌	F 18 ♍ ☽
M 19 ♋ 16	M 19 ♌ ☽	S 19 ♎
D 20 ♋ ☽	D 20 ♍	S 20 ♎
M 21 ♌	F 21 ♍	M 21 ♑ 25
D 22 ♌	S 22 ♍	D 22 ♑
F 23 ♍	S 23 ♎	M 23 ♐
S 24 ♍	M 24 ♎ Pfingstmontag 21	D 24 ♐ ○ 19.40
S 25 ♎	D 25 ♑	F 25 ♑
M 26 ♎ 17	M 26 ♑ ○ 12.14	S 26 ♑
D 27 ♑ ○ 04.30	D 27 ♐	S 27 ♒
M 28 ♑	F 28 ♐	M 28 ♒ 26
D 29 ♐	S 29 ♑	D 29 ♓
F 30 ♐	S 30 ♑	M 30 ♓
	M 31 ♒ 22	

♐ Schütze ♒ Wassermann ☽ zun. Mond ☾ abn. Mond Sommerzeiten nicht berücksichtigt
♑ Steinbock ♓ Fische ○ Vollmond ● Neumond

Anhang

Juli	August	September
D 1 ♎ ☾	S 1 ♉ Schweizer Nationalfeiertag	M 1 ♊
F 2 ♈	M 2 ♉	D 2 ♋
S 3 ♈	D 3 ♊	F 3 ♋
S 4 ♉	M 4 ♊	S 4 ♌
M 5 ♉	D 5 ♋	S 5 ♌
D 6 ♉	F 6 ♋	M 6 ♌
M 7 ♊	S 7 ♋	D 7 ♍ ● 01.51
D 8 ♊	S 8 ♌ ● 14.49	M 8 ♍
F 9 ♋	M 9 ♌	D 9 ♎
S 10 ♋ ● 02.16	D 10 ♍	F 10 ♎
S 11 ♋	M 11 ♍	S 11 ♏
M 12 ♌	D 12 ♎	S 12 ♏
D 13 ♌	F 13 ♎	M 13 ♐ ☽
M 14 ♍	S 14 ♎	D 14 ♐
D 15 ♍	S 15 ♏ ☽	M 15 ♑
F 16 ♎	M 16 ♏	D 16 ♑
S 17 ♎ ☽	D 17 ♐	F 17 ♒
S 18 ♏	M 18 ♐	S 18 ♒
M 19 ♏	D 19 ♑	S 19 ♓
D 20 ♐	F 20 ♑	M 20 ♓
M 21 ♐	S 21 ♒	D 21 ♓ ○ 00.53
D 22 ♑	S 22 ♒ ○ 13.00	M 22 ♈
F 23 ♑	M 23 ♓	D 23 ♈
S 24 ♑ ○ 03.36	D 24 ♓	F 24 ♉
S 25 ♒	M 25 ♈	S 25 ♉
M 26 ♒	D 26 ♈	S 26 ♉
D 27 ♓	F 27 ♈	M 27 ♊
M 28 ♓	S 28 ♉	D 28 ♊
D 29 ♈	S 29 ♉	M 29 ♋ ☾
F 30 ♈	M 30 ♊ ☾	D 30 ♋
S 31 ♉ ☾	D 31 ♊	

2021   ♈ Widder   ♊ Zwillinge   ♌ Löwe   ♎ Waage
         ♉ Stier   ♋ Krebs   ♍ Jungfrau ♏ Skorpion

Jahresübersicht

Oktober	November	Dezember
F 1 ♓	M 1 ♑ 44	M 1 ♒
S 2 ♐	D 2 ♑	D 2 ♓
S 3 ♐ Tag der Dt. Einheit	M 3 ♒	F 3 ♓
M 4 ♑ 40	D 4 ♒ ● 22.14	S 4 ♐ ● 08.42
D 5 ♑	F 5 ♓	S 5 ♐
M 6 ♒ ● 12.04	S 6 ♓	M 6 ♑ 49
D 7 ♒	S 7 ♐	D 7 ♑
F 8 ♓	M 8 ♐ 45	M 8 ♒
S 9 ♓	D 9 ♑	D 9 ♒
S 10 ♐	M 10 ♑	F 10 ♓
M 11 ♐ 41	D 11 ♒ ☽	S 11 ♓ ☽
D 12 ♑	F 12 ♒	S 12 ♐
M 13 ♑ ☽	S 13 ♓	M 13 ♐ 50
D 14 ♒	S 14 ♓	D 14 ♐
F 15 ♒	M 15 ♐ 46	M 15 ♈
S 16 ♒	D 16 ♐	D 16 ♈
S 17 ♓	M 17 ♐	F 17 ♉
M 18 ♓ 42	D 18 ♈	S 18 ♉
D 19 ♐	F 19 ♈ ○ 09.57	S 19 ♉ ○ 05.34
M 20 ♐ ○ 15.57	S 20 ♉	M 20 ♓ 51
D 21 ♈	S 21 ♉	D 21 ♓
F 22 ♈	M 22 ♉ 47	M 22 ♐
S 23 ♈	D 23 ♓	D 23 ♐
S 24 ♉	M 24 ♓	F 24 ♐
M 25 ♉ 43	D 25 ♐	S 25 ♑ 1. Weihnachtsfeiertag
D 26 ♓ Österr. Nationalfeiertag	F 26 ♐	S 26 ♑ 2. Weihnachtsfeiertag
M 27 ♓	S 27 ♐ ☾	M 27 ♒ ☾ 52
D 28 ♓ ☾	S 28 ♑	D 28 ♒
F 29 ♐	M 29 ♑ 48	M 29 ♓
S 30 ♐	D 30 ♒	D 30 ♓
S 31 ♑		F 31 ♓

♐ Schütze   ♒ Wassermann   ☽ zun. Mond   ☾ abn. Mond   Sommerzeiten nicht berücksichtigt
♑ Steinbock   ♓ Fische   ○ Vollmond   ● Neumond

Unsere Leseempfehlung

400 Seiten

Unsere Vorfahren wussten noch um den Einfluss der Natur und Mondrhythmen auf unser Leben. Sie richteten sich darauf ein, säten, pflanzten, ernteten, wuschen, kochten und heilten im Einklang mit den Mondphasen. Seit einigen Jahren wird dieses Wissen wieder entdeckt und seine unschätzbare Bedeutung für Gesundheit, Harmonie und Wohlbefinden neu erkannt. Das alte Mondwissen ist in den Fokus der Gesundheitspädagogik getreten – mit verblüffenden Resultaten!

www.goldmann-verlag.de
www.facebook.com/goldmannverlag

Unsere Leseempfehlung

384 Seiten
Auch als E-Book
erhältlich

Mit dem Mond zum „grünen Daumen". Die Autoren erklären, wie jeder mit dem Wissen um die Einflüsse der Mondrhythmen mühelos jedes Stückchen Land in einen ertragreichen und blütenschweren Garten verwandeln kann. Das Gartenbuch der besonderen Art – mit dem ganzen Wissen vom richtigen Zeitpunkt. Für Blütenpracht und reiche Ernte

• Mit Jahresplan, Anbauvorschlägen und Pflanzenkombinationen.

www.goldmann-verlag.de
www.facebook.com/goldmannverlag

Im Einklang mit den Mond- und Naturrhythmen

Das sanfte Rundumprogramm ist sinnvoll für jedermann, egal wie fit oder in welchem Alter er ist, denn es stärkt das Immunsystem, balanciert Gewichtsprobleme aus, verbessert das Körperbewusstsein, stärkt die Urteilskraft und das Selbstvertrauen.

240 Seiten
ISBN 978-3-442-16570-4

www.goldmann-verlag.de
www.facebook.com/goldmannverlag